MEIA-LUA INTEIRA

JULIUS WIEDEMANN

MEIA-LUA INTEIRA

A CONSTELAÇÃO MÍSTICA DE

CARLINHOS BROWN

1ª edição

EDITORA RECORD
RIO DE JANEIRO • SÃO PAULO
2023

CIP-BRASIL. CATALOGAÇÃO NA PUBLICAÇÃO
SINDICATO NACIONAL DOS EDITORES DE LIVROS, RJ

W638m Wiedemann, Julius
   Meia-lua inteira : a constelação mística de Carlinhos Brown / Julius Wiedemann.
- 1. ed. - Rio de Janeiro : Record, 2023.

   Inclui bibliografia e índice
   ISBN 978-65-5587-648-2

   1. Brown, Carlinhos, 1962-. 2. Música popular - Brasil. 3. Músicos - Brasil - Biografia.
I. Título.

23-82254

CDD: 782.42164092
CDU: 929:78.011.26(81)

Meri Gleice Rodrigues de Souza - Bibliotecária - CRB-7/6439

Copyright © Julius Wiedemann, 2023

Todos os esforços foram feitos para localizar os fotógrafos das imagens reproduzidas neste livro. Nossa intenção é divulgar o material iconográfico que marcou uma época, sem qualquer intuito de violar direitos de terceiros. A editora compromete-se a dar os devidos créditos numa próxima edição, caso os autores as reconheçam e possam provar sua autoria.

Texto revisado segundo o Acordo Ortográfico da Língua Portuguesa de 1990.

Todos os direitos reservados. Proibida a reprodução, no todo ou em parte, através de quaisquer meios. Os direitos morais do autor foram assegurados.

Direitos exclusivos desta edição reservados pela
EDITORA RECORD LTDA.
Rua Argentina, 171 – Rio de Janeiro, RJ – 20921-380 – Tel.: (21) 2585-2000.

Impresso no Brasil

ISBN 978-65-5587-648-2

Seja um leitor preferencial Record.
Cadastre-se no site www.record.com.br
e receba informações sobre nossos
lançamentos e nossas promoções.

Atendimento e venda direta ao leitor:
sac@record.com.br

Para minhas filhas, que me ensinam
a ver um mundo novo todos os dias.

"É chegada a hora de tirar nossa nação das trevas da injustiça racial."

— Zumbi dos Palmares

Sumário

Apresentação, por Marcelo Tas   11
Nota do autor   15

1. Candeal: ontem, hoje e sempre   17
2. A casa e o mundo   37
3. Ancestralidade   57
4. A mística inusitada de Carlinhos Brown   73
5. A alquimia   99
6. Nos ritmos da vida   121
7. Longo caminho até o axé   151
8. Parcerias   181
9. Os palcos   207
10. De quem não foge à luta   233
11. Hoje e amanhã   243
12. Reencontros ancestrais   255

Agradecimentos   279
Fontes   283
Índice onomástico   299

Apresentação

Por Marcelo Tas

A primeira vez que vi Carlinhos Brown no palco não era exatamente um show dele. Na entrega dos prêmios do MTV Video Music Brasil 1998 em São Paulo, Carlinhos foi o mestre de cerimônias. Como sempre acontecia, estava todo mundo lá. Havia uma expectativa do Racionais MC's levarem o prêmio mais importante da noite: o de melhor clipe na escolha da audiência. O grupo de rap já era gigante em São Paulo. Faltava o reconhecimento da grande indústria.

Naqueles dias não havia VJs negros na MTV Brasil. Celulares ou internet eram coisa de elite. Mesmo assim, "Diário de um detento", faixa do álbum *Sobrevivendo no inferno*, além do Melhor Clipe de Rap, levou o grande prêmio na votação remota da audiência. Além do troféu, o Racionais MC's ganhava o direito de representar o Brasil na premiação norte-americana em Los Angeles, uma quebra de paradigma em várias dimensões. Filmado em locação, na Casa de Detenção de São Paulo, o Carandiru, o videoclipe com linguagem de documentário tinha oito minutos de duração, uma eternidade para o padrão publicitário acelerado dos videoclipes da época.

Na hora de anunciar o prêmio, Carlinhos Brown estava rodeado por crianças fantasiadas como bichinhos da Parmalat, a propaganda bombada do momento. O grupo de rap paulistano se deslocou sem pressa até o palco, um bonde de quase vinte pessoas, para delírio do público e desespero da produção da MTV que transmitia o evento ao vivo. Da minha cadeira no Palácio das Convenções do Anhembi, testemunhei a cena histórica: Mano Brown se recusando a receber o prêmio das mãos de Carlinhos Brown. Uma tensão com direito a coro de xingamentos direcionados ao músico baiano.

Qual a dificuldade da cena onde um negro em posição de destaque entrega um prêmio a um grupo de negros em posição de destaque? Preconceito? Seguiu-se um suspense interminável até Carlinhos usar do seu microfone de MC para interromper a fala dos Racionais com um canto do Ilê Aiyê: "Pelourinho que ontem atuou / É visitado hoje por muita gente de cor / Pelourinho que ontem atuou / Fotografado hoje por muita gente de cor..." Com direito a concluir ao pé do ouvido do rapper KL Jay, paralizado pela interrupção: "Tê, tê, tê, bom!"

Para mim, as faíscas entre as duas placas tectônicas da cultura negra brasileira foram uma aula de africanização. Não por acaso, Brown, o nome artístico escolhido por ambos, significa marrom. A cor da mistura. A cor símbolo da resistência e arte de James Brown. O rap-axé improvisado de Carlinhos revelava de forma didática e afetuosa como o antigo lugar de suplício de escravos na Bahia havia sido ressignificado em território de afirmação da negritude na cidade de Salvador, a mais negra do Brasil. Na minha percepção, Carlinhos parecia sugerir com afeto ao Racionais MC's uma forma deles aceitarem o prêmio e transformá-lo em conquista, não em confronto. Ou preconceito. Uma lição que continua preciosa para os dias polarizados de hoje. Naquela noite, tudo foi tenso e lindo, como diria Caetano, que também estava na plateia.

Conheci Julius Wiedemann, o autor deste livro sobre Carlinhos, também numa noite histórica. Era 15 de maio de 2006, o dia em que o PCC parou a cidade de São Paulo. Eu estava encarregado pela Fundação Armando Álvares Penteado (FAAP) de fazer a curadoria de uma mostra cruzando arte contemporânea com design e tecnologia. Uma mostra de arte "multimídia", se dizia na época. De provocação, buscava alguém para falar de livros, uma das mais antigas e sofisticadas formas de comunicação. Cheguei ao nome do Julius da forma curiosa. Notei que ele assinava como editor grande parte dos meus livros prediletos do acervo da Taschen, a editora de livros de arte alemã. Encontrei o e-mail dele no site da empresa e disparei o convite formal em inglês. Que língua fala alguém chamado Julius Wiedemann? A resposta chegou rápida em carioquês fluente: "Pô,

APRESENTAÇÃO

Taixxx, tá de sacanagem? Claro que topo. Te conheço desde o Ernesto Varela na década de 1980..."

Na chegada dele, combinamos um jantar de boas-vindas. Caiu bem no dia em que a facção criminosa atacou bases da polícia em São Paulo, os agentes reagiram e os habitantes da maior cidade da América do Sul se trancaram em suas casas. Liguei no hotel para saber se estava tudo bem ou se ele preferia adiar o encontro. Rapidamente concordamos que não deveríamos ceder a um lockdown imposto por bandidos. Peguei meu carro, deslizei por ruas absolutamente desertas da cidade e nos tornamos amigos desde então. Aprendi a admirar a habilidade dele em hackear conteúdos complexos e estruturar histórias belas. Como faz aqui com as experiências de vida preciosas do gigante Carlinhos Brown. Boa leitura!

Nota do autor

Este livro começou de maneira inusitada. Eu estava em uma equipe que produzia um projeto de aula de percussão online para a empresa em que trabalhava, a Domestika, e levamos um time para gravar com Carlinhos em Salvador, no Candeal. Fiquei imediatamente paralisado com a capacidade de Carlinhos de motivar, de inventar, improvisar, e comandar tantas coisas ao mesmo tempo. Passei dias escutando sua música e lendo sobre ele. Propus então o livro quando voltava da capital baiana, no aeroporto, dizendo que era inconcebível Carlinhos ainda não ter uma biografia. Principalmente pela quantidade de vidas que ele já tinha vivido.

O maior trabalho, no entanto, foi construir uma narrativa que ficasse mais interessante para o leitor, sem repetição de acontecimentos, como o carnaval, que Carlinhos faz todos os anos. No meu entendimento, Carlinhos teve talvez três grandes fases: preparação, ascensão e transcendência. Essa visão chegou a ser cogitada para a organização do livro. Mas a vida de Carlinhos tem surpresas demais para ser colocada em ordem cronológica, e, como para vários artistas, uma repetição de eventos, festivais e rituais. Por isso, a solução foi fazer agrupamentos, por categorias, considerando os movimentos, pessoas e "territórios" mais importantes da sua vida e carreira.

Passei mais de trinta horas de gravações diretamente com Carlinhos, principalmente em quartos de hotel. Mas trocamos centenas de mensagens de áudio por WhatsApp. Foram quase cinquenta entrevistas ao longo de quase dois anos, incluindo Marisa Monte, Gilberto Gil, Djavan, Deborah Colker, Nelson Motta, Ivo Meirelles, Sergio Mendes, Boninho, Margareth Menezes, dona Madá, a mãe de Carlinhos, Fernando Teixeira de Freitas, entre tantos outros. Além de mães e pais de santo, que ajudaram a construir a história de Carlinhos em relação às suas conexões com a ancestralidade e a religiosidade.

Os capítulos falam do Candeal, das parcerias, da sua mística, da religiosidade, de sua relação com a criação de tantos empreendimentos, e principalmente da sua relação com a música. São essas categorias que descrevem as esferas de atuação de Carlinhos que considerei mais importantes, e que mais exerceram influência pelo mundo. Mas talvez a parte mais importante sejam as suas lutas contra a pobreza e o racismo, a relação com a educação, a cultura, a importância da música, e com a questão social-racial, que foi se transformando e amadurecendo. Essas lutas vão continuar. Mas o livro traz essa gênese, e a visão de Carlinhos, que tem uma obra ainda em grande parte desconhecida, por incrível que pareça.

Muita gente acha que "Meia-lua inteira" é uma obra de Caetano. Por isso o título, tão importante. E talvez resida aqui a importância deste livro. Ele completou 60 anos em novembro de 2022, mas suas criações já deixaram marcas atemporais na cultura deste país. Com este livro, o leitor poderá mergulhar num mundo de Carlinhos ainda desconhecido para a maioria de nós e entender que muitas de suas contribuições para nossa cultura já são eternas. São histórias fascinantes de um gênio, que eu tive o privilégio de conhecer, e que mostram como o talento, a força interior, a obstinação, o trabalho duro e a música podem transformar o mundo.

1
Candeal: ontem, hoje e sempre

Na sua frente estava a cidade misteriosa, e ele partiu para conquistá-la. A cidade da Bahia, negra e religiosa, é quase tão misteriosa como o verde mar.

Jorge Amado, *Capitães da areia*

Certo dia, buscando um pouco mais de conforto em sua casa, a mãe de Carlinhos Brown, dona Madá, conseguiu comprar tijolos para levantar uma parede na casa que herdara do pai, no Candeal Pequeno. Em troca da ajuda dos vizinhos que toparam participar da empreitada, ela combinou um feijão no domingo. Mas de manhã, bem cedo, viu o filho saindo de fininho. Muito brava, não se conteve: "Meu filho, venha me ajudar, não temos dinheiro para pagar ninguém, venha ajudar o povo; eu fico com vergonha porque você já está um rapaz e pode me dar a mão." Mas ele já tinha assumido o compromisso de tocar com um grupo e tentava escapar do mutirão armado pela mãe.

Sabia que não apanharia mais, já era mais velho, devia ter pouco mais de 15 anos, mas também sabia que ela ia ficar profundamente decepcionada. Apesar de renderem pouco, essas participações musicais serviam para ele comer, para expandir seu círculo de amizades, ser convidado para o próximo evento e, acima de tudo, para treinar exaustivamente. Nesse dia ele não se intimidou. Parou por uns segundos, encarou a mãe e disse, em tom profético: "Minha mãe, a senhora tenha a certeza do que estou fazendo. Daqui a um tempo, vou ganhar em um dia o que uma pessoa luta para ganhar em um mês, e a senhora vai ver o que eu vou fazer, a senhora vai ter sua casa."

Dividida entre a firmeza do filho e a insegurança do futuro, ela concordou e abençoou o primogênito: "É, meu filho, vá. Deus te acompanhe, está nas mãos de Deus." A partir de então ela parou de brigar. "Coloquei ele nas mãos de Deus", como gosta de repetir, "porque se era isso que ele queria, fazer o quê?".

A cena dos tijolos comprados com tanto esforço pela mãe e pelo próprio Carlinhos ficou gravada na mente do filho. Tijolos viraram uma espécie de moeda e serviam para definir o valor de muitas coisas. Ele acompanhava sempre o preço do milheiro e usava esse valor para calcular quanto poderia render uma diária economizada. E assim foi, de "tijolo em tijolo", que construiu sua carreira, pavimentou seu sucesso e transformou não só a casa da mãe, como todo o Candeal Pequeno, em uma vitrine do que ele gostaria de representar, de seu engajamento social e das ferramentas que usaria. Essa história simples foi uma síntese sobre transformação, superação, criatividade, visão de futuro, justiça e pertencimento, sentimentos que jamais o deixaram.

CANDEAL ANCESTRAL

Em sua dissertação de mestrado *Organizações Brown: identidade cultural e liderança em um complexo de organizações baianas*, Marcelo Almeida Gadêlha explica que o nome Candeal veio, provavelmente, da mata de candeia, árvore muito usada para produzir carvão e que gera pouca fumaça quando utilizada para cozinhar. Uma das entrevistadas em seu trabalho, dona Hilda Sant'Anna Querino, a dona Didi, de 82 anos, conta:

> Nessa mata instalou-se a avó de sua avó, Josepha de Sant'Anna, uma africana livre que no ano de 1781 deixou sua terra natal em busca de parentes que sabia estarem escravizados no Brasil. Veio com moedas de ouro e prata para libertá-los. Chegando a São Salvador da Bahia, encontrou os parentes

e, encantada pela cidade, resolveu ficar. Fundou uma fazenda onde plantou uma roça com arvoredo de espinho, o dendê, cujo azeite era vendido na cidade por seus escravos. O Candeal não foi um quilombo, segundo dona Didi. Os escravos de dona Josepha nunca foram maltratados, pelo contrário. Depois de vender o dendê na feira, eles tinham o dia livre para fazer o que quisessem: dançar, cantar, tocar atabaques.

Dona Didi tem todas as anotações da genealogia da família Sant'Anna, que são passadas de geração a geração. Ela descende da família formada por Josepha e Manoel Mendes, um muçulmano livre, protagonistas do primeiro casamento católico entre africanos na Igreja de Brotas. O casal comprou várias terras em Brotas e na área do atual Parque da Cidade. Em 1865, antes de morrer, aos 112 anos, dona Josepha passou a escritura do Candeal para o filho Antônio Mendes, pai de cinco filhas, entre as quais Francisca Romana, a Chica, avó de dona Didi. As terras no Candeal foram arrendadas pela própria dona Chica, e uma das famílias que foram para o lugar foi a de seu Bertolino e dona Damiana, avós maternos de Carlinhos. Nessa época, o Candeal ainda era uma roça habitada por menos de cem famílias. Em 2017, Carlinhos recebeu a visita inusitada de uma comitiva da Costa do Marfim, que foi ao Candeal para falar das origens de dona Josepha, que, pela história que se conta, era uma "tatambi", como definia Carlos, uma rainha banto. Para entrar no país, ela se fingiu de doméstica, mas veio com poder financeiro para comprar as terras.

No Candeal teria havido uma senzala, numa área acima do Candyall Guetho Square, e o filho ilustre do lugar se inspira nessa "escola de oralidade", para ele uma escola de confiança, de códigos do saber. O Candeal foi também um centro antigo de capoeira, reza a lenda, com Mestre Pastinha (Vicente Ferreira Pastinha), que ensinava o jogo da capoeira matreira, de mais malícia, num estilo que passou a ser conhecido como angola. Pastinha era um mestre da cultura africana, um pensador da capoeira.

De seu tempo de menino, Carlinhos lembra das chácaras albanesa e suíça, que ficavam ali perto, e dos galegos, alemães e espanhóis que transitavam pelo bairro, interagindo com a comunidade. Havia também muita gente do interior, de Santo Amaro, Feira de Santana, Cachoeira. Carlinhos se recorda também da atmosfera de esperança de que nos centros populares e na grande capital estaria o desenvolvimento. Esse êxodo foi espontâneo, sem qualquer organização social, e as chácaras foram aos poucos se tornando favelas com a explosão populacional.

A música "Vanju Concessa", do álbum *Alfagamabetizado*, faz uma homenagem aos ancestrais do bairro tão importante na sua vida.

Dó capiau
Beja, veja se ela ir
Com manuca xular
Vê Xangô em dona Preta
Que veio do Irará

Pra dona Nair
Dadá dona Didi
Dionísio e Coca-Cola
Na carroça vai subir
Pela rua do Carmelo com Zeca Tupi

Vanju Concessa
Dona Brígida, dona Bem
E dona Damiana também

Jabuticaba é uma joia
Esmeralda é a mulher
Quem não fica aqui de estória vã
Entra no caminho da horta
Pra chegar no chafariz

Eco ecoou
No alto-falante
É Festa de Ogum

Tome cem refrigerantes
Pega palha de dendê
Lá em Narbal
Areia branca e pitanga
Pra enfeitar o Candeal

Traz cabaça
Seu menino
Vem dizer
Comé que joga
Como joga capoeira
Capoeira de angola

Ele tem uma visão muito precisa sobre o Candeal Pequeno e outros lugares semelhantes. Sem controle populacional, sem planejamento urbano nem desenvolvimento social, o que restava para aquele bairro era um índice muito grande de alcoolismo e violência doméstica. As mulheres sofriam bastante, porque os maridos, envergonhados de sua condição, queriam mostrar outro poder que não o econômico. O dia inteiro o bairro era dominado pelo matriarcado, e à noite ou no final da tarde chegavam os maridos, muitas vezes embriagados, com a vergonha social de não ter o que oferecer, e descontavam a frustração nas esposas.

PALCO DA VIDA

Salvador não é uma cidade comum. Andar pela cidade é passear pela história do Brasil. No trecho de quinhentos metros entre o largo do Cruzeiro de São Francisco até o Elevador Lacerda, encontramos a Igreja e Convento de São Francisco, fundada em 1723 e recheada de ouro; uma casa do século XVII onde se escondiam judeus praticantes e que hoje abriga o charmoso Hotel Villa Bahia; o prédio da primeira sede da Sociedade Protetora dos

Desvalidos, fundada em 1832; a Escola de Cirurgia da Bahia, primeira escola de Medicina do Brasil; a estátua de Zumbi dos Palmares, na frente da Catedral de Salvador, fundada em 1672, na praça com o audacioso nome largo Terreiro de Jesus, numa prova da complexa receita de fé da sociedade baiana. E é nessa praça que está enterrado Caramuru, nome tupi que os índios tupinambás deram ao conquistador Diogo Álvares Correia.

Mas para Carlinhos o Candeal também sempre carregou sua própria mística. Terreiro dos terreiros, ele descreve o morro como uma espécie de "roça espiritual", que a igreja sempre tentou dominar e catequizar. Um lugar com um histórico que ele chama de organização de Òrun-Àiyé, a organização do sagrado divino, misturada com a organização de Olodumaré, do ser supremo. Ele considera o lugar de onde veio um símbolo.

Mais do que um cidadão baiano, de Salvador, e até do mundo, Carlinhos segue fazendo as conexões com o lugar que lhe proporcionou grande impulso criativo. Sua evolução pessoal se mistura com a transformação que ele causou em seu bairro e com os muitos méritos que tem, sem falsa modéstia. Dessas tentativas de explicar o lugar que se mistura com ele, saíram alguns retratos complexos do Candeal, como a música "Dandalunda".

No Candeal, Mãe Maiamba comandava um terreiro de candomblé que desde novinho ele frequentava, e onde mantinha contato com a espiritualidade do mundo afro. Foi desse terreiro de tradição dupla, angola e ketu, que saiu a inspiração para escrever a música que estourou em 2002 na voz de Margareth Menezes. Na ocasião do lançamento de "Dandalunda", Mãe Maiamba estava com 85 anos e disse: "Estou pedindo a Deus muita prosperidade para Brown e para Margareth Menezes. Peço para Deus livrar eles das más obras. Conheço Brown desde pequeno, quando a mãe dele era lavadeira."

Dandalunda, na mitologia banto, é a inquice (equivalente aos orixás dos nagôs) das águas doces, da fertilidade, da fecundação, do ouro, do amor, da beleza e da riqueza, associada a Oxum no candomblé. Com essa música, extremamente complexa e biográfica, ele mostra que a grande chave de sua vida esteve sempre em não abandonar as raízes, ao mesmo tempo que buscava mudar sua própria realidade.

CANDEAL: ONTEM, HOJE E SEMPRE

Bem pertinho da entrada do gueto
Um terreiro de angola e ketu
Mãe Maiamba que comanda o centro
Dona Oxum dançando Oxóssi no tempo
[...]
Vi Nanã dentro da mata do jeje
Brasa acesa na pisada do frevo
Arrepia o corpo inteiro
[...]
Dandalunda, paira na beira
Dandalunda, da cachoeira
Dandalunda, paz e água fresca
Dandalunda, doura dendê

Mas foi bem antes, no final dos anos 1980, que o músico deu início à grande mudança do Candeal, com a criação da Timbalada, banda que ficou conhecida por muitos como uma das nascentes do samba-reggae, destacando-se pelo som característico do timbal. A Timbalada começou como uma plataforma de estudos de ritmos, e tomava de muitas fontes, principalmente latinas e afrodescendentes. Mais tarde foi influenciar o samba, o pagode, os trios elétricos, entre outros. Desde a sua formação o grupo encantou multidões, não só na Bahia como em todo o Brasil, e espalhou seu sucesso pelo mundo.

As imagens do início da Timbalada, lançada em 1991, ainda são do Candeal com o barro vermelho. Carlinhos chegava de carro, e quando começava o dilúvio ia com os amigos amarrar o veículo no poste para que ele não fosse levado. As pessoas não perdiam a oportunidade de correr para as janelas e ver o filho pródigo passar. Ele lembra que teve de enfrentar os ânimos de vários familiares para sustentar sua permanência no bairro.

Desde o início, a cada empreendimento que organizava, sua família entendia que ele nunca sairia dali. Eles, que haviam crescido imaginando quando poderiam deixar aquele lugar para outro com status de classe média ou alta, foram se dando conta de que teriam que ficar. Pouco a pouco foram se convencendo de que, com todas as melhorias, o Candeal se tornaria um "bairro de classe média", por assim dizer, e sua centralidade, associada aos negócios gerados por Carlinhos, representaria uma grande oportunidade.

A equipe de músicos teve de enfrentar resistências, narizes virados e má vontade, mas isso foi mudando gradualmente. O plano de Carlinhos foi acolhido pela família e a comunidade local, e acabou sendo o maior gerador de histórias e encontros improváveis.

Mas nada é fácil, e até hoje sua atuação no local causa polêmicas. Uma guerra de sobrevivência travada entre os prédios dos ricos do morro em frente e a comunidade: os primeiros reclamam do barulho que o Guetho causa, e os moradores da comunidade querem emprego e que a economia local prospere. As ações na Justiça para fechar o Guetho Square não param, as petições continuam tramitando e gerando muita revolta, pois o lugar, criado para abrigar diversas manifestações culturais e educacionais, fica subutilizado, com programação escassa.

INVESTIMENTO E TRANSFORMAÇÃO SOCIAL

Em 1994, Carlinhos Brown chamou a educadora e empreendedora Vera Lyra para começar um projeto de transformação no Candeal Pequeno e fundou a Associação Pracatum Ação Social (APAS), com o tripé educação e cultura, mobilização social e urbanização. O objetivo era desenvolver o bairro por meio da música e mobilizar os governos para melhorar a infraestrutura e as condições para quem transitasse por lá.

Depois de mais de três anos de obras, ele inaugurou o Candyall Guetho Square, um prédio de três andares com quadra de ensaio, restaurante, bar, camarotes, banheiros, salas para cursos e oficinas e estúdio de som, além de espaço para guardar instrumentos. A abertura do espaço ganhou matéria no jornal *Folha de S.Paulo*, publicada em 15 de novembro de 1996:

> Carlinhos Brown inaugura no próximo domingo o Candyall Guetho Square, local em que o grupo Timbalada irá ensaiar e se apresentar nas tardes de domingo em Salvador (BA).

Com capacidade para 1.500 pessoas, o Candyall Guetho Square vem sendo construído há três anos pelo cantor.

O local engloba quadras de ensaios e um prédio de três andares nos quais estão distribuídos restaurantes, bares, camarotes, banheiros, salas para cursos e oficinas e estúdio de som.

O cantor decorou o espaço a seu gosto e com ajuda de artistas baianos, como Tati Moreno. Brown comprou em um ferro-velho a carcaça de um avião Dower inglês. O aparelho tem uma só asa. No local há também semáforos, estátuas de leões, deusas greco-romanas. No alto do prédio, uma pirâmide.

Nos banheiros, o cantor instalou TVs. "Enquanto está na privada, o cara vai se educando com os vídeos que vamos exibir", diz o cantor.

A expectativa de Brown é que o Candyall, localizado no pobre bairro Candeal onde o cantor viveu em Salvador, se transforme em um dos espaços culturais mais concorridos da cidade, atraindo a população local e turistas. "Aqui é um terreiro eletrônico", diz Brown.

Com o espaço, os integrantes da Timbalada deixam de fazer seus ensaios em outros pontos da cidade. Diversos artistas também serão convidados a se apresentar no local.

Os ingressos custarão R$ 10. O cantor disse que estudante não terá direito a pagar meia-entrada. As apresentações ocorrerão das 17h às 22h. Com o dinheiro arrecadado da bilheteria, Brown pretende recuperar as casas de alvenaria do bairro Candeal. "Essa gente precisa também de um certo conforto para viver", disse.

O Candyall Guetho Square foi um marco para o acompanhamento de ensaios da Timbalada, que podiam agora ser cobrados. Com capacidade para até 2.500 pessoas, o lugar se tornou o destino de jovens de bairros afluentes de Salvador, turistas brasileiros e internacionais, moradores de outros bairros da cidade, todos se misturando com os moradores locais. O cenário de casas simples e mal-acabadas, com ruas cheias de cachorros e bares, começou a se transformar. As mesmas ruas que tantas vezes haviam servido de fuga para os moleques iam agora se transformando em um lugar frequentado pela Cidade Baixa. Pouco a pouco Carlinhos foi invertendo o fluxo. Ele não só não precisou sair da Bahia para fazer sucesso, como conseguiu permanecer no Candeal Pequeno.

Com os ensaios da Timbalada veio a necessidade de oferecer alimentação para os músicos e também para os visitantes. Levar pessoas para o morro já era uma conquista, mas transformar aquilo num movimento sustentável exigia muito mais esforço. E foi assim que dona Madá abriu seu primeiro restaurante, o Baladinha. Depois veio o Cantinho da Tina — em homenagem à irmã e cozinheira, Cristina, a mais velha entre as mulheres da família —, que ficava dentro do Guetho Square para atender aos shows, que atraíam cada vez mais gente.

No Baladinha, a grande pedida era a bebida de cachaça, cravo, canela, gengibre e açúcar. E o cardápio era o das comidas preferidas do filho: moqueca de arraia, feijoada, sarapatel e o tradicional cozido. O molho lambão, vinagrete com pimenta, nunca podia faltar. Carlinhos sempre gostou de comidas "de verdade", e era essa comida que oferecia a todos que viessem.

Mas desde muito antes, lá pelos anos 1980, ele já costumava ligar para a mãe pedindo que ela preparasse um almoço para umas dez pessoas, que frequentemente viravam quinze, vinte. Em geral esses encontros continuam acontecendo na "casa rosa", onde cresceu e ainda hoje mora seu pai, seu Renato. Já passaram por ali uma centena de artistas, de Gil e Caetano a Sergio Mendes, Marisa Monte, Margareth Menezes e Arnaldo Antunes. O lugar funciona como uma espécie de imersão em sua vida, para que todos entendam onde ele se sente mais à vontade. Esse quase ritual deixou muitas vezes dona Madalena e a irmã Cristina desesperadas para alimentar um pequeno batalhão em pouquíssimo tempo.

Certa vez, Ziggy Marley chegou com a família e toda a sua trupe, e dona Madalena não tinha muito o que preparar. Fez então uns sanduíches de presunto, colocou um bolo na mesa e preparou umas bebidas. A conversa estava boa, mas havia um certo desconforto, até que eles se deram conta de que Ziggy e sua equipe não comiam carne. Ficaram só no bolo com refresco de laranja, e no final todos acabaram rindo. Um mico que acabou em piada.

CANDEAL: ONTEM, HOJE E SEMPRE

Poucos anos depois, com o Candyall Guetho Square prestes a abrir, Carlinhos recebeu um telefonema de Ronnie Wood, dos Rolling Stones, que teria ido a Salvador com os filhos apenas para encontrá-lo. Sem titubear, ele ligou para a mãe e disse quem estava chegando. Dona Madalena quase caiu para trás. O tempo era curto, e eles teriam algo como uma hora e meia para preparar tudo. Cristina checou o freezer e ficou aliviada porque havia peixe congelado suficiente. O menu foi simples, a comida de uma família baiana no fim de semana, com peixe frito, feijão, arroz, vinagrete de feijão--fradinho e farofa. O almoço e a visita foram um sucesso, e todos ficaram impressionados com a simplicidade dos Wood. Conversaram, riram, tomaram caipirinha e só foram embora no final da tarde.

Mas o jovem empreendedor não queria só comida. Enquanto a mãe e a tia preparavam o almoço, Carlinhos pensou que podia tirar uma casquinha de Ronnie Wood. Ele, que sempre diz "eu que não sou besta", tratou de montar um pequeno palco no meio do Guetho Square e deixou sua melhor guitarra ligada e preparada. Ninguém havia tocado ainda no lugar e o plano era ter um batismo em grande estilo, bem ao seu gosto. Ele não pensou duas vezes: pediu a Ronnie Wood que batizasse o Candyall Guetho Square tocando "Satisfaction" só na guitarra. Foi uma catarse, provavelmente para os dois. A satisfação do encontro, da visita, da bênção, de ter feito mais um amigo notável era imensa, mas, para o baiano, a maior era ter construído seu próprio templo para a música. Nunca deixaria o bairro e o bairro nunca o deixaria. O Candeal sempre foi e seguirá sendo seu grande templo. Entrou no circuito turístico, em letras de música, no ritmo brasileiro e no inconsciente coletivo do que entendemos como Salvador.

UMA APOSTA ALTA

O Guetho entrava no circuito da cidade e também do país. Era presença constante em matérias de jornais, que citavam o lugar como parte do circuito do carnaval. Sem contar as letras de música que começavam a mencionar o bairro do Candeal. Em *Música de rua*, terceiro álbum de

Daniela Mercury, lançado em 1994, a artista canta "Domingo no Candeal" na nona faixa. Com produção de Liminha, que já a vinha acompanhando, o disco embalou no sucesso do álbum anterior, *O canto da cidade*, e, mesmo criticado, conseguiu alcançar a marca de platina duplo. "Domingo no Candeal", escrita por Lucas Santtana e Quito Ribeiro, era uma síntese do bairro:

> Timbalar, de bala, de bala, de bala
> De balaio, de baleiro, timbaleiro
> Timbaleiro no gueto
> Olha o baleiro!
> [...]
> Quito, chokito de coco
> No tabuleiro da baiana de torso
> O que a baiana tem?
> O que a baiana tem
> O timbaleiro tem
> Prestígio de vatapá
> Ploc banana no cesto de Iaiá
>
> Look de lupa e timbau
> Tênis Reebok e relógio Shock
> Look de lupa e timbau
> Tênis Reebok e relógio Shock
>
> Espalhando, espelhando
> A figura do Brown
>
> É domingo de tarde no Candeal

Desde o início, a aposta de Carlinhos, não só para o Candeal como para toda a sua vida, foi alta. E continua sendo, com todos os erros e acertos. Em 1994, andando pelo Candeal com Vera Lyra, eles procuravam espaços

CANDEAL: ONTEM, HOJE E SEMPRE

possíveis para a criação da APAS e visitaram algumas instituições educacionais. Sabendo de sua educação formal, Vera perguntou o que era para ele uma escola:

> A escola dos meus sonhos é o local onde as pessoas vão satisfazer suas curiosidades e ao mesmo tempo criar outras. [...] Tá rebocado, piripicado. Vamos fazer uma revolução com elegância. Vamos juntos construir a dignidade coletiva, buscando meios para trazer o conforto para os moradores do Candeal, como os outros bairros da cidade de Salvador têm.

O projeto tinha que começar do zero, preparando a comunidade local para entender o que estava por vir, e um dos primeiros passos foi a implantação de uma assembleia de moradores. O grupo de trabalho responsável fez um censo, registrou cerca de mil famílias que seriam impactadas e começou a estabelecer as prioridades a partir do entendimento das necessidades dos moradores. Da mesma forma como sempre havia feito na música, a ideia de Carlinhos era inovar, utilizando-se de várias ferramentas já existentes, contagiar as pessoas e criar uma nova mistura. Inicialmente, o trabalho era pontual, treinando percussionistas e ajudando moradores com pequenos reparos em suas casas.

O Guetho tinha que dar certo, tanto pelo volume de investimentos quanto pela urgência de tornar o Candeal um lugar urbanizado, que era o plano maior. Para cada evento era preciso uma autorização por conta do volume de gente, além do aparato de segurança pública especial, até a negociação com os ambulantes locais. "Domingo no Candeal" foi uma boa síntese do momento de virada do bairro.

O Candyall Guetho Square e o estúdio de gravação Ilha do Sapo foram grandes impulsionadores para aumentar a pressão por uma melhor infraestrutura. As necessidades desses dois empreendimentos iriam também moldar o currículo da escola, como a introdução de aulas para vendedores ambulantes e seguranças, por exemplo. A escola também foi criando grupos de atuação na comunidade, que passaram a contemplar a educação sobre coleta de lixo, ISTs e aids, dengue, alfabetização de adultos, entre outros temas.

Quando fui a Salvador para entrevistar o músico pela primeira vez, peguei um táxi no aeroporto e comecei a conversar com o motorista. Quando ele disse que era de Brotas, me interessei logo e pedi que me contasse mais. Ele disse que era o bairro de Carlinhos Brown e que "o cara" tinha tirado muita gente do tráfico, que se lembrava de correr para a janela de casa para ver a Timbalada passar. E assistira de perto à transformação do lugar.

O processo de integração de todas as estratégias utilizava a música como base. A emoção para falar de prazer, dor e alegria. O lado da comunicação para falar de estética e ética. O lado do entretenimento para gerar mobilização e catalisação. E a representação simbólica da música para ensinar História e assuntos religiosos. O plano era atuar na subversão de atividades que já estavam conectadas com as pessoas do bairro, para que os esforços e a utilização de recursos fossem os mais eficientes possíveis.

A Pracatum surgiu da vontade de gerar um novo modelo social pós-Irmã Dulce, pós-Luiz Tarquínio, um empreendedor nascido em Salvador, filho de uma ex-escrava, que mal estudou e começou como varredor até fundar, em 1891, uma das maiores tecelagens do Brasil, a Companhia Empório Industrial do Norte. Seus exemplos e referências foram e são múltiplos, da espiritualidade ao empresariado, da política às artes.

A diversidade de abordagens e de formações dos projetos sociais e educacionais da Pracatum estiveram sempre a serviço da ideia fundamental de reforçar a cultura da oralidade, da transmissão direta e espontânea, e mesmo as matérias mais teóricas seguiam essa tese.

Carlinhos conta que, em seu tempo de criança, a alfabetização era feita por professoras que, enquanto ainda estudavam, já passavam a ensinar ou a "dar banca", na linguagem popular do local. Não havia quadro de giz, apenas cadeiras e uns cadernos e lápis. Além de uma palmatória pendurada e de um pouco de milho no canto, onde os alunos indisciplinados tinham de se ajoelhar. Carlinhos convivia direto com esses resquícios escravocratas. Estava sempre aprontando demais, mas foi assim que se alfabetizou, em torno dos 14 anos, na mesma época em que conseguiu seu primeiro emprego e que começou a "fazer música", tocando e compondo. Mas sempre sentiu um compromisso com o processo de aprendizado, qualquer que fosse. Sua própria história e seus traumas no processo de aprendizado renderiam ótimas e péssimas experiências nesse quesito, deixando marcas na forma como ele construiu o mundo à sua volta.

Dona Madá morria de medo porque via que o filho não queria estudar, e, quando ele começou a trabalhar fora de casa, num emprego fixo, ficou ainda mais preocupada, porque não ia poder vigiá-lo. Ele saía de manhã e chegava à noite. Quando foi contratada por uma empresa de terceirização que prestava serviços às secretarias e unidades do governo, dona Madá entrou em pânico, por conhecer a índole do filho e por vê-lo à toa. Batalhou todos os seus relacionamentos para conseguir um primeiro emprego de verdade para ele.

APRENDIZADO SÓLIDO, PARTICULAR E GENEROSO

Em 1976, aos 13 anos e meio, Carlinhos conseguiu um trabalho de lavador de carro na Embrasel, companhia onde sua mãe então trabalhava, depois de muitos anos lavando roupa. Dona Madá sempre soube da atração artística do filho, mas o medo da instabilidade que ela tanto vivera a fazia puxá-lo para uma vida de uniforme, disciplinas, holerite e previsibilidade. O esforço não foi em vão, e daria ao menino um forte senso de direção. Mesmo que uma direção diferente da imaginada por ela.

Como ela mesmo conta, na "cara dura", pediu um emprego para o filho à secretária da empresa, que não gostava de contratar menores de idade. Mas dona Madá precisava vê-lo fazendo alguma coisa, trabalhando, porque à escola ele não ia. Em pouco tempo, Carlinhos deixou de ser lavador de carro e passou a contínuo (office boy), ganhando finalmente um uniforme. O verdadeiro orgulho da mãe. Passou também pelo Ferry Boat, pelo Derba (hoje Secretaria de Infraestrutura) e pelo Banco de Desenvolvimento da Bahia, o Desenbanco, mas dona Madá já o via "desencadeando" e sabia que ele "não estava mais a fim de nada, só de tocar", mesmo sendo muito querido e tendo sido chamado para trabalhar em período integral, com carteira assinada.

Nessa época dos primeiros empregos, Carlinhos era muito benquisto pelos companheiros de trabalho. Sempre foi doce, e na lavagem anual da Igreja do Senhor do Bonfim, juntamente com o grupo com quem já tocava nas noites, ganhava uma chuva de papéis picados dos colegas, que fazia os olhos da mãe brilharem. Já tocava nas festas, dormia tarde, desde sempre foi da noite, sem nunca ter sido um boêmio clássico. Para ele, a noite também sempre foi trabalho. Carlinhos investia tudo no seu talento. Quando os contratos de trabalho terminavam, gastava tudo em instrumentos.

Ele nunca esqueceu esses primeiros empregos, que lhe deram um senso de responsabilidade. Um dia, entrando num voo em Salvador, foi cumprimentado por um homem, que se disse seu fã. Para surpresa do rapaz, Carlinhos disse: "Eu te conheço." O homem ficou sem graça, sem saber o que falar. E ele continuou: "Você trabalhava no Desenbanco, e subia para o meu andar todo dia pra cagar no meu banheiro, que era o mais limpo. Porque eu mesmo limpava. Depois que você cagava, eu tinha que limpar tudo de novo." E deu uma grande risada. O homem se lembrou da história e os dois gargalharam juntos, continuando a conversa com o mesmo humor. O desapego da vaidade naquele momento revelava a naturalidade com a qual o agora famoso artista lidava com esses assuntos e com as memórias da infância.

Entre 13 e 14 anos, Carlinhos foi batizado na Igreja Católica e ganhou seu documento de identidade, porque precisava receber o salário de aprendiz, chamado salário de menor, na época. O trabalho dava uma estabilidade, mas não satisfazia os sonhos do menino. Suas fugas começaram a ser constantes, e quase sempre pensadas estrategicamente. A tentação era muito grande para exercer fora da empresa um certo "descontrole criativo" que nutria sua alma. Ele precisava tocar.

Dona Madá comandava uma espécie de "hombridade", na palavra do próprio filho, onde o orgulho era menos importante, mas a honra, sim, primordial. Desde os tempos de lavadeira, ela não queria que quando o filho chegasse na casa dos patrões para pegar ou levar roupa e lhe perguntassem se estava com fome, ou se queria comer alguma coisa, dissesse que sim.

A resposta tinha que ser sempre que já tinha comido e não estava com fome. Não era um pedido, era uma ordem.

No início ele obedecia, mas depois de um tempo achou uma saída alternativa. Aprendeu os caminhos das lotações e dos ônibus e cortava caminho a pé, para comprar comida com as passagens economizadas. Ia andando para a gráfica, no Acupe, e começou a levar as roupas a pé, com a trouxa na cabeça. No caminho, acabava comprando uma coxinha, um acarajé.

O problema é que os atrasos começaram a trazer problemas, até o dia em que o gerente do Banco Nacional, o sr. Joãozinho, e dona Ivete não receberam suas roupas a tempo. Eles precisavam delas naquele dia de manhã. O resultado foi uma surra, intensa e longa, sem conversa. As correções eram na base do cipó, da palmatória e de ajoelhar no milho, recurso mais ligado às lições escolares e ao respeito aos mais velhos. Como era desobediente, Carlinhos recebia castigo quase todos os dias nessa época. Estava aprendendo a apanhar para sobreviver. Uma forma de pensar que nunca o deixaria, mas que tampouco o tornou uma pessoa amarga. Ele entendeu rápido que esse era o sistema, e estava disposto a pagar o preço para ter suas próprias licenças poéticas.

Assim, tentou colocar em prática, nas instituições que foi criando, todas as lições e experiências vividas na sua formação e na construção de sua carreira musical. Educar seu entorno, aprender novas formas de fazer e incorporar o novo foram sempre obsessões na sua vida. Carlinhos considera a música um sustentáculo da educação, um tipo de norte para cada geração, e a essência ancestral de seu lugar permanece forte e íntegra.

Para a Pracatum, em seu estatuto, a música significa a convergência dos sons, a harmonia entre as pessoas, o prazer da descoberta, a quebra de paradigmas sociais, a inclusão, a participação e a flexibilidade, o sincretismo religioso, a síntese cultural, a representatividade, a legitimidade, e a sustentabilidade social, política, cultural, econômica e ambiental. Mas isso tudo também é quase uma síntese das histórias pelas quais Carlinhos passou em seus primeiros trinta anos de vida.

A capacitação de músicos servia também para melhorar a qualidade de vida dos moradores. Nos anos subsequentes viriam ainda mais empreendimentos, como a Pracatum Mídias Sonoras, a Pracatum Artes em Manualidades, a Pracatum Escola Infantil e a Pracatum Inglês. A cada necessidade identificada, o grupo trabalhava para ampliar a capacidade educacional. O fato de terem feito uma construção no meio da favela com arquitetura melhorada representou uma grande mudança para a cara do bairro.

A Pracatum já formou mais de 2 mil músicos e recebe turistas para conhecer e vivenciar o bairro. Aceita turmas de percussão para visitantes e organiza almoços preparados por dona Madalena. Além disso, há também quartos disponíveis para visitantes que queiram ficar mais tempo para uma imersão no bairro e na música. Uma espécie de residência artística.

SAIR SEM JAMAIS ABANDONAR

Carlinhos Brown transformou seu Candeal Pequeno num grande e bem-sucedido palco. Da maneira como ele descreve esse território físico, mas principalmente mental, o morro do Candeal é seu museu particular, a base do investimento criativo e humano no futuro, que continua a ser inventado. É seu fundamento pessoal e sua construção social, desde a Pracatum e seus estúdios até o Guetho Square e o restaurante para a mãe.

Brincando, Carlinhos afirma que ainda mora no Candeal, apesar de dormir em vários lugares. Pois, quando os filhos foram vindo, começou a se sentir um pouco inseguro. Decidiu ir para um apartamento, não só porque estivesse melhor de vida, mas principalmente por causa do assédio. Com mais dinheiro e tentando sempre resolver os problemas do bairro, passou a ser cobrado constantemente pela vizinhança como se fosse o subprefeito da região. Ele explica que resolveu ter outra casa com os filhos por uma questão de segurança:

CANDEAL: ONTEM, HOJE E SEMPRE

Quando você se torna uma figura social, as pessoas batem na sua porta a qualquer hora, não têm noção e não pedem ajuda, e sim doação, e, se você se doar, passa o dia inteiro em função daquilo, exposto.

Carlinhos sempre foi responsável com seu suado dinheiro, mas também assediado para fazer doações. Sua equipe achou melhor lhe dar então maços, mas ele não resistia à tentação de ajudar. Logo perceberam que era melhor sistematizar as ajudas através das suas instituições. Sempre que chegava alguém pedindo ele dava alguma coisa. A equipe se reuniu em torno de Carlinhos e montou projetos para atender as demandas e os pedidos do chefe.

Carlinhos não se recusa a ajudar, mas sabe que precisa se proteger, por isso teve o cuidado de montar uma equipe, trazer sociólogos, professores, psicólogos para atuar nos projetos do lugar. O Candeal foi e continua sendo o ponto de convergência de todas as ideias, da fome de inovação e de toda a sua política de transformação. Lá é seu porto seguro, o lugar para onde sempre volta, o espaço sagrado da ancestralidade. Ao mesmo tempo, em sua controvertida personalidade, ele tem consciência de que sua alma pertence à rua.

Carlinhos nunca deixou de olhar para as marquises e pensar na época que dormiu ali, de se lembrar do calor do papelão, da técnica de dormir confortável e de se proteger em grupo nas calçadas. Na Cidade Baixa, onde dormiu algumas vezes, deu-se a conexão visceral de Carlinhos com o povo, com a rua, com o social; sua luta diária por se sentir diferente; por ter que transpor barreiras altíssimas para conquistar coisas simples, chegar ao lugar onde queria estar. Entendeu também por que às vezes sentia a necessidade de "fugir de casa" para ir encontrar a cidade, o mundo. O sentimento nunca foi de dor, mas de conquista, e as ruas de Salvador nunca deixaram de ter o seu impacto. A Cidade Baixa passou a ser incluída no seu roteiro de uma maneira muito mais nobre.

Em 2005, o artista recebeu no Candeal provavelmente a visita mais ilustre de toda a sua vida, e ciceroneou o então príncipe das Astúrias, dom Felipe de Borbón (hoje rei da Espanha) e sua esposa Letizia Ortiz. O evento de lançamento da pedra fundamental da creche Virgem de La Almudena, bem pertinho do Candyall Guetho Square, serviu para o príncipe dançar ao som da Timbalada e para a descontração geral do evento. O ponto central da recepção oferecida foi a magia criada em torno de uma família real, que só estava ali por causa do trabalho que ele havia criado por anos, no lugar que jamais deixou. E que ganhava naquele momento projeção internacional.

2
A casa e o mundo

É Candombless e vamos embora. Ele tem o humor, a irreverência, ele é meio Macunaíma, essa figura de óculos escuros, turbante, cheio de joias, inclusive, igual às joias de crioula, tem tudo a ver, "eu sou essa coisa híbrida, mas ao mesmo tempo como o gene Buarque de Hollanda, mas ao mesmo tempo sou Brown, sou Teixeira de Freitas". Essa coisa, esse lugar macunaímico, eu acho que é o lugar mais poderoso da identidade dele.

Marcelo Dantas

Genialidade e obsessão. Duas características que Antônio Carlos Santos de Freitas trouxe consigo em doses cavalares. E tinha de ser assim, pois uma não vive sem a outra.

Cal, o Carlinhos, o Brau, o Brown, veio ao mundo com a energia inesgotável e indispensável para que uma pessoa de sua posição saia do lugar de onde veio. Lugar que, entretanto, ele nunca abandonou, mesmo com tudo que fez e com todas as suas conquistas materiais. Bem pelo contrário, extraiu de sua origem até os ritmos que o levariam ao tapete vermelho da cerimônia do Oscar em Los Angeles.

Carlinhos Brown é o primogênito de Madalena Gonçalo dos Santos, ainda uma adolescente quando ele nasceu, e de Renato Teixeira de Freitas, um homem mais velho.

Quando deu à luz seu primeiro filho, Madalena tinha 16 anos, e, mesmo sendo tão jovem, revelou-se uma pessoa bastante flexível e ao mesmo tempo muito disciplinada, marcada por um forte sentimento de honra que não a deixava baixar a cabeça. Bem diferente do marido Renato, que, apesar de mais velho, era bastante inseguro. Desde o início, a ligação entre mãe e filho foi sempre muito forte e marcada por algumas coincidências.

Dona Madá nasceu numa sexta-feira, 23 de agosto de 1946, pouco depois das cinco da tarde, e, como seu Bertolino, o pai dela, gostava de lembrar, Carlinhos nasceu exatamente às 17h20 do dia 23 de novembro de 1962, na Maternidade Tsylla Balbino, no bairro de Baixa de Quintas, em Salvador.

Na vida muito simples do Candeal Pequeno, com o filho no colo, Madalena lutava pela sobrevivência, driblando a fome que muitas vezes batia à porta, e levava a vida adiante, enfrentando altiva a gravidez dos outros filhos, que chegavam atropelando sua puberdade. Logo na sequência do nascimento de Carlinhos, ele ganhou três irmãos: Gilson, Mauricio e Lucia Cristina, que não tiveram o privilégio de nascer na maternidade — os partos foram em casa, sem nem mesmo esperar a parteira. Mas os outros cinco que vieram depois — Roberto, Roseneide, José Renato, Elaine Nazaré e o caçula Marcos Bertolino — nasceram em maternidades, sinal de avanço social na Bahia e na família.

Para dona Madá, mulher forte e corajosa, mais do que os estudos, era o trabalho que formava a pessoa, e, talvez por isso, ao longo dos anos, ela sempre apostou no filho mais velho com toda a sua fé, ainda que olhasse para suas atividades artísticas com extrema preocupação. Ele era um hiperativo muitíssimo esforçado, e essa identidade, que sempre os uniu, permanece até hoje.

Já o pai, Renato Teixeira de Freitas, tinha uma personalidade bem diferente. Vivia em constante conflito com sua posição familiar e social, o que lhe causava muita insegurança, a ponto de só ter tirado seu documento de identidade quando já tinha 30 anos.

FORÇA, ACOLHIMENTO E AMOR

Carlinhos é profundamente ligado à mãe. E lá no fundo, mesmo com toda a insegurança que a vida oferecia, ela talvez sempre tenha entendido a rebeldia do filho. Madalena gostava muito de carnaval, de dançar e se divertir. Quando engravidou, ainda com 15 anos, ia escondida às festas de rua, já que os clubes estavam fora do alcance financeiro e social. Os pais evangélicos, e bastante conservadores, eram contra e não permitiriam, mas a vontade de se divertir era maior, mesmo com o bebê na barriga. Ela juntava as amigas e partia para a rua sob algum pretexto. Ia sempre para a pipoca, que era o ato de acompanhar os trios elétricos e brincar na rua. Era entretenimento de graça, e a chance de frequentar as partes mais nobres da cidade e sonhar com a vida lá embaixo.

Com o nascimento dos filhos, porém, Madalena andava pelas ruas do bairro e das proximidades perguntando: "A senhora está precisando de alguém para lavar suas roupas? Eu lavo, passo." Esse ritual perdurou por muitos anos, para que ela pudesse criar sua prole. Carlinhos, ainda muito pequeno, só queria saber de batucar, ficava com os meninos da vizinhança do Candeal tocando, batendo nas bacias de alumínio, nas latas, e a mãe precisando de água para molhar as roupas porque em casa também não havia água encanada.

Mais tarde, já grandinho, depois de se divertir bastante, o filho pródigo voltava, trazia água, mas, como chegava tarde, com frequência apanhava. A lição de moral era sempre parecida: "Olha, vai buscar água de novo, porque senão, quando você voltar, vai apanhar." Ele vivia no pêndulo entre a curiosidade e a correção (como se denominava alguma forma de castigo). O desespero de prepará-lo bem para a vida e a ansiedade por uma possível ascensão de classe se traduziam no esforço diário de dona Madalena, que desejava isso todos os dias e tentava guiar Carlinhos por um caminho no qual as conquistas deveriam vir menos pela arte e mais por uma posição que a deixasse orgulhosa, e desse mais garantias. Em sua visão, a arte da sobrevivência é que pautava o dia a dia, sem dó nem perdão. Mas o amor e a disciplina eram os condutores para a transformação.

O avô materno de Carlinhos, seu Bertolino, descendente de italianos, foi sempre o guia da família. Homem íntegro e sofrido, que perdera o pai aos 8 anos, tornou-se um pentecostal rígido e não gostava de ver o neto metido com o candomblé. Como sua filha fora mãe muito nova e não parou de ter filhos, ele, constrangido pela gravidez precoce de Madalena, assumiu a responsabilidade do neto mais velho, com quem passava muitas horas, sempre tentando transmitir lições morais que mais tarde seriam em grande parte subvertidas.

Não só o avô como os tios e tias tiveram presença marcante na vida e na formação de Carlinhos. Um dos tios, Laudelino, era responsável pela tradicional luta de espadas em Cruz das Almas, nos festejos de São João, e outro, o tio Virgílio, profundamente católico, foi o braço direito de irmã Dulce na construção do hospital em Salvador. O menino chegou a conhecê--la na casa do tio, e lembra que ficou admirado, "louco por ela", mesmo com o medo que tinha de freiras.

Depois de algum tempo, Alice, a irmã mais nova de dona Madalena, passou também a cuidar do sobrinho, que era muito ativo e exigia atenção constante. A tarefa da tia era não deixar o menino sair da linha, mas, quanto mais ele crescia, mais ideias tinha. E para ela, ainda uma menina, era muito difícil mantê-lo com algum foco. As palmadas eram o corretivo mais comum, e ela estava autorizada a usar o recurso. Mas a alegria e a cumplicidade é que marcam as lembranças dos dois, e a amizade que os une até hoje.

Quando tinha entre 3 e 4 anos, Carlinhos quase morreu em uma fatalidade. Tendo fugido mais uma vez da tia, foi em direção à fonte de água que abastecia a comunidade e, num descuido, escorregou para dentro do poço. Quando Alice começou a escutar os gritos de "ele caiu", o menino estava voltando à tona pela segunda vez, se debatendo, e, na terceira subida, o retiraram já quase desmaiado, mas ainda pedindo a presença do avô, chorando e murmurando "painho, papai". O trauma de não nadar bem e o medo das águas profundas ainda estão presentes na vida de Carlinhos.

Logo depois do acidente, o avô disse em tom messiânico: "Esse menino tem uma coisa grande nesse mundo, que todo mundo vai respeitar ele",

A CASA E O MUNDO

para logo depois completar: "Tenho certeza de que vai ser pastor da igreja."
Seu Bertolino achava que Carlinhos ia ser religioso da Assembleia de Deus
e chamava o neto de Teco-Teco, numa analogia com os aviões pequenos e
ligeiros. Os dois sempre nutriram um amor profundo um pelo outro. O avô
tinha muito orgulho do neto, talvez por nunca ter tido um filho homem.

Aos domingos, Carlinhos fugia para a venda local, onde os homens
ficavam jogando dominó e tocando violão. Driblando a tia, ele sempre
escapava, e tinham de ir atrás dele. Em geral o encontravam cantando, no
meio de um monte de homens que achavam que a tia era irmã. Ela chegava
e dizia logo: "Bora, Cal." Ele, claro, nunca queria ir, enrolava, entretendo
as pessoas, que paravam para apreciar aquele menino que cantava e tocava
um violão grandão, desengonçado, mas ainda assim arrancando aplausos.
Roberto Carlos era sempre parte do show, com "Ninguém vai tirar você de
mim", lançada em 1968. Outra era "Disparada", de Jair Rodrigues: "Prepare
o seu coração / pras coisas que eu vou contar / eu venho lá do sertão / eu
venho lá do sertão…"

Seu Bertolino não queria que o neto participasse de qualquer atividade
festiva do bairro que não fosse na igreja, mas o garoto fugia para ver o pessoal tocar. Nessas ocasiões, os "senhores do bairro" — Manoel Boiadeiro,
que tocava uma viola de sertão, e o sr. Domingão, no pandeiro — pediam
para os meninos cantarem. Aquele que ganhasse subia na balança para se
pesar e ganhar uns queimados (balas de açúcar) como prêmio. Numa dessas,
Carlinhos começou a cantar músicas que aprendera naquele momento. A
plateia enlouqueceu com seu canto e sua dança e ele voltou para casa com
uma panela de queimados. Aos 7 anos, já escutava seus primeiros "mais um,
mais um, mais um".

Apesar da repressão constante, o menino continuava sonhando. Precisava de novos horizontes e escapava várias vezes dos cuidados do avô.
No dia da panela cheia de queimados, porém, seu Bertolino resolveu
colocar limites: "Meu neto em uma porta de venda eu não quero, não
quero que ele beba igual ao pai." E desde então, todo final de semana, o
avô deixava o menino quase nu. As portas tinham um degrau, e nelas ele
colocou tramelas altas, que o neto era incapaz de alcançar. Não viram

outra maneira de segurar o garoto que não fosse obstruindo sua saída. Um certo fanatismo era parte constante do convívio. Mas gerava ao mesmo tempo uma curiosidade enorme pelo que estaria além da porta.

À medida que o tempo passava, mesmo com suas constantes rebeldias, Carlinhos se tornava cada vez mais sociável, solícito e prestativo. Tia Alice fala com orgulho: "Ele sempre teve um coração bom, de ajudar as pessoas, era um pouco teimoso, igual criança mesmo." Ainda assim, não escapava de umas correções. Certo dia, no final da tarde, depois do banho, já todo cheiroso, ele foi até um trator que ficava na ladeira e era perigoso para crianças. Se sujou todo e voltou apanhando para casa por ter desobedecido, por ter ficado imundo depois do banho e corrido o risco de se machucar. Mas o respeito e o carinho profundo entre ele e a tia sempre se mantiveram, e chegavam até a gerar ciúmes em dona Madá.

ALICE E CARLINHOS, VELHA INFÂNCIA

Quando Carlinhos nasceu, Alice tinha 8 anos, mas ela já via o esforço da irmã mais velha e da mãe para manterem a casa com o mínimo. Naquela época o Candeal ainda era uma roça, uma chácara, com ruas estreitas de barro, sem nenhum saneamento ou energia elétrica, muito menos água encanada.

Os homens da família ganhavam muito pouco, de modo que as mulheres tinham que ajudar de alguma forma. Alice teve a sorte de ter apenas que cuidar do sobrinho, que no geral era obediente. Mas, por conta de um glaucoma, ela foi perdendo a visão, e foi preciso se esforçar e se educar para ser independente. Madalena sempre incentivou e motivou a irmã para que ela tivesse uma vida o mais normal possível. Naquela época, a imagem dos cegos ainda era a de pessoas que não podiam estudar, mendigos, pedintes, mas a família se reuniu em torno da causa, e esse apoio foi fundamental para Alice. Durante quase toda a infância, o menino andou com a tia e se tornou, de fato, um guia, um amigo e confidente inseparável.

Alice tinha um gravador de voz de fita cassete, e quando Madalena e a mãe iam lavar roupa, ela e Carlinhos, pequenos, "roubavam" uma das bacias de alumínio e colocavam sobre a cabeça, cantando músicas gravadas, numa espécie de cobertura acústica, que ecoava o som do amplificador de pilha. Fingindo ter microfones nas mãos, a dupla se divertia fazendo poses. Alice recorda que em 1974, quando ele tinha 11 anos, cantavam "Pavão misterioso", de Ednardo, tema de abertura de *Saramandaia*, novela da TV Globo. Aos poucos esses momentos lúdicos foram ficando para trás, mas as memórias nunca se desfizeram. Eram momentos românticos e épicos.

Os dois foram crescendo. Nos carnavais de Salvador, invadiam as cordas dos blocos de rua, mesmo sem usar mortalha, o traje oficial. Alguns mandavam a dupla embora, mas em geral eles eram acolhidos. Os dois se sentiam unidos pela música. E também pelos sonhos. Não perdiam um carnaval, e só voltavam para casa quando os garis já estavam varrendo as ruas de manhã. A última vez que passaram o carnaval juntos, voltaram andando desde o Campo Grande, mais de duas horas de caminhada, acompanhados da amiga Lúcia.

Alice passou a frequentar o Instituto de Cegos da Bahia, fundado em 1933. Mesmo com os esforços de quase quarenta anos de atividades do instituto na época, os deficientes visuais ainda enfrentavam os mesmos estereótipos. No ano de seu sexagésimo aniversário, Carlinhos retornou à instituição para fazer campanha pela ampliação das instalações. Era uma forma de agradecer àqueles que tinham permitido que ele, ainda criança, pudesse ter conhecido músicos consagrados, por meio de encontros dos artistas com deficientes visuais que eram organizados pela presidente do instituto, dona Eugênia, mãe de Raul Seixas. Alice amava os bailes e os concertos e não deixava de ir para a rua.

A Bahia sempre cantou e exaltou a própria cultura, e quando Caetano Veloso lançou "Atrás do trio elétrico", em 1969, ninguém queria perder a oportunidade de cantar "atrás do trio elétrico só não vai quem já morreu". Carlinhos não tinha nem completado 7 anos, mas já era quem acompanhava a tia para cima e para baixo, quando Alice ainda tinha um resquício de visão. A cada dia que passava, ela ficava mais dependente. Sair com ela passou de obrigação a hábito, e de hábito a ritual. Era seu momento de mais liberdade, menos cobrança, além de uma oportunidade de frequentar lugares inacessíveis para sua família. E o treino dos ouvidos veio a galope.

Tia Alice era esperta, se apresentava bem e tinha um ouvido aguçado. Chegava nas bilheterias dos concertos e falava de sua cegueira, que ainda estava buscando um emprego e queria muito conhecer o artista da noite. O primeiro show de Carlinhos deve ter sido o da Jovem Guarda. Um dos artistas favoritos de Alice era Jerry Adriani, que chegou a fazer graça para o sobrinho-acompanhante. Alice sempre arrumava um jeito de conversar com o cantor. Em uma mesma noite, a dupla dinâmica foi à concha acústica do Teatro Castro Alves, ao Esporte Clube na Cruz Vermelha e ao Clube Império no Bonfim, terminando na Casa do Marinheiro, tudo para ver Jerry Adriani. Nessa noite, depois do último show, impressionado, ele perguntou: "Vocês estão me seguindo, é?"

A dupla foi a dois shows de Roberto Carlos no Esporte Clube Periperi, onde também se encontraram com o Rei, que foi receber um grupo de deficientes visuais após o concerto. Certa vez, ele assistiu do palco a Chitãozinho e Xororó, depois de uma conversa no Periperi. Conheceram também Nelson Gonçalves, Raul Seixas, Gilberto Gil.

Essas experiências foram uma escola para Carlinhos, que conseguia ter momentos de intimidade com os artistas, inacessíveis até mesmo para pessoas de classe alta. E ele sempre soube aproveitar cada oportunidade para aprender, se educar e abastecer seu repertório particular.

Jerry, cada vez que encontrava a dupla, dizia: "Puxa, você está crescendo mesmo ou sou eu que estou diminuindo?" Todos pensavam que "Alice e Cal" eram irmãos. Décadas depois, já famoso, Carlinhos disse a Jerry: "Você lembra quem sou eu?", e Jerry, admirado, se lembrou de uma garota com deficiência visual com um menino e disse: "É você, rapaz?" Com Roberto Carlos foi parecido. Ele contou a história e o Rei perguntou: "Você quer me fazer chorar logo aqui, justo agora?"

Esses presentes de "intimidade" sempre deram confiança ao batucador, que acabava sentindo uma proximidade com o mundo artístico, mesmo que para todo mundo seus sonhos parecessem impossíveis. Numa entrevista em 2015, quando participou do especial de fim de ano de Roberto Carlos na Globo, ele revelou:

> Eu me lembro como se fosse hoje: quem nos recebeu foi Jerry Adriani, uma simpatia, um cantor e ser humano que admiro demais! Dois meses depois, conheci Roberto Carlos numa apresentação que ele fez em Salvador. Ele fez questão de vir falar com a gente, uma caravana de deficientes visuais, e foi todo carinhoso com minha tia, comigo, com todo mundo... Aí, me apaixonei de vez pelo Rei.

Nessa ocasião, dona Madá recebeu um telefonema do filho falando que tinha sido escalado para se apresentar com o Rei e que ela poderia assistir ao vivo. Dona Madá chorou de emoção. Levou uma amiga e se lembra como se fosse hoje do trajeto até a casa de shows, que não se aguentava de tanta ansiedade, quase chorando de gratidão pelo encontro que o filho lhe proporcionava. Foi como uma redenção por tantos anos de apreensão pelas escolhas de Carlinhos.

A série de encontros da infância, nos shows e nas folias das pipocas, foram a primeira escola de Brown, incríveis de tão instigantes e surpreendentes. Esses primeiros anos foram definitivos na sua formação. A vida real ia se tornando mais surpreendente do que a ficção. Muitos legados surgem desses encontros improváveis, e a Bahia era um bom palco para isso, pela vocação de misturas no mundo artístico. Na Bahia dos anos 1970, passar de um fazedor de qualquer coisa para um pensador dependia muito do círculo social. Carlinhos não era sequer pretendente a coisa alguma. Tirou tudo de dentro de sua cabeça sonhadora. Uma coisa de cada vez.

Anos mais tarde, Alice disse ao sobrinho ilustre: "Quando você deixou de andar comigo, foi quando eu parei de enxergar mesmo." Até hoje, ela se emociona com "Velha infância", música que o sobrinho compôs com Marisa Monte e Arnaldo Antunes para o primeiro álbum dos Tribalistas, e que, para ela, é a história dos dois:

Você é assim
Um sonho pra mim
E quando eu não te vejo
Eu penso em você
Desde o amanhecer
Até quando eu me deito

Eu gosto de você
E gosto de ficar com você
Meu riso é tão feliz contigo
O meu melhor amigo é o meu amor

E a gente canta
E a gente dança
E a gente não se cansa
De ser criança
A gente brinca
Na nossa velha infância

Seus olhos, meu clarão
Me guiam dentro da escuridão
Seus pés me abrem o caminho
Eu sigo e nunca me sinto só

NOVOS HORIZONTES

Desbravar caminhos e conquistar novas oportunidades sempre fez parte da personalidade de Carlinhos, marca de Ogum, seu orixá de cabeça.

Atento a todas as novidades, ele acompanhava com interesse as mudanças na cidade promovidas pelo governador Antônio Carlos Magalhães em seu primeiro mandato. De 1971 a 1975, Salvador passou por

A CASA E O MUNDO

muitas obras, que se estendiam do Rio Vermelho a Garibaldi, Ondina, Santa Cruz e até o aeroporto. Mas o que ele acompanhava com maior interesse e entusiasmo era a construção do Shopping Iguatemi, o segundo do Brasil, para ele um símbolo de progresso, quase uma miragem. Duas semanas antes da inauguração, ele completou 13 anos, e ainda sem qualquer trabalho formal passava o dia ajudando aqui e ali, e à noite se dedicava a aperfeiçoar a batucada.

O que mais fazia sucesso no shopping era o supermercado Paes Mendonça. Muitos garotos começaram a frequentar a porta do supermercado para carregar compras e ganhar gorjetas. Eles podiam fazer a glória em casa: o menino virava o orgulho da família, ao chegar no "final da tarde com uma ou duas varas de pão", ou trazendo um quilo de café ou de açúcar, como diziam: "Sentava no colo da sua família." Mas se, ao contrário, não trouxesse nada, era tido como preguiçoso e sofria os rechaços naturais. O sonho era agradar os pais, porque socialmente, nas rodas de bebidas, os filhos eram enaltecidos e viravam exemplos na comunidade. Isso acabava contando para a ascensão social, para o carisma, mesmo que de forma infantil. Era essa a política.

O menino franzino oscilava entre satisfazer os pais, para evitar castigos, e matar a curiosidade pelas coisas diferentes, buscando sempre aprender algo novo. Sabia que era preciso se arriscar para ver e conhecer tudo que pudesse, num exercício que se tornaria uma filosofia de vida.

A região entre o shopping e o terminal rodoviário de Salvador virou um lugar agitado, cheio de pedintes, moleques de rua e desempregados. Por lá também circulavam os garotos que queriam "fugir" de casa, e, no meio deles, Carlinhos tentava escapar das eternas discussões familiares sobre seu futuro. O lado do pai queria que ele se tornasse babalorixá; o da mãe, pastor. Ele começou a ficar de "saco cheio" das pressões diárias e só via seu futuro fora de casa.

No meio dessa confusão interna, Carlinhos encontrou a música de verdade e se entregou a uma outra dimensão, espelhando-se na figura de Mestre Pintado, que o tirou da agonia de achar que só podia escolher os caminhos apontados pelos outros. Poder escolher para si próprio foi o maior ensinamento de Pintado do Bongô, seu "segundo pai", cuja figura procura glorificar até hoje. A liberdade de seguir o próprio caminho é a essência de um artista bem-sucedido, e ele aprendeu isso cedo. Não nascera para ser controlado, nem para se conformar. Sentia-se numa transição, sempre à beira de um ataque de nervos. E a única saída era se aventurar fora de seu restrito ambiente familiar e social.

Além de Renato, seu pai biológico, e de Pintado, seu mestre de baqueta, Fabiano, ou seu Tavi, foi um outro grande mentor. Fabiano era um maçom que tinha ido morar em Brotas, um negro alto e forte, com semblante de Louis Armstrong. Era dono de uma distribuidora de carne e tinha boa condição econômica, caso raro de um negro rico que vivia uma vida de classe média alta.

Carlinhos tinha acabado de entrar para o Colégio Luiz Viana, e, mesmo não tendo ficado lá por muito tempo, logo estabeleceu um ótimo relacionamento com os colegas, especialmente com o filho de Fabiano, Roseval Evangelista, que desde cedo queria se dedicar à música e de fato se tornou um grande músico, com quem Carlinhos veio a gravar mais tarde. Ainda bem novo, Roseval teve paralisia infantil, e por conta de sua limitação física sofria com frequência ataques discriminatórios. Fascinado com o grupo de amigos que se formara em torno do filho, Fabiano passou a tratar os moleques como filhos também, e logo se estabeleceu uma forte ligação entre ele e Carlinhos.

O casal Fabiano e Nice entendia a situação de extrema pobreza dos amigos do filho. Não apenas aconselhavam, mas também acolhiam, davam comida e escutavam os meninos. Além da maçonaria, Fabiano frequentava o templo Seicho-No-Ie, e chegou a levar os meninos com ele algumas vezes. Já o irmão de Fabiano, Raimundo, era do candomblé, e isso atraía Carlinhos, que já se sentia não apenas uma pessoa de pensamentos livres, como também um agente de seus próprios propósitos. Nesse início de adolescência, e com a necessidade de encontrar um caminho melhor para sua vida, Fabiano e Nice representavam uma clara oportunidade de ascensão social, não só pelos vínculos raciais e geográficos, como pelo suporte que davam ao pequeno grupo de músicos. Mas a virada em sua vida não seria imediata.

Mesmo com pouca educação formal, o garoto esperto tinha as escolas como um trampolim para chegar aos bailes, talvez um bloco. Esse era o lado da ordem e da disciplina que Carlinhos levaria para sempre. Foi na escola de Amélia que ele pegou num timbal pela primeira vez. Inesquecível! Sempre que pegava num instrumento sentia seus horizontes se abrindo.

A educação musical nas escolas públicas brasileiras já tinha se estabelecido desde a década de 1930. No dia 12 de fevereiro de 1932, Heitor Villa-Lobos publicou no *Jornal do Brasil* o artigo "Apelo ao chefe do governo provisório", chamando a atenção dos dirigentes do país para os mais de 34 mil artistas desempregados no país. Em poucos dias, Anísio Teixeira, secretário da Educação, convidou Villa-Lobos para montar um programa de ensino de canto orfeônico nas escolas, que no ano seguinte virou programa obrigatório nas mãos do presidente Getúlio Vargas.

Villa-Lobos assumiu uma superintendência que, em 1934, sob a tutela de Gustavo Capanema, se ampliou para um conselho maior de profissionais. Além do poeta Carlos Drummond de Andrade, que era seu chefe de gabinete, o conselho reunia nomes do peso de Mário de Andrade, Lúcio Costa, Afonso Arinos e Cecília Meireles. Isso seria definitivo para a inclusão do canto orfeônico no currículo escolar brasileiro e a realização dos espetáculos em escolas. Até 1941, Villa-Lobos ainda elaborava textos e métodos para as escolas brasileiras. E Carlinhos também é legado desses pequenos instrumentos de descoberta de talentos que, na maioria das vezes, passam despercebidos por nós.

Certa vez ele foi convidado para uma "domingueira" com o pessoal do colégio Luiz Viana. Colocou sua melhor roupa, daquelas só de domingo, e foi para a Tumbadora. Ali conheceu Marquinhos Lobo, percussionista iniciante que virou quase irmão. Eles tocavam juntos e um ajudava o outro a progredir. Lobinho tinha muitos instrumentos profissionais e os emprestava ao amigo, que pôde então descobrir "sons de verdade". Lobinho era um bongozeiro nato, e Carlinhos mais ligado nas tumbadoras. Logo formaram uma dupla, e Lobinho admirava a destreza do jovem amigo de família humilde.

Em toda a sua vida, a música foi o elo de Carlinhos com a maioria das pessoas à sua volta. Era a única coisa que o jovem sentia que aprendia naturalmente. Em todo o resto, sentia uma enorme dificuldade. E foi essa dificuldade constante que o tornou uma pessoa disciplinada. Mesmo na rua. Ele já sabia que precisava treinar para fazer bem o que quer que fosse.

GANHANDO TERRENO, CONQUISTANDO AS RUAS

A vida de acompanhante da tia continuava sem novidades até Alice conseguir um emprego na Alfred, uma fabricante de calças jeans. Carlinhos a deixava na Alfred às sete e a buscava no fim da tarde. Nunca mais esqueceu o mingau da senhora que ficava na porta da Alfred. Muitas vezes, pela manhã, tomava um copo de mingau e comia um pão com manteiga, seu sustento do dia todo. Costumava comprar fiado, e depois que a tia entrava na fábrica ia batalhar trabalho.

Aproveitando o intervalo de folga entre os horários da tia, Carlinhos saía às ruas vendendo cajarana, amendoim torrado, queimado e bala de mel. O grande sucesso era mesmo a cajarana, uma espécie de *power food* da Bahia naquele momento. Para ampliar seu ponto de atuação e alimentar a curiosidade pela vida e pela cidade, pegava os ônibus que iam até a Barroquinha. No trajeto, passava todo dia por um cara que vendia amendoim torrado, até que um dia o viu vendendo amendoim coberto. Copiou a ideia. Depois encontrou os picolés, que sempre vendiam bem no calor. Tentou café com leite, mas o leite azedava. Via tudo como uma oportunidade. Se chovia, ia para o amendoim; se esfriava, ia de café preto, que era o mais lucrativo. O investimento inicial desse comércio vinha dos trocados que os deficientes lhe davam pela ajuda que prestava.

Foram meses perambulando entre o shopping e o terminal rodoviário, até começar a trabalhar de carteira assinada. Como todo adolescente, precisava de liberdade e do clamor das ruas: "Eu tinha que enfrentar a rua, tinha que viver aquilo, como é ter frio, como é dormir nas marquises, nos viadutos que começaram a se alastrar na cidade; mas a ideia era trabalhar e juntar dinheiro para ter desenvolvimento."

Ainda que tivesse um lado lúdico, ser guia de deficientes visuais também foi difícil. Eles haviam lhe dado a oportunidade de conhecer o som da Jovem Guarda, mas Carlinhos sentia que precisava descobrir mais coisas por conta própria. Seu "radar" se expandia todos os dias. Tudo se misturava naquele momento. As ruas por onde passava com a tia seriam as mesmas ruas onde iria dormir um dia. Desse mapeamento da cidade ia trazendo novas perspectivas, mesmo que apenas na sua cabeça e sem qualquer avanço da qualidade de vida.

Até que chegou a vez de encarar dormir na rua. Com vergonha de voltar para casa de mãos vazias, ele se juntou aos amigos da região. Foi estranho, mas sem traumas. E ele foi se acostumando. As broncas em casa aconteceriam de toda forma, e as escapadas não mudavam muito seu relacionamento com a família. Tomava bronca, apanhava um pouco, e vida que segue. Não chegava a passar duas noites na rua para não levantar muitas suspeitas, mas dormir fora, embaixo das marquises, dos viadutos, se aglomerando com companheiros de rua, passou a ser um hábito. Muitas de suas ideias apontavam para a música, mas, nesses meses de transição, se sentia aberto a qualquer aventura.

Começou a se entrosar mais com a parte baixa do comércio e descia para a feira de São Joaquim, um espetáculo para seus olhos. Ficou fã de uma cantora do mercado e a apelidou de Margarida Perfumada. Ela cantava as músicas de Marinês, um dos maiores sucessos de todos os tempos do forró, do baião e do xaxado, e fazia dupla com um senhor.

Certo dia, saiu do Iguatemi à noite e decidiu não voltar para casa, porque não tinha conseguido nada e não queria chegar de mãos vazias. Começou a jogar plaquinha (tentar adivinhar uma centena, uma dezena ou o milhar na placa de um carro que se aproxima). Começou ganhando, com os poucos carros que passavam pela rua do Iguatemi, e isso lhe dava taquicardia. A adrenalina o tomava. Viciou-se rápido naquilo.

Jogava com os outros meninos com quem pegava compras no supermercado e juntos seguiam para a rodoviária, do outro lado. O caminho tinha uma vala de esgoto no meio, mas os meninos improvisaram tábuas para poder cruzar. Como o pessoal do interior começou a vir fazer muitas compras, miravam os carrinhos cheios de produtos e se prontificavam a levá-los até o ônibus.

A cabeça de Carlinhos só pensava em movimento, em não parar e tentar ganhar algo para o próximo dia. Mesmo alimentando a ideia de construir um sustento, isso sempre foi uma ilusão. Algumas respostas até podiam estar ali em termos de experiência e de substrato para futuras criações. Certamente não havia ali qualquer oportunidade real de ascensão, mas ele ainda não havia se livrado completamente da insegurança em relação à música. Sentia que remava contra uma maré que não acabava nunca. Mas, assim como a mãe, nunca desistiu. A rua tinha virado outra escola, sem dúvida. Uma escola da malandragem, de linguagem e de estética. Menos musical na sua essência, mas muito importante para a construção de sua própria cosmologia.

Aos poucos Carlinhos foi se arriscando a ficar mais tempo fora de casa. Porém sempre no limite de duas noites. Até o dia em que finalmente rompeu essa barreira. Como estava "vagabundeando", em suas próprias palavras, certamente haveria uma correção. Estava com medo de voltar sem resposta, sem alimento, pois, se não estava trabalhando, o que estaria fazendo?

Foi então que acabou se aventurando, ou se deixando levar, por espaços mais perigosos. Um garoto maior tinha dito: "Poxa, vou colocar vocês em um canal, que todo mundo vai gostar e ter grana pra levar pra casa todo dia, vambora?" Todos aceitaram, desesperados por dinheiro. Foi nesse dia que Carlinhos encontrou muitos outros garotos como ele, vários adolescentes, e foram para um lugar meio escondido. Chegando lá, o líder, confiante, disparou: "Todo mundo vai ter que dormir aqui", e eles então viram vários garotos sofrendo uma correção de homens mais velhos, com palmatória, porque não deviam ter seguido alguma ordem.

A rua ensina rápido aos pequenos, que, vulneráveis e expostos, têm de fazer escolhas cruéis para sobreviver. Pela primeira vez Carlinhos sentiu medo de verdade. Entendeu que a situação não era para brincadeira. Estava diante de algo que nunca havia experimentado antes, e seu contato com

A CASA E O MUNDO

drogas mais pesadas, como a cocaína, limitava-se basicamente ao fato de saber que existiam. Desconhecia o tráfico de qualquer droga que não fosse a maconha, mas sabia que os traficantes aliciavam menores. A maconha já corria solta e era um verdadeiro tabu. Ele entendeu que estava passando por um processo de recrutamento e que aquilo seria o começo do teste, que tudo havia passado dos limites de sua curiosidade. Pensou: "Zorra, e agora?" Aquele foi o limiar entre o mundo cruel que ele conhecia e um mundo totalmente desconhecido.

Ele lembra apenas que estava em uma espécie de barracão, com uns panos espalhados, e sentia medo. Ficou num canto, observando, por muito tempo. Cada minuto ali parecia demorar uma hora. Até que ouviu um barulho e tomou um "susto da porra". Inacreditavelmente, era seu pai, que sem muitas explicações e sem querer conversar muito gritou: "Vambora, seu filho da puta, bora pra casa." Carlinhos experimentou uma segurança como nunca antes havia sentido e disse para si mesmo: "Porra, meu pai, meu herói."

Ao perceber que o filho não tinha voltado para casa, Renato intuiu que ele estava passando por alguma situação grave e que só ele podia salvá-lo. E foi de extrema importância e lucidez, porque ao final do segundo dia estava procurando pelo filho nas zonas de risco da Cidade Baixa. A conexão entre os dois se manifestou com força, e ele sentiu uma presença paterna que só mais uma vez mais na vida voltaria a experimentar.

CONEXÃO TARDIA

Alguns anos depois, Carlinhos experimentou novamente a presença vigilante do pai. Tinha passado a noite toda tocando no restaurante Cheiro de Mar, e, ao chegar em casa com o dinheiro do trabalho, o pai foi logo o acusando e repreendendo. Aquilo já era mais do que Renato ganhava. Sem nem perguntar, muito menos confiar em um diálogo, levou-o de volta ao restaurante "pela orelha", para fazer o filho devolver o dinheiro. Quando chegaram lá, o gerente falou: "Não, ele ganhou trabalhando, tocou aqui vários dias." Dessa vez, foi uma espécie de redenção, uma oportunidade de mostrar que a música começava a oferecer um futuro. Mas ter ido com o pai ao restaurante o fez se sentir cuidado, observado, sentir que, a partir de então, teria a chance de mostrar que, se fizesse a coisa certa, poderia ser reconhecido. Ele entendeu também que "sair para a rua" era, na concepção de todos à sua volta, "sair para trabalhar".

A rua continuava sendo o espaço desejado, de liberdade e criação. Em casa, o cerco sempre foi apertado, e a ansiedade da mãe quanto ao futuro do filho mais velho era muito grande. Toda a família o pressionava por alguma forma de sustento, e dona Madá se sentia também pressionada e frustrada.

Embora a presença paterna tenha sido sempre dúbia para Carlinhos, no começo da adolescência ele e Renato se aproximaram. Algumas vezes ele ia ao Acupe de Brotas com o pai, onde o amigo Sereia sempre se exibia no timbal. Na roda de samba, disputavam quem "quebrava" o tamborim e o bongô, e a orquestra tocava em cima.

Observando todos esses ensaios no Acupe, Carlinhos começou a sentir uma enorme atração pelos sopros, que viriam mais tarde na sua carreira. Eram poucos os sopros, mas a presença na melodia era clara para o jovem. Sua intuição auditiva já se fazia muito presente. Embora estivesse focado, começava a entender todos os elementos de uma banda, e por isso, anos depois, seria definido como multi-instrumentista.

Com o tempo, Carlinhos desenvolveu a embocadura para o trombone, tirando bons sons e gravando vários sopros, inclusive para o filme *Rio*, da Pixar, muitos anos depois. Mas sempre sentiu o problema de ter que fazer a boca dura, e não queria "desembeiçar". Chegou a ser recomendado por vários músicos para tocar trombone, pela facilidade que tinha, mas acabou nunca se dedicando de verdade ao instrumento, a fim de evitar o que o exercício lhe causaria na boca. Uma mistura de vaidade com visão artística. Acabou nutrindo uma enorme paixão por fazer arranjos com sopros muitos anos mais tarde, sem precisar executar as performances.

Esses momentos de reconciliação com o pai foram importantes para a autoconfiança de Carlinhos, e para que pudesse ir além da disciplina imposta pela mãe. Sua família jamais imaginou a dimensão que o garoto franzino, atrevido, primogênito de oito filhos, que praticamente se alfabetizara sozinho, acabaria tendo no enredo familiar. Ele menciona muito a palavra "enredo", que é utilizada nos terreiros para associar a incorporação das características de orixás a determinadas situações. Ogum, um de seus orixás, é o guerreiro civilizatório, e Carlinhos desde cedo já intuía que precisaria passar por muitos aprendizados da rua. Nunca fugiu, nem quando sentiu medo. Queria mesmo civilizar o lugar onde nasceu. A cosmologia à sua volta, com o exemplo da mãe em primeira ordem, não o deixaria falhar.

3
Ancestralidade

Eu sou Antônio. Pelo sincretismo, além de Santo An-
tônio, sou Ogum. O Candeal é ecumênico. Não posso
considerar o candomblé uma influência. Ao contrário,
eu vivo isso. Esse afro-barroco que me habita não é
consequência de ficar ouvindo, é por eu estar viven-
do, ter meus pais, tudo ali dentro. Eu só transformei
aquilo em algo pop para os ouvidos.

Carlinhos Brown

Os pais de Carlinhos eram rigorosos, e, como já vimos, naquele tempo a educação era feita na base de palmadas e surras. Uma dessas surras, que ele tomou do pai, despertou um sentimento de injustiça em seu coração. Ele conta que estava se divertindo no mato, pegando manga, subindo em árvore, fazendo coisas de criança, como andar de guiador com os restos de qualquer roda velha, quando seu Renato cortou a brincadeira com violência, pois já havia mandado o filho sair para entregar a roupa lavada aos clientes de dona Madá.

Magoado, machucado e revoltado, ele pegou a trouxa de roupa e saiu de casa. Pegou o ônibus Brotas-Barroquinha e de lá foi subindo a ladeira para o bairro onde tinha de entregar as roupas. No meio do caminho, teve uma ideia: entrar no Fórum Teixeira de Freitas e procurar o avô: "Eu queria reclamar que tinha tomado uma surra porque não queria levar roupa, e aí busquei esse meu avô que era juiz. Eu queria delatar eles", conta de forma divertida. Uma cena estranha: o menino com uma trouxa de roupa na porta de um palácio da justiça dizendo que estava procurando o avô, que seria o dono do fórum, para reclamar do pai que tinha lhe dado uma surra.

Os funcionários não levaram o menino a sério e o dispensaram sem se dar ao trabalho de responder. Sentindo-se ainda mais injustiçado, foi andando até a casa de dona Ivete e do sr. Joãozinho para entregar a roupa lavada e passada com esmero pela mãe. Conseguiu chegar a tempo, entregou tudo direito e dona Ivete lhe ofereceu um lanche. Foi sua redenção, e ainda mais porque recebeu o dinheiro para o transporte de volta.

Estava no ônibus, ainda triste com tudo que acontecera, quando então entrou um mágico, Mr. Magoo, como era conhecido, e começou ali mesmo a fazer seus truques para arrecadar algum dinheiro. Carlinhos ficou paralisado por uns minutos. Era a primeira vez que via um mágico. Ele olhava encantado para as roupas, os truques, as cores, a performance. Quando o mágico saltou do ônibus, sem aguentar de curiosidade, o menino que tinha acabado de tomar uma surra pensou: "Não, foi muito pouco! Quero ver mais desse mágico", e desceu do ônibus atrás de Mr. Magoo, imaginando que ele poderia resolver seu problema, já que no fórum ninguém tinha lhe dado atenção.

Na praça da Sé havia muitas pessoas esperando o artista, que continuou fazendo mágicas incríveis. Impressionado, o menino ficou num canto observando tudo e pensando que a transformação da mágica poderia ser a solução de muita coisa. Depois entrou a música, o forró com um tocador de triângulo, uma senhora e um sanfoneiro. "Fiquei tão entretido com aquilo, e veio mais uma sessão, e outra, mais outra, e o que aconteceu? Começou a ficar tarde e eu lá admirando tudo... era também minha primeira vez na praça da Sé." Era um lugar fascinante.

Chegando bem tarde em casa, foi logo contar tudo para a mãe, que já tinha preparado outra trouxa de roupas para ele levar ainda naquele dia. Depois de mais uma bronca, dessa vez sem surra, lá foi ele para a rua de novo, feliz com a emoção provocada pela arte. Quem sabe não seria aquilo uma manifestação, um presente do avô para recompensar o menino

ANCESTRALIDADE

injustiçado? O nome Teixeira de Freitas sempre esteve presente na sua imaginação, como revela essa passagem curiosa.

A COSMOLOGIA PARTICULAR DE CARLINHOS BROWN

Desde adolescente Carlinhos tinha uma curiosidade gigante pela história de seus ancestrais. Seu Renato, entretanto, não se sentia confortável com o nome que herdara do pai, e demorou muito para ter um documento de identidade. Parecia não ter interesse nas origens da família, já que sua certidão de nascimento não trazia o nome do avô, apenas o da avó, dona Gertrudes Ferreira da Cruz, lembrada pelo bisneto como "uma cigana loira e elegante".

Mas para Carlinhos Brown sua história de vida é contada sob a égide poderosa de uma combinação e compilação de sobrenomes, enredos familiares, etnias, testemunhos de genealogistas, por alguns documentos ainda sendo pesquisados e, acima de tudo, pela certeza quase espiritual de suas ascendências portuguesas, escravas e ciganas. O resultado é certamente uma potência de autoconfiança que ele vive como uma herança de nobreza carregada por gerações há centenas de anos.

As explicações sobre essa força quase misteriosa, que alimenta sua cosmologia particular, continuam a ser pesquisadas e parcialmente respondidas. Hoje percussionista consagrado, compositor de inúmeros sucessos, ícone do carnaval e conhecido por todos, ele remonta sua identidade mais profunda a essas raízes raciais, às crenças e principalmente ao DNA familiar, que transcende as construções sociais e seu entorno. Como a maioria dos brasileiros, ele vem de muitas origens.

Quando trabalhou com Deborah Colker no desenvolvimento do balé *Cura*, que a coreógrafa idealizou para lidar com a dor causada pela doença rara de seu neto Theo, a presença dos antepassados consanguíneos ou culturais e a mística da ancestralidade em nossas vidas eram temas frequentes das longas conversas entre os dois.

Deborah falava muito de tecnologia. Para ela, a questão científica era o futuro: "Diferente da medicina, da saúde, um mundo de explorações." Sempre que ela trazia a ciência, ele falava de ancestralidade, e Deborah argumentava: "Esse momento [da peça] é o DNA, que é o momento científico que a gente está indo para o maior desenvolvimento que a civilização fez até hoje", e ele retrucava: "Dé, é o mais antigo, [a ancestralidade] é a coisa mais antiga que a gente tem..."

Foram muitas conversas e reflexões. Deborah conta que em determinado momento se convenceu de que o parceiro tinha razão, de que o importante era "a conexão do mais novo, alta tecnologia, com aquilo que é mais antigo, que é mais original, gênesis, no sentido da criação, do início". A dança e as discussões sobre o DNA na família e no mundo foram preenchendo a história, que para Deborah era científica e para Carlinhos tinha uma profundidade muito maior.

EXPLORANDO AS ORIGENS

Conectando coisas improváveis, Carlinhos foi incorporando camadas de ancestralidade em seu processo de entender a peça, até que, em 2021, aceitou participar do projeto *Origens*, da plataforma de jornalismo Ecoa/UOL, e realizar um teste de DNA de ancestralidade genética que indicasse os lugares do mundo de onde vieram seus ancestrais. A ideia central do projeto *Origens: passos que vêm de longe* é fazer um resgate histórico da construção de identidade de pessoas negras, e com a adesão de Carlinhos três gerações da família Freitas embarcaram na experiência: ele próprio, a mãe, o pai e os filhos Chico Brown e Clara Buarque. Todos fizeram o teste, que mostrou com acerto a miscigenação crescente da família.

Dona Madá possui pouco mais de 91% de genes africanos combinados e quase 9% de genes europeus poloneses; seu Renato, quase 62% de africanos, pouco mais de 6% de russos, cerca de 3% de irlandeses e 6% de indígenas nativos das Américas. A genética do filho é mais misturada: 80,7% africana — Benim, Nigéria, Serra Leoa, norte da África, entre outras ascendências no continente —, 11,4% irlandesa, 6,2% basca e 1,7% de Guzerate, no norte da

ANCESTRALIDADE

Índia, fronteira com o Paquistão. Os filhos Clara e Chico já rondam o meio a meio na média entre europeus e africanos. Os resultados confirmaram a obsessão de Carlinhos com a mistura das origens. Em entrevista ao UOL na ocasião do lançamento de sua página na internet, ele disse:

> Antigamente, falar de ancestralidade, de raízes, parecia ser a evocação de um demônio, de um passado, das sombras que ninguém queria. Todo mundo vivia a pressão do presente, sem tocar no resquício escravocrata, o preconceito de cor sobre o outro. É bonito quando você vê que o DNA aponta de onde você tem mais influência. É lindo se reconhecer nessas posturas, mas, ao mesmo tempo, tem uma obviedade de que nós somos deste mundo e pertencemos a várias origens. A ancestralidade pode também transgredir para a espiritualidade. E o DNA é apenas esse reconhecimento de que você passa por forças e famílias mundiais que são importantes.

Sobre a relação entre pais e filhos que compartilham uma vocação, ele reforça a necessidade de os filhos contarem com outras influências para não serem monotemáticos:

> Orgulhar o pai é viciante, mas, dali a pouco, você acaba cada vez mais parecido com ele. Por isso, é importante libertar seu filho para intuir, aprender com os outros e ter um repertório pessoal. Isso dá a ele muito mais sobrevivência. Assim são meus filhos, que não fazem música parecida com a minha, mas, ao contrário, me surpreendem. Só uma base ancestral pode trazer tamanha clareza.

Resultados de DNA à parte, o que o move é a certeza quase obsessiva que ele tem em relação a seus sentimentos, percepções e intuições. Nesse repertório, o provável trisavô, Augusto Teixeira de Freitas, ocupa um lugar de destaque.

E pelo que já foi possível apurar, Carlinhos tem definitivamente duas conexões fortes com esse ancestral: o fato de o avô paterno ter nascido no Rio de Janeiro, provavelmente com a herança de uma negra, e a forte ligação com a música. Apesar do pouco que se sabe sobre Augusto Teixeira de Freitas, é notório que ele amava música e tocava violão muito bem. Existem relatos de que no final da vida ia para a praia de Icaraí tocar violão, causando certamente grande estranhamento, já que o instrumento de escolha da nobreza era o piano, e o violão era tocado pelos boêmios. Os vagabundos e capoeiristas ficavam com a percussão.

Os estudos e as pesquisas sobre o jurista Augusto Teixeira de Freitas ressaltam outra característica com a qual o músico baiano pode se identificar. Freitas sempre foi um autodidata, que desenvolveu um método próprio de estudar o Direito, sem dúvida responsável por sua enciclopédica erudição: a meditação, a investigação histórica, o cuidado com a terminologia e a contínua revisão dos trabalhos já feitos.

Até hoje, as ligações do pai Renato Teixeira de Freitas com Augusto Teixeira de Freitas são incompletas, e para comprová-las seria preciso rastrear relacionamentos difíceis de encontrar. O que se tem como estabelecido, mesmo sem comprovação documental, é que a avó paterna de Carlinhos, dona Gertrudes, é de origem cigana e provavelmente se casou com um nobre de família portuguesa que saía na frente das comemorações de Terno de Reis e gostava de contar as histórias da família.

Por conta de seu sobrenome, além de pesquisas, documentos e relatos familiares, Carlinhos Brown define sua ancestralidade na linhagem do famoso jurista do Brasil Império, Augusto Teixeira de Freitas, para quem olha com uma espécie de devoção espiritual, reconhecendo sua herança nas questões da luta racial, da justiça e no prazer da música. Dentro de outro tempo e outro contexto social, a saga de Augusto pode ser comparada à sua, sem falar na inegável alma revolucionária, marca que ambos carregam.

AUGUSTO TEIXEIRA DE FREITAS

O jurista Teixeira de Freitas foi um abolicionista que por meio da legislação tentou ajudar o país a virar a página escravagista. Considerava o comércio de escravos um desrespeito humano, uma aberração, um ato que manchava

ANCESTRALIDADE

as leis brasileiras. Por isso, negou-se a incluí-lo no Código Civil brasileiro que preparava por encomenda direta de dom Pedro II e deixou o seguinte registro em documento sobre a consolidação das leis: "Não as maculemos com disposições vergonhosas. Não podem servir para a posteridade. Fique o estado de liberdade sem o seu correlativo odioso."

Desde a juventude a trajetória de Teixeira de Freitas foi a de uma pessoa determinada a seguir seus próprios valores e fazer valer suas convicções. Dizem que era dono de um temperamento reservado e distante, mas não media esforços quando se tratava de defender suas opiniões até as últimas consequências.

Seus tratados sobre o Código Civil ficaram conhecidos em toda a América Latina, além de alguns países europeus como Suíça e a Itália. Considerado jurisconsulto da América Latina, ligou-se definitivamente à história do Direito Sul-americano graças ao monumental trabalho de seu esboço do Código Civil, que influenciou os códigos civis da Argentina, do Paraguai e do Uruguai.

Filho de Antônio Teixeira de Freitas Barbosa e Felicidade de Santa Rosa de Lima, barão e baronesa de Itaparica, Augusto Teixeira de Freitas nasceu em 19 de agosto de 1816, na Vila de Nossa Senhora do Rosário do Porto da Cachoeira, Bahia. Sobre sua infância e adolescência, sabe-se muito pouco ou quase nada. Aos 16 anos, em 1832, matriculou-se na Academia de Ciências Sociais e Jurídicas de Olinda, Pernambuco, e no ano seguinte mudou-se para São Paulo, para estudar na Faculdade de Direito do Largo de São Francisco — as duas instituições foram as primeiras escolas de Direito do país. Nessa época, as famílias ricas no Brasil mandavam os filhos estudarem Direito em Coimbra, tradicional universidade fundada em 1290.

Em São Paulo, Augusto se indispôs com dois catedráticos, que o aprovaram com notas que não faziam jus a suas qualidades e aos elogios recebidos. Ele nunca foi um aluno acomodado, lutava por suas certezas, e, revoltado, chegou a fazer uma petição ao ministério para que esses professores não fossem seus avaliadores, alegando que poderiam prejudicá-lo. Como seu recurso não foi aceito, transferiu-se novamente para Olinda e terminou o curso em 1837. Pouco antes de se formar, voltou à Bahia e casou-se com uma prima, com quem teve dez filhos. Os casamentos entre famílias nessa época eram comuns, principalmente dentro da aristocracia, que evitava com isso diluir os patrimônios.

Recém-casado e recém-formado, Augusto foi nomeado juiz de Direito de Salvador pelos dirigentes da Sabinada, movimento revolucionário separatista que teve lugar na província da Bahia entre os anos de 1837 e 1838, liderado por Francisco Sabino. As circunstâncias dessa nomeação são até hoje misteriosas. Não se sabe se Augusto foi realmente ativo na revolução ou se foi logo alçado a juiz porque os revolucionários precisavam de alguém competente para o cargo. De qualquer jeito, era uma nomeação pomposa para um recém-formado. Os revoltosos conseguiram chegar ao poder e declararam independência de Portugal, instituindo o governo revolucionário separatista da República Bahiense.

Quando dom Pedro I abdicou ao trono, em 1831, o Brasil entrou num período marcado por intensos conflitos político-sociais. Como o herdeiro do trono, Pedro de Alcântara, tinha apenas 5 anos de idade, o Império passou a ser comandado por regentes, e o país viveu um período de muitas crises. Na verdade, desde o início do reinado de dom Pedro I, por conta de seu autoritarismo, as relações entre o governo central e as províncias vinham se deteriorando. Com a suspensão do poder central do imperador, as províncias ganharam relativa autonomia, e seus governantes passaram a ser nomeados pelos regentes, mas a situação geral não se acalmou. Em diversas regiões do Brasil, vários grupos provincianos revoltaram-se com a escolha dos novos governantes e deram início a revoltas separatistas.

Os ideais republicanos ganhavam a simpatia de muitos líderes provinciais, já que com a República teriam maior autonomia e relativa liberdade de administração. Mas o projeto imperial brasileiro estava decidido a manter a unidade territorial a todo custo, impedindo que a ex-colônia portuguesa se esfacelasse, como ocorrera com as antigas colônias espanholas na América do Sul. Nesse clima separatista, cresceram os movimentos revoltosos, sobretudo no Norte e no Nordeste do país, como a Sabinada, na Bahia.

Dentro da mentalidade patrimonialista da época, os líderes do novo governo baiano resolveram nomear pessoas de famílias importantes da região

ANCESTRALIDADE 65

para ocupar cargos políticos e assim conquistar a adesão ou pelo menos a simpatia da elite local. Os Teixeira de Freitas eram uma das famílias mais nobres do Recôncavo Baiano, e, talvez por isso, além de sua reconhecida competência, Augusto tenha recebido o cargo de juiz com apenas um mês de formado. Mas é preciso ressaltar que a nomeação foi feita à sua revelia, uma vez que ele não participou diretamente do movimento.

A revolução durou quatro meses, até ser esmagada por tropas do governo imperial, e deixou algumas sequelas. O governo rebelde foi derrubado e os participantes passaram a ser perseguidos. Alguns foram presos, e outros, como Sabino Vieira, desterrados. Os nomeados pelo governo separatista para diversos cargos e funções foram todos processados, inclusive Teixeira de Freitas, que respondeu a um processo-crime por ter participado da Revolução Federalista.

Absolvido em 1839, ele ficou bastante desgastado com toda a história, e em 1843 mudou-se para o Rio de Janeiro, onde começou uma bem-sucedida carreira como advogado e jurista. Conseguiu logo de início estabelecer boas relações na capital e, no mesmo ano de sua chegada, participou da fundação do Instituto dos Advogados do Brasil, ao lado de Francisco Montezuma e outros advogados.

A amizade com Montezuma, também baiano, advogado formado pela Universidade de Coimbra e pioneiro na defesa da emancipação dos escravos, revela um pouco das escolhas e das relações que Augusto estabeleceu no Rio de Janeiro. Francisco Gomes Brandão, nome de nascimento de Montezuma, era filho de um comandante português e de uma negra. No período da luta pela independência, adotara o nome de Francisco Jê Acaiaba Montezuma, sobrenomes de origem africana, tupi e asteca. Ocupou diversos cargos importantes no Brasil e no exterior, em 1854, recebeu o título de visconde de Jequitinhonha. No Instituto dos Advogados, embrião da OAB, Francisco e Augusto se dedicaram a normatizar o exercício da profissão, regulamentando e criando normas para as diferentes atividades. Ambos foram presidentes do instituto.

Com fama de grande parecerista, indicado por Nabuco de Araújo, outro amigo e ministro do governo imperial, Teixeira de Freitas foi nomeado advogado do Conselho de Estado. Em 1855, após receber o convite de dom Pedro II, passou a se dedicar à consolidação das leis civis no Brasil, etapa fundamental para explicar a realidade jurídica e social do país. Escreveu mais de 5 mil artigos, talvez o maior estudo jurídico originalmente brasileiro.

Teixeira de Freitas passou cinco anos trabalhando em pesquisas, textos e comentários para a formulação desse Código Civil que, entretanto, não conseguiu terminar. Morreu em 1883, na cidade de Niterói, onde morava, e mesmo sem completar o trabalho deixou um inestimável legado. O Código Civil, baseado em seu esforço extraordinário, foi finalmente publicado em 1912.

Joaquim Nabuco — que se empenhara no apoio à proposta de Teixeira de Freitas de consolidar um Código Geral e unificar os Códigos Comercial e Civil — e Clóvis Beviláqua, que teve sua proposta de codificação civil aprovada em 1917 — proclamaram Teixeira de Freitas o jurisconsulto máximo não só do Brasil, mas de toda a América. Beviláqua afirmou:

A biografia de um homem da ordem de Teixeira de Freitas é mais a história de suas ideias, porque ele viveu pelas ideias e para as ideias, do que o travado romance de suas lutas para se firmar no mundo social, para conseguir um posto na ordem política e econômica ou para abrir espaço aos seus afetos contrariados pela adversidade.

Augusto Teixeira de Freitas ganhou fama de louco por sua obsessão pelos estudos, mas também porque provavelmente tinha Alzheimer, segundo Paulo Leal, coordenador do grupo de estudos Augusto Teixeira de Freitas do Instituto dos Advogados Brasileiros. Principalmente no fim de sua carreira, foi difamado e forçado a dar pareceres que seriam uma humilhação intelectual e profissional na questão da escravidão. Como católico fervoroso, procurou dentro da própria religião encontrar argumentos sobre a origem humana, e o tratamento igualitário que tinha de ser dispensado a cada ser humano, porque os pretos da sua época não eram considerados gente pela Igreja, apenas mercadoria, e os escravos não tinham alma.

EM BUSCA DO ELO PERDIDO

Há alguns anos Carlinhos deu uma entrevista a um jornal de Salvador na qual dizia ser descendente de Augusto Teixeira de Freitas, o gênio do Direito Civil nacional, que, apesar de figura controversa em alguns aspectos, foi uma brilhante mente legal e um defensor profundo da abolição.

Os Teixeira de Freitas já tinham uma árvore genealógica muito bem-feita por Álvaro Lustosa Teixeira de Freitas, na qual constavam todos os membros da família, distribuídos em Curitiba e Salvador, ao passo que a parte do Rio de Janeiro estava ainda um pouco precária, precisamente o ramo que interessava a Carlinhos. De fato havia alguns descendentes nascidos no Rio, como Fernando Teixeira de Freitas, até então um desconhecido primo, que também não tinha proximidade com os outros ramos da família e nunca teve interesse em aprofundar a pesquisa sobre a origem do primeiro Teixeira de Freitas vindo de Portugal, supostamente José Teixeira de Freitas, pai de Antônio e barão de Itaparica.

Fernando havia pesquisado o ramo familiar da mãe, os Caldeira, e por conta disso foi diversas vezes ao Arquivo Geral de Coimbra, onde consultou documentos paroquiais voltando até o ano de 1560. Nessa época, por volta de 1988, não havia internet ou arquivos digitais, e toda a pesquisa tinha que ser feita no local, vasculhando prateleira por prateleira, livro de registro por livro de registro. Os arquivos que foram acumulados no mais amplo arquivo de registros abertos do mundo, o Family Search — site administrado pela Igreja de Jesus Cristo dos Santos dos Últimos Dias no qual estão hospedados praticamente todos os arquivos paroquiais do Brasil —, ainda eram com filmes em preto e branco, muito difíceis de ler. Ao saber do interesse do primo famoso pela genealogia dos Teixeira de Freitas e sabendo que ele faria um show no Rio de Janeiro, ficaram de se encontrar.

Após o show, que aconteceu no Blue Note, em 2017, Fernando foi procurar o primo, tiveram um encontro muito caloroso e marcaram uma conversa para o dia seguinte, no apartamento que o baiano ainda mantinha no Rio, no Jardim Botânico. Fernando levou alguns livros sobre Augusto Teixeira de Freitas e também sobre o outro gênio da família, Mario Augusto Teixeira de Freitas, fundador do IBGE.

Depois desse primeiro encontro os dois mantiveram contatos frequentes por WhatsApp. Mas foi somente em 2020, no meio da pandemia, que Fernando resolveu se dedicar a pesquisar a fundo a origem dos Teixeira de Freitas, incentivado pelo primo, sempre interessado na história de seu provável trisavô. O trabalho se tornou uma obsessão da dupla, com contatos quase diários.

Na antiga árvore genealógica da família, dizia-se que o primeiro Teixeira de Freitas a chegar ao Brasil foi José Teixeira de Freitas, que se instalou na Vila de Nossa Senhora do Rosário do Porto da Cachoeira, no Recôncavo Baiano. Pelos registros, sem qualquer documento que comprovasse essa assertiva, ele teria vindo de Braga, por volta de 1770.

Fernando foi atrás de vários parentes e, por histórias passadas de pai para filho que chegaram até os dias de hoje, conseguiu confirmar que a origem seria mesmo Braga, ainda que sem indicação do lugar específico. Mas Fernando continuava desconfiando de tudo, principalmente porque na Ilha da Madeira havia dezenas de Teixeira de Freitas.

Incentivado por Carlinhos, e com a ajuda do Family Search, Fernando entrou fundo na pesquisa e começou a vasculhar milhares de certidões e documentos atrás de alguma pista sobre a árvore genealógica da própria família. Era como procurar agulha no palheiro.

Começou pelos registros de casamento em Cachoeira, pois sabia que José Teixeira de Freitas havia se casado com Teresa Maria de Jesus e já tinha encontrado a certidão de nascimento do filho do casal, Antônio Teixeira de Freitas, que, mais tarde, se tornou barão de Itaparica. Esses documentos são de difícil leitura, mas, com a continuidade dos trabalhos, acaba-se por se acostumar com a letra dos escreventes, sempre aparecendo outro mais à frente para desafiar a paciência do pesquisador. Não há como digitalizar ou converter essas imagens em texto, pois a escrita é muito rebuscada, às vezes quase ininteligível.

Fernando pesquisou todas as certidões de casamento de um certo período, e nada. Em seguida, passou a pesquisar os documentos paroquiais

ANCESTRALIDADE

referentes às certidões de óbito. Como não tinha certeza das datas, a pesquisa precisava ser muito ampla, o que demandava cada vez mais tempo. Ainda assim a história dos Teixeira de Freitas em Cachoeira começou a tomar forma, e foram aparecendo casamentos, nascimentos, óbitos, e os nomes e as datas começaram a fazer mais sentido. A pesquisa se mostrava bastante árdua, e Fernando chegou a pensar que estava procurando um registro que não existia, pois ninguém, nem mesmo o notável Silvio Meira, autor de extensa biografia sobre o jurisconsulto, encontrara a origem de José Teixeira de Freitas.

Nas trocas de mensagens, os primos se motivavam a rastrear o paradeiro da família antiga, e Fernando se animou a continuar vasculhando os arquivos e não desistir da pesquisa. Nas certidões de óbito dos escravizados são mencionados apenas o primeiro nome, proveniência — "hauçá", "cabinda", "moçambique", "nagô", "jeje", "mina", entre outras — e o nome do proprietário. Infelizmente é impossível encontrar a descendência dos escravizados, uma vez que eles não tinham sobrenome e, na maioria dos casos, não se sabia quem era o pai.

Os proprietários de escravos costumavam colocar na certidão de batismo o nome do proprietário como sobrenome. Daí pode ter se originado o sobrenome de Renato Teixeira de Freitas. Outro costume era o filho de escravizado não ser batizado após o nascimento, mas muitos anos depois. Esse hábito de registro tardio durou muito tempo, e no Brasil ainda encontramos pessoas nessas condições. Mas naquela época era de praxe, principalmente com situações de bastardia. Seu Renato, por exemplo, foi registrado bem tarde, e em sua certidão não constava o nome do avô, apenas o da avó.

Fernando pesquisava sistematicamente os arquivos paroquiais de Cachoeira, e foi com a satisfação que apenas os genealogistas experimentam que ele finalmente encontrou sua "agulha no palheiro": a certidão de óbito de José Teixeira de Freitas, o elo perdido que tanto buscara. A certidão descreve seu lugar de origem — "lugar do Outeiro, Vila de São Mamede de Vila Verde, Arcebispado de Braga" —, bem como o nome do pai, Antônio Teixeira de Freitas, e da mãe, Catherina de Oliveira, ambos nascidos no "lugar do Outeiro, Vila de São Mamede de Vila Verde, Arcebispado de Braga".

Imediatamente ele enviou a certidão de óbito de José Teixeira de Freitas ao Arquivo Distrital de Braga, para saber em que documentos paroquiais teria que continuar a pesquisa, ou seja, encontrar a certidão de nascimento de José Teixeira de Freitas, e daí por diante. Em dois dias obteve a resposta de uma funcionária muito atenciosa, que o orientou a procurar o documento nos Arquivos de Vila de São Mamede, Conselho de Felgueiras, pois o arcebispado estava agora localizado duzentos quilômetros ao sul de Braga.

Nos arquivos paroquiais de Felgueiras estavam a certidão de batismo de José Teixeira de Freitas bem como as de vários de seus nove irmãos. Lá estavam também os registros do avô de José, Pedro de Freitas, casado com Catherina Teixeira, união que formou o sobrenome Teixeira de Freitas por volta de 1696, e que até hoje perdura. O primeiro livro paroquial de Felgueiras, tipo de registro comum a um reinado que obedecia à ordem cristã, começa em 1700. Os livros anteriores a essa data haviam se perdido.

Com os novos ascendentes de José Teixeira de Freitas encontrados, Fernando preencheu a árvore genealógica da família Teixeira de Freitas no site Family Search e teve uma grande surpresa. A ideia desse esforço coletivo é sempre poder fazer conexões de vários lados, porque muitas pessoas podem estar procurando a mesma coisa. A árvore genealógica que Fernando montava se juntou automaticamente a uma outra que era enorme, dos dois irmãos mais velhos de José Teixeira de Freitas, Antônio e João, que também tinham imigrado para o Brasil. Antônio fora para a "Vila de Curitiba", e João para uma vila no Rio Grande do Sul. Uma enorme gama de parentes havia descendido de João, e povoaram até o Uruguai. Antônio Teixeira de Freitas e seus descendentes participaram da povoação do Paraná em direção ao interior, desbravando os campos paranaenses.

No caso de Carlinhos, nascido Antônio Carlos Santos de Freitas, a descendência de Augusto Teixeira de Freitas torna-se muito provável, através do pai, remetendo ainda aos tempos de sofrimento da escravidão, mas também de miscigenação.

Na cabeça dele, essa conexão sempre fez parte de como enxergou o mundo e de como deveria agir. A justiça e os direitos do homem como

ANCESTRALIDADE

ponto central o deixam também próximo a Augusto Teixeira de Freitas, e ele trata essa ancestralidade de maneira mística, falando de uma herança cultural, principalmente musical, e de uma sensibilidade que está no DNA da família, na mistura de origens, de raças, de crenças e de lutas, ao mesmo tempo que incentiva e atua para que a pesquisa de suas origens continue avançando.

4
A mística inusitada de Carlinhos Brown

Eu considero que tenho uma mística gananciosa, porque sou aquele que quer desvendar Deus em todas as posturas do homem. Isso contradiz o monoteísta, que acredita que Deus esteja só em um ponto. Todas as manifestações de Deus me interessam, porque, se existem várias, que isso seja o caminho de cada um, e não o caminho de um só. Então, desvendar o indesvendável define a minha mística.

Carlinhos Brown

A predestinação, entendida como o destino inexorável de cada um, é parte do nosso constante desejo de ter alguma explicação para o que nos acontece. Pensar no nosso artista sem considerar a predestinação de um enviado que construiu, reconstruiu, acompanhou, interpretou e exportou tantos ritmos é deixar essa mística de lado. Impossível, pois ele é a mística em pessoa. Da maneira como se veste, fala, lidera, ao jeito como foi modificando o cabelo e o estilo, mas principalmente pela forma como lida com a criação, ele vive sua mística. A fé em Deus e numa energia superior que alimenta seu corpo e alma é constante em seu discurso.

No carnaval fora de época de 2022, ano em que Carlinhos Brown completou 60 anos, o grande destaque foi a ancestralidade da cultura africana. Pelo menos onze escolas do Grupo Especial de São Paulo e do Rio de Janeiro tiveram a negritude e a resistência como tema. No Rio, boa parte delas fez referência a orixás e a símbolos da cultura ancestral da África. Ele próprio participou dessa celebração, na coautoria do samba-enredo da escola Mocidade de Padre Miguel, que exaltava Oxóssi, o orixá caçador. Logo que terminou de desfilar com a escola, declarou numa entrevista para a televisão:

> Eu acredito que é assim que a escola anda, que a passarela anda, em especial num ano em que ninguém fez o enredo. Desculpem, senhores do enredo, mas quem fez o enredo foram os orixás, porque os orixás escolheram um xirê para vir para a avenida, por isso todas as escolas se manifestaram através do seu pavilhão, através do otá do seu terreiro. Isso transforma o futuro e a visão sobre a África, sobre os afro-brasileiros, em encaminhamento positivo.

Carlinhos afirma que desde 1984, quando foi inaugurado o Sambódromo do Rio de Janeiro, na Marquês de Sapucaí, o que se viu no carnaval de 2022 foi algo inédito em termos de uma "reafricanização" e da afirmação vitoriosa da cultura negra sobre as adversidades, a falta de respeito e a intolerância, que para ele são simplesmente a ignorância em relação ao outro:

> Porque quem conhece o outro sabe que Deus está acima de todos, não existe nada acima de Deus. Os orixás e os caboclos estão em uma função hoje na trama da cebola da Terra, porque têm espíritos luminosos que sequer podem chegar, a gente está muito contaminado para que espíritos mais sensíveis cheguem aqui, então são os caboclos, sim, são os orixás, sim, que estão nos protegendo, são os pretos-velhos. [...]
> Quando a gente fala uma palavra em iorubá, a gente está desejando coisas boas, a gente não deseja o mal, ninguém tira uma folha da natureza sem ser autorizado. Quando é que o meu povo vai aprender isso? Porque

nós não queremos ensinar a partir de nós, não. Abra o seu coração para a sua fé e respeite a fé do outro.

CONFLITOS HUMANOS E ESPAÇOS SAGRADOS

A visão de Deus de Carlinhos Brown é o silêncio. É a partir dele que tudo se move. A prece traz a convivência com os outros, todos se arrumam para o ritual, que se desmancha na festa do carnaval, no suor, na dança, na sedução, no batuque, que é também onde tudo é esquecido. Para ele, essa ideia de que tudo termina em samba vem desse olhar, de que "vou à igreja para descumprir as culpas e depois volto para pecar. Esvazia-se de culpa e continua sendo [pecador]".

O terreiro talvez seja o primeiro grande palco que Carlinhos admirou de verdade, pela imponência espiritual, pela força e segurança que oferece, pelos rituais e pela estética que impõe. Ele conta que ia ao terreiro sozinho, às vezes com o pai, e raramente com a mãe, que o considerava "encrenca", até o dia em que a viu receber Oxóssi e não se conteve de tanta felicidade. Foi sua redenção com o imbróglio católico-protestante-candomblé-umbanda.

Ele explica que no candomblé o sentido de obrigação é o fio condutor, e, quando essa conexão acaba e tudo vira um comércio, os movimentos tendem a se desfazer. Para Carlinhos, o palco religioso sempre esteve misturado com o da música, o profissional. Ele vestiu cocar, saia, roupa feita com restos de lixo, de copinho, colocou turbante, braceletes, o que fosse, para mexer com o pensamento das pessoas, às vezes em busca da crítica, de espaço.

Sua visão muito particular dos espaços sagrados e da estética é uma referência forte nessa construção. Para ele, a estética começa na água, no movimento da água. A vivência de brincar com os baldes de água na infância, da mãe lavando roupa, nunca o deixou. Depois vem a floresta, zona de expiação e liberdade, com a terra, o barro, enquanto a noção de luxo vem do terreiro, o lugar mais arrumado, com fartura, adornos e uma conexão com o mundo exterior. Além disso, foi no terreiro que Carlinhos consolidou a ideia de missão.

Carlinhos entendia o principal diferencial do candomblé como um ritual que não precisava adorar uma coisa só, onde não ficavam todos olhando para um ponto central, o padre, como se ele fosse algo à parte, diferente dos participantes. Na Igreja Católica, só o padre estava bem-vestido, já nos terreiros todos se vestiam, se preparavam, ele sempre admirou as anáguas, as roupas muito brancas, bem engomadas, sem falar na comida farta.

No terreiro, os sacerdotes são pessoas comuns, que não estão ali para dizer o que é o certo. Para Carlinhos, o candomblé é muito diferente do cristianismo, porque não trabalha contra a índole humana, o desejo pelo álcool, de comer com fartura e entender a sedução e o sexo como algo natural e necessário para o ser humano. Sem falar nas festas de orixás e de caboclo, que tinham muita fruta, comida e bebidas. Ele se lembra do prazer de comer jurema, mel, aruá.

Nos terreiros, o permissivo não era condenado, e sim trabalhado com disciplina. Carlinhos observava de fora e foi sendo guiado. Com Mestre Pintado, entendeu que era bom ficar longe do álcool e das drogas pesadas. A maconha foi por vezes um calmante, mas o Mestre falava do autocontrole, de saber comandar o próprio destino, do respeito à missão. Mostrava que seu palco era muito maior e que seu olhar tinha de ser ampliado com o trabalho e com o mundo. Certa vez, Carlinhos declarou:

> O tempo inteiro nós temos quem nos ensine, quem nos prepare. Em especial eu tive o Mestre Pintado do Bongô, para me trabalhar na música e me conduzir ao caminho que sigo hoje. Ele foi meu *The Voice*, meu técnico, meu professor, e me ajudou a ser quem sou. E, para além disso, ouvir sempre os meus ídolos, como cantam, como tocam, como se portam no palco, como demonstram sua disciplina, tudo isso é parte da construção do artista que sou hoje.

E para reforçar a influência do sagrado em suas criações e ousadias, ele conta mais uma história que tem origem nos terreiros, onde se usava o

A MÍSTICA INUSITADA DE CARLINHOS BROWN

termo "negro do olho vermelho" para se referir aos que fumavam para tocar. Era normal, e menos criminalizado. As festas giravam em torno da alegria, e não apenas da reflexão da doutrina. E contanto que os orixás e a ancestralidade estivessem sendo ouvidos e respeitados, estava tudo certo.

É com esse espírito que nasce *Candombless*, onde Carlinhos faz apenas coro para timbrar as mulheres que cantam. Trouxe o exemplo de Cuba, onde as vozes mais velhas, tradicionais, são melhores para harmonizar com o tambor. Os ritmos cubanos sempre passaram por seus ouvidos e fizeram parte de seus aprendizados.

MISTICISMO, DIVERSIDADE E FLEXIBILIDADE

A convicção de se abrir para o outro, de abraçar a diversidade, não vem de agora, pelo contrário, é bem antiga. Quando começou a Timbalada, o processo de incorporar a miscigenação, apesar de incipiente, já se mostrava claro nas letras que ele produzia quase todos os dias. Muitas vezes foi "testando as águas" antes de jogar um assunto na mídia. Primeiro colocava em músicas, e depois, dependendo da popularidade ou das pautas nos meios de comunicação, se aprofundava no assunto. E seu lado místico sempre salpicou suas letras e entrevistas. Já no primeiro álbum da Timbalada, produzido por ele em 1993, incluiu um símbolo de espiritualidade ancestral na música "U-Maracá", de Val Macambira e Jonly, faixa 12 do disco.

Vem de lá
A nau dos aflitos mandinga multiplicação
O negão da senzala pisar pisador de pilão
Bagaço de cana oração
Pra Oxalá ê, ê, ê
Sou menino de rua esperando o sinal
Batucar

É seguir novamente
O mistério de um Zabumbumbá

É tantã de tambor, é levada
É uma procissão
Quem quiser merecer
Já guardou o seu lugar ê, ê, ê
Sou menino de rua esperando o sinal

Desde criança, a ligação de Carlinhos com a música que vem do candomblé e das igrejas é muito forte. No caso do candomblé, a influência e a atração chegavam com a marca do proibido, porque seu avô materno, seu Bertolino, guia da família, tornou-se um pentecostal rígido e não queria ver o neto metido com o candomblé. Tanto que seu primeiro encontro com o sopro foi ainda criança, na Igreja Presbiteriana da Liberdade. Ele convivia com confrarias extremamente diferentes, e todas foram muito importantes para sua formação. Outra grande escola espiritual foi a umbanda, única religião realmente criada no Brasil, mistura de candomblé, religião católica e kardecismo, na qual os santos da Igreja Católica são cultuados como equivalentes aos orixás.

Antes de completar 30 anos, Carlinhos teve na umbanda um encontro místico com Mãe Zezita, no dia 4 de dezembro de 1990, quando ela oferecia um caruru em homenagem a Iansã, orixá sincretizada com Santa Bárbara que representa o fogo e a coragem, a necessidade de mudança e a luta contra as injustiças. Dona Madalena tinha sido apresentada a Mãe Zezita por uma amiga em comum, dona Carmelita, e na hora revelou que havia pedido a Iansã que o filho lançasse com sucesso a Timbalada no ano seguinte.

Do ponto de vista da umbanda e do candomblé, Carlinhos é um ser muito complexo, como sempre revelou a mistura entre a sensibilidade do compositor, o carisma do performista e a disciplina do músico consagrado, características de seus principais guias espirituais. Com sua alma de empreendedor, de constante revoltado e defensor veemente da justiça, Carlinhos evoca vários orixás. E, ao longo dos anos, a conexão com músicos que se alinham de alguma forma à sua espiritualidade se tornou inevitável. Ainda mais pela herança cultural da Bahia, onde as manifestações sincréticas e ritualísticas sempre foram muito marcantes, apesar de viverem no pêndulo entre a apreciação popular e a condenação social, principalmente por causa da ala conservadora da Igreja Católica.

A compreensão desse universo misturado é quase indispensável para entender a persona que Brown criou, assim como a mística que foi criada em torno dele. O mundo indivisível de suas devoções, seu trabalho, suas criações e seus sonhos formam uma saga que traduz em grande parte a história do Brasil, da Bahia e também do sincretismo, da superação e das criações do povo brasileiro. Sem falar na música, na música que se criou na Bahia e nos ritmos que hoje representam nosso país mundo afora.

São esses elementos combinados — raça, pobreza, violência urbana, mobilidade social, rituais, misticismos, história, ancestralidade, origem, DNA, ritmos, a ideia de pertencimento, a pan-africanidade, entre tantos outros — que se manifestam em Carlinhos, que o tornam uma espécie de síntese da brasilidade que tanto buscamos entender, incluindo as enormes contradições e dualidades. Ele é um ser tão complexo quanto o Brasil.

BAIANIDADE, ESPIRITUALIDADE E OUSADIA

Desde 2008, o jornalista e produtor musical Nelson Motta mantém uma coluna sobre cultura e comportamento no *Jornal da Globo*, onde apresenta fatos ligados à cultura e entrevista artistas e músicos. Numa conversa sobre Carlinhos Brown, ele relembra a participação do músico baiano no programa.

Nelson conta que chamou Brown para participar da sua coluna quando decidiu dedicar um programa inteiro à Bahia, e sua atuação foi inesquecível. Além da máxima "baiano não nasce, estreia", ele incluiu várias outras, como "A Bahia não tem público, tem coadjuvante"; "Bahia não tem povo, tem artistas"; "Baiano não morre, sai de cena". Numa das conversas, Carlinhos aceitou a provocação e falou sobre a história de seus conterrâneos serem preguiçosos: "Baiano é como avião a jato... você olha pro céu e parece que ele está parado, e de repente ele faz zummmm, e já foi."

Os dois falaram de baianidade e de Carlito Marron, e Nelson disparou: "Tu é doido, veio." Ele conta que no portunhol e no espanhol baiano, tudo ficava bem na ousadia de Brown: "Era maravilhoso. O cara é ousado mesmo." A coisa que mais impressiona o jornalista é o aspecto destemido de Carlinhos, que "cantava mal e tocava mal o violão". Ressaltando sua incrível capacidade de aprendizado, ele disse: "É um autodidata genial. Se quiser tocar piano, ele vai aprender". E arrematou: "De fato ele aprendeu."

Na ocasião da gravação do programa, Nelson foi convidado para comer um cozido baiano na casa de dona Madá e resolveu andar pelo Candeal, entender o mundo do músico. Mas a maior intimidade entre os dois foi sentar para conversar sobre o candomblé.

Nelson Motta se revelou frequentador do terreiro de Mãe Menininha do Gantois desde 1973, e os dois conversaram bastante sobre receber "músicas prontas" dos orixás, dessa hipersensibilidade espiritual de Carlinhos, que é uma força motriz da música dele, impulsionada pelos ritmos do candomblé. "Cada santo tem um toque, cada orixá tem um toque diferente. Disso tudo é que é feita a música do Brown."

Aplicado, o jornalista estudou muito os transes dentro dos terreiros, num esforço para entender o processo tanto físico quanto espiritual. Via o mesmo processo na Igreja Batista que frequentava no Harlem, quando morou em Nova York. Só que, em vez dos atabaques, era alguém no órgão. Quando perguntou a um pastor e mencionou o candomblé, o pastor americano disse: "É o Espírito Santo, meu filho."

Nelson nunca encontrou estudos que realmente explicassem o processo catártico de recebimento de espíritos, mas entendeu essas manifestações como parte integral do processo de fazer música. Leu toda a literatura sobre o assunto em diversas vertentes religiosas. Queria entender como o processo acontecia no cérebro, e o processo criativo. Chegou a levar bandas afro-brasileiras para cantar com corais gospel nos Estados Unidos, tão grande era sua curiosidade. O mundo afro, que é o de Carlinhos, utiliza essa dinâmica de "recebimento de espíritos" e se nutre dela. Para Nelson, o processo musical do candomblé é como uma parceria de Brown com os orixás, num processo curativo, de consolo, que é a essência do candomblé.

Ele afirma que o baiano tem um radar que assimila literalmente todas as religiões.

Uma qualidade e uma fragilidade do Brown era a total ausência de espírito crítico, a espontaneidade, que era uma força que o impulsionou. Ele é um cara hipersensível, passa o dia inteiro com o radar que recebe o som da rua, o som do terreiro, o som da igreja, o som do jazz, o som da música latina, e incorpora rapidamente tudo isso. Ele é um caldeirão em permanente ebulição. É um Macunaíma musical. Só que ele é um Macunaíma internacional. Sem o nacionalismo. E esse aspecto espetacular dele de empreendedor, o que ele fez no Candeal, no Museu du Ritmo, o cortejo afro, a Timbalada. Ele é uma peça única. Dá a impressão de ser uma pessoa completamente desorganizada, pelo estilo, pela música. Mas a produção dele mostra o contrário.

VOCÊ JÁ FOI À BAHIA, NEGA? NÃO... ENTÃO VÁ!

Quando dom João VI fugiu de Napoleão, em 1808, aportou na Bahia. Foi o primeiro membro de uma família real europeia a pisar nas Américas. Depois dele Salvador receberia outras personalidades, artistas e cientistas. Jean-Baptiste Debret, que veio viver no Brasil em 1816, passava temporadas em Salvador retratando o cotidiano com suas pinturas, e publicou *Viagem pitoresca e histórica ao Brasil*, uma obra em três volumes com 150 estampas sobre as personalidades, cenas do cotidiano, imagens históricas e paisagens. Quase um século depois, Pierre Verger retratou em fotografias com grande romantismo as cenas do cotidiano nos arredores de Salvador, com um olhar no exótico religioso e racial, capturando de pescadores em Itapuã à festa de Iemanjá.

A Bahia atraiu e ainda atrai mentes criativas, formadores de opinião e visitantes ilustres. Personalidades que vêm ao Brasil visitam Salvador. Do papa João Paulo II à rainha Elizabeth II, passando por Nelson Mandela, Desmond Tutu e Madre Teresa de Calcutá. Sem falar nos que vieram pela música e lá gravaram, como Paul Simon, Paul McCartney, Elton John e Michael Jackson, que viram ali um manancial de talentos, de ritmos, de arranjos e de novas explorações sonoras.

Foi em solo brasileiro, em Salvador, que Charles Darwin se deparou pela primeira vez com a diversidade exuberante da floresta tropical e também com o impacto direto da escravidão. O naturalista britânico estava a caminho das ilhas Galápagos, e, depois de parar no arquipélago de Fernando de Noronha, chegou a Salvador em 29 de fevereiro de 1832. De acordo com especialistas, as paradas no Brasil, que incluíram também Cabo Frio, tiveram enorme impacto na formulação de suas teses, publicadas em *A origem das espécies*. Mas foi a escravidão que o fez abominar ainda mais o trato com o ser humano, e o tornou um abolicionista ainda mais convicto. Na época, a população escrava em Salvador constituía cerca de 30% da população da cidade. Abaixo dos 40% e 45% do Rio de Janeiro e do Recife, respectivamente, mas já impensável para um intelectual europeu.

Os três séculos de escravidão no Brasil deixaram a cultura, as tradições e as religiões de milhões de africanos definitivamente enraizadas em nosso país, especialmente na Bahia. Em 2002, Xavier Vatin, professor de Antropologia na Universidade Federal do Recôncavo da Bahia, encontrou nos arquivos da Universidade de Indiana, nos Estados Unidos, mais de cem discos de alumínio que somam um total de dezessete horas de áudios e imagens gravadas nos anos 1940 por Lorenzo Turner, linguista inovador, pesquisador da Universidade Harvard que se dedicou a compreender as interseções linguísticas entre os diferentes grupos africanos que desembarcaram nas Américas.

Nascido em 1890 na Carolina do Norte e neto de escravizados, Turner passou sete meses pesquisando em Salvador e no Recôncavo Baiano, onde registrou áudios e imagens dos mais proeminentes sacerdotes e sacerdotisas dos candomblés da época. Seu objetivo inicial era comprovar a preservação de um tronco linguístico oeste-africano em comunidades da diáspora africana nas Américas, e ele acabou por diagnosticar a resistência dessas culturas de matrizes africanas no Brasil. Os vídeos e fotografias registrados mostram os sacerdotes mais cultuados até hoje, entre os quais a ialorixá

Mãe Menininha do Gantois, o sacerdote Joãozinho da Gomeia, o babalaô Martiniano Eliseu do Bonfim e o babalorixá Manoel Falefá. Há também uma gravação com Mário de Andrade.

No texto do *Manifesto antropófago*, peça fundamental do Modernismo brasileiro, publicada em 1928, Oswald de Andrade afirma que "fizemos Cristo nascer na Bahia". A alusão à Bahia como berçário de uma cultura popular autêntica é comum em nosso imaginário coletivo. O que começou no século XIX com poemas, contos, canções, manifestações, rebeldias e consolidações de diversos movimentos reforçou a ideia de um "mito de raiz" que a Bahia conservou, no caleidoscópio que é a cultura brasileira.

Carlinhos Brown é mais um desses elementos que impulsionam o inconsciente coletivo. Mas com um detalhe: ele é um tipo de "filho da terra" que a Bahia demorou a aceitar, ou talvez não tenha tido capacidade de aceitar por centenas de motivos, de raciais a sociais, de origem à religiosidade, de comportamento próprio ao entendimento do que é ser educado. Hoje ele está plenamente incorporado no cenário cultural da Bahia e do Brasil. Carlinhos e a Bahia são Exu na nossa mística conjunta. Ele não se tornou apenas um guardião dos caminhos de uma baianidade e brasilidade, foi sempre um impulsionador de novas visões estéticas e acústicas de como nossa cultura reverbera entre todos nós, num imaginário afetivo que se estende para fora do país.

Entender o que é a baianidade nagô, a nação ketu e tantas outras nomenclaturas dessa região única, de história e cultura muito próprias, é confuso até mesmo para frequentadores assíduos de terreiros. Parece não haver no país outro lugar onde essas misturas sejam tão escancaradas, praticadas de diferentes formas e de modo tão espontâneo. Seja entre as pessoas que ali vivem, seja entre aquelas que se dedicam aos estudos teóricos das tradições e até mesmo entre quem simplesmente passa pela Bahia, o que se observa é uma grande admiração por essa diversidade e riqueza cultural. Uma história que vem de longe. A Bahia não deixa por isso de ter sua parte de pobreza dramática. De injustiças, de uma construção de sociedade violenta, de uma pobreza que não acaba, da esperança religiosa quase cega por mudanças. Talvez por isso mesmo tenha sempre exercido um fascínio dentro e fora do Brasil.

Em torno de 1800, na Igreja da Barroquinha, em Salvador, foi fundado o Ilê Axé Airá Intilê, que deu origem ao primeiro terreiro oficial registrado no Brasil, o Ilê Iyá Nassô Oká. Entretanto, quase duzentos anos depois, até o final da década de 1970, os terreiros da Bahia ainda precisavam de uma autorização da Delegacia de Jogos e Costumes para realizar seus rituais, correndo sempre o risco de serem interrompidos pela polícia a qualquer momento.

Ao longo dos anos 1970, a luta pela aceitação dos rituais e crenças das religiões de matriz africana ainda era muito desigual. Os orixás, já tão cultuados na Bahia, ainda eram invisíveis na cultura de massa. Mas a força popular foi sempre vencendo. E o carnaval, que afinal de contas é um festival pagão, certamente serviu para que essa diversidade se fundisse. Desses poucos dias de celebração, as portas se abriram para as outras épocas do ano. Os melhores exemplos dessa mistura são a lavagem das escadas do Senhor do Bonfim e o afoxé, "a fala que faz".

O ritual de lavagem começou ainda em 1773, quando os escravos tinham de limpar a escadaria da igreja. Pouco a pouco, o que era uma obrigação virou diversão e devoção, já que o Senhor do Bonfim é a representação de Oxalá, o criador do mundo.

Já o afoxé surgiu em 1884 e popularizou o ritmo ijexá, cantado em iorubá. Considerado uma espécie de candomblé de rua, seu ritmo se assemelha ao maracatu, e em 2010 foi reconhecido como Patrimônio Cultural Imaterial da Bahia pelo Instituto do Patrimônio Histórico e Artístico Nacional (Iphan). Desfilando nas ruas antes do carnaval, o ritual já quase ecumênico começa com o padê de Exu, quando os participantes fazem oferendas para Exu, pedindo que as festanças de carnaval não sejam interrompidas.

A história da luta pela aceitação das culturas afro-ameríndias no Brasil tem longa data. Em 1946, Jorge Amado foi eleito deputado federal pelo Partido Comunista Brasileiro (PCB) de São Paulo e passou a emenda 3.218 à Constituição Brasileira, que tratava do livre exercício das crenças religiosas. Chegou a encontrar resistência dentro do próprio PCB, que via as religiões como uma forma de manipulação. Mas seu ponto de vista levava em consideração o contato direto com as religiões de matriz africana e as violências gritantes que elas sofriam. Jorge Amado já tinha plena consciência do valor cultural desse braço da cultura brasileira.

PRESENÇA AFRO NA MÚSICA

Em 1966, Vinicius de Moraes e Baden Powell, entusiastas do "áwo àti dára ko orin sí àwon òrìsà's" ("como é bom cantar para os orixás!"), lançaram o disco *Os afro-sambas*, misturando instrumentos do samba, como pandeiros e agogôs, com os atabaques do candomblé. Vinicius, filho de Oxalá e obstinado defensor da cultura negra, frequentava o terreiro de Mãe Menininha do Gantois e com inegável dose de coragem trouxe o candomblé para a cena cultural num momento ainda de muito preconceito e perseguição aos adeptos dessa religião.

Outro grupo musical curioso dessa época foi Os Tincoãs — cujo nome vem do pássaro tincoã, também conhecido como "alma-perdida" —, que surgiu em 1960 com um estilo que flutuava entre a música latina e a MPB. No final de 1962, o grupo incorporou o músico Mateus Aleluia, um homem de fala mansa e muito ligado a suas raízes ancestrais. Pouco a pouco ele foi convencendo os colegas a fazer uma música mais voltada para o que conectava todos eles, o candomblé. Mas a religião e os rituais afrodescendentes eram muito marginalizados, e colocar esse tipo de música dentro das gravadoras era praticamente impossível. Aleluia conta as dificuldades de gravar na época:

> Havia um preconceito contra esse tipo de música que vinha da África. Porque o africano chegou ao Brasil não como adido cultural, cientista, apesar de terem vindo muitos cientistas e muitos adidos culturais escravizados; então tudo que vinha da África era encarado de uma forma escrava.

A Bahia, o candomblé e a baianidade iam ganhando terreno. E o futuro artista Carlinhos, ainda bem novo, não tinha noção de que muitos desses movimentos serviriam de base para suas próprias expressões. Em 1973, Os Tincoãs convenceram a EMI-Odeon a gravar um disco, e com ele veio o sucesso "Deixa a gira girar", que finalmente conseguiria transpor esse obstáculo e plantar na música brasileira uma semente ritualística afro--barroca, assim definida por Mateus Aleluia.

Carlinhos nunca se esqueceu dessas músicas, e sempre entendeu a importância do tema, bem antes inclusive da radicalização política e de o assunto virar pauta. Mais tarde, gravou com a Timbalada outro sucesso dos Tincoãs, a canção "Obaluaê", escrita em iorubá, e que assim dizia: "Obaluaê / Babalorixa-ê Babalorixá, atotô / Babalorixa-ê / Ê Nirê, Nirê / Babaolorum xexê salerojá."

Quando Carlinhos começou de fato a se interessar pelos Tincoãs, Mateus Aleluia e seu companheiro Dadinho já tinham se mudado para Luanda, numa espécie de expedição para "reencontrar a África" e suas raízes místicas. Haviam sido convidados por Martinho da Vila a visitar o país por uns dias, a fim de investigar um pouco mais das raízes da música pan-africana do Brasil. Chegaram a fazer algumas gravações juntos em Luanda, em guerra civil desde 1975, quando foram convidados pelo presidente a ficar no país.

Aleluia e Dadinho se estabeleceram por lá e se sentiam muito mais em casa do que na Bahia. Era uma espécie de redenção, e o misticismo africano dava paz de espírito. Lá, eles viveram uma vida estável como pesquisadores do nacionalista Carlos Aniceto "Liceu" Vieira Dias, considerado o pai da moderna música popular urbana angolana e fundador do N'gola Ritmos. Vieira Dias já tinha o disco dos Tincoãs quando eles chegaram, causando enorme surpresa para a dupla, que se tornou uma ponte entre a cultura angolana e a brasileira.

A ideia inicial era fazer algumas gravações resgatando a conexão da "africanidade" brasileira com a ancestralidade dos povos de Angola, mas os dois ficaram em Angola por quase vinte anos, até que, em 2002, depois que Dadinho já havia morrido, Mateus voltou ao Brasil e finalmente se encontrou com Carlinhos. Ali começaria uma colaboração que durou anos a fio e continua rendendo muitos frutos. O primeiro grande sucesso

A MÍSTICA INUSITADA DE CARLINHOS BROWN

dessa parceria com Mateus Aleluia veio em 2004, com "Maimbê Dandá", primeira faixa do disco *Carnaval eletrônico*, de Daniela Mercury, destaque da então Rainha do Axé no carnaval de Salvador daquele ano.

CARNAVAL NA BAHIA

O movimento dos trios elétricos não surgiu como um movimento afro. Acabou incorporando influências e bandeiras da luta afro, mas foi essencialmente um movimento branco. A tradição começou timidamente, quase como uma brincadeira, em 1951. E já tinha evoluído bastante quando Carlinhos começou a fazer parte das festanças, ainda que não se comparasse com os carros de 35 toneladas que vemos hoje.

Em 1951, dois amigos — Dodô (Adolfo Antônio do Nascimento) e Osmar (Osmar Alvares Macedo) — decoraram um Ford Bigode 1929, depois apelidado de Fobica, improvisaram uns amplificadores à frente e atrás do carro e saíram pelas ruas de Salvador tocando o que chamaram de frevo baiano. Recife e Salvador se uniam para lançar não apenas um ritmo, mas principalmente uma nova modalidade de fazer concertos. Os carnavais da Bahia e do Brasil nunca mais seriam os mesmos. No ano de nascimento de Carlinhos, o carnaval baiano não contou com a participação do trio de Dodô e Osmar, que o haviam vendido, mas teve a estreia do Tapajós, uma lenda, desfilando pelas ruas centrais da cidade.

A inovação de Dodô e Osmar deu início a uma interação entre negros e brancos, pobres e ricos. O movimento só crescia, de fevereiro em fevereiro, e se tornou o epicentro do turismo baiano. Em 1975, Moraes Moreira estreou o Trio de Dodô, Osmar e Armandinho, este último filho de Osmar e exímio guitarrista. Tornaram-se lendas vivas. Ícones do carnaval. A capital vivia vários movimentos paralelos de criação de uma identidade que Carlinhos viria a solidificar. Eles se moviam na direção de uma expressão artística mais popular, mais sincrética, mais miscigenada, de classes misturadas, menos definidas por guetos. O Brasil e o mundo passariam a visitar o estado nordestino por conta de um carnaval de massa que não era apenas para assistir, mas para participar, cantar e tirar o pé do chão. Pouco mais de uma década depois, Carlinhos começaria a se tornar um dos grandes "municiadores de canção" do carnaval, como diria Luiz Caldas.

O CACIQUE

Na Bahia, bem antes da popularização dos blocos afro, os "blocos de índio" absorveram, desde sua criação, a presença dos negros como forma subliminar de enfrentamento. Vestir-se de índio era uma manifestação dissimulada da origem afro. Nessa época, ninguém disputava a identidade afro, e havia uma opressão tácita às expressões dessa comunidade. Para quem sempre se sentira atraído pelos indígenas, tal afinidade se manifestou visualmente a partir de uma mistura folclórica de inspirações vindas tanto de tribos norte-americanas quanto brasileiras, e, mais à frente na sua carreira, Carlinhos passaria a adotar o cocar como uma peça fundamental do seu repertório de indumentárias.

Algumas aparições tornaram-se marcantes, principalmente para os milhares de pessoas no Rock in Rio de 2001 e para os milhões nas ruas da Espanha, quando Carlinhos fez uma turnê pelo país em 2005. Cada exercício de liberdade de expressão que ele se permitia logo passava a reverberar. Essa impressão antropológica e imagética das tribos indígenas nunca o deixaria. Quem primeiro começou a chamar Carlinhos de cacique, sem nenhuma pretensão, foi o sr. Vavá, um músico que morava no Candeal. O jovem, ainda sem muita consciência de todas as lutas sociais que abraçaria, foi ganhando associações com o cocar e se tornaria um representante da miscigenação até nos Estados Unidos.

O grupo Apaches do Tororó nasceu em 1968, fundado por integrantes da Escola de Samba Filhos do Tororó. Já o Comanches surgiu em 1974, no mesmo ano do Ilê Aiyê, ambos conectados aos terreiros. Talvez por ter enfrentado o preconceito que existia na época da ditadura, o Apaches do Tororó sofreu inúmeras perseguições. Em 1977, a polícia, num ato para desmoralizar o grupo, começou a prender indiscriminadamente negros e índios metropolitanos e a bater neles. Um massacre moral que mostrava a imensa segregação sobre quem tinha direito de desfilar e se alegrar.

Considerado durante anos um grupo de marginais, muitos esquecem que o Apaches foi o primeiro bloco a colocar sonorização, a sair com serviços de enfermagem e de bar, carro de apoio e, principalmente, música própria. Mas também teve músicas compostas por Nelson Rufino, Almir Ferreira, Celso Santana, Adelmo Costa, Arnaldo Neves e Jair Lima, além de passagens de Neguinho do Samba e de membros do Olodum e do Araketu.

Em 1993, quando o axé tinha explodido, Carlinhos Brown sugeriu a mudança na grafia do nome do bloco de "Apaches" para "Apaxes", com o "x" do axé, para ganhar novas leituras e um contexto mais regionalizado. Houve um crescimento significativo da inclusão das comunidades indígenas brasileiras, tanto como tema quanto como preocupação social, e isso se refletia nacionalmente nas letras no carnaval. O Apaxes foi a primeira grande explosão visual e musical testemunhada por ele no carnaval da Bahia.

O Brasil sempre flertou com a cena ameríndia e sua associação com o carnaval. A partir dos anos 1920, grupos de "caboclinhos" foram identificados por Mário de Andrade em João Pessoa, na Paraíba, onde encenavam nas ruas algumas danças dramáticas, "inspiradas nos usos e costumes dos ameríndios", que incluíam desde o cotidiano até as guerras e mortes dos indígenas. Os caboclinhos estavam amparados nos visuais espetaculares, coloridos, de inspiração indígena.

No livro *O turista aprendiz*, Mário de Andrade descreve o impacto que teve com essa manifestação no bairro de Cruz de Almas: "Coisa de africanos, ameríndios, incaica e russa." Os Comanches acabaram marcados por um acidente em 1987, quando o trio perdeu os freios e desceu de ré pela rua Chile, atropelando dezenas de foliões, deixando sete mortos e 25 feridos. Mas a contribuição dessas misturas folclóricas é inestimável para o país, e Carlinhos nunca deixaria essa tradição morrer, levando-a para todo o mundo.

O MILAGRE DO CANDEAL

Em 2004, o diretor espanhol Fernando Trueba lançou o documentário *O milagre do Candeal*, que, de certa forma, mostra a "esquizofrenia criativa" de Carlinhos, suas inquietudes e suas múltiplas faces. O bairro que um músico meio maluco pôs na cabeça que iria transformar, o trabalho social que desenvolvia com a Pracatum e como ele foi mudando a vida das crianças do bairro. Seu lugar de nascimento continuava sendo o palco principal. O documentário começa com o encontro de Mateus Aleluia com Bebo Valdés, mostrando em seguida a "procissão" dos Zárabes no Candeal, espalhando incenso, com todos em "trajes egípcios" e ao som de cantos e percussão.

O nome do documentário cai bem. Mas nunca houve milagre. Houve sempre trabalho duro e muitos riscos. Foram anos de acertos e erros, que continuam acontecendo. Carlinhos ia reinvestindo ali o que achava que daria certo, e o que fica para o espectador é a parte mais glamourosa, o espetáculo. Mas o dia a dia é mais convencional. De muita prática. Talvez os "milagres" na vida do nosso artista tenham sido o resultado dos encontros que foi vivendo, e a transformação que ele enxergava.

A percussão se utiliza de muitas técnicas corporais, e, dentro dela, Carlinhos ia entendendo todas as nuances de dedos e baquetas. Pintado foi o mestre que lhe ensinou o uso da baqueta. Seu mestre de mão e dedo, de timbal de dedo, foi Claudio, filho de Claudionor, uma personalidade da cultura de Salvador, que era de Ogum e cuidava do Exu do Gandhy. Eles se conheceram por meio de Mestre Pintado. Claudio carregava um timbal para todos os aniversários e festinhas a que era convidado, e se encontrasse alguém que cantasse formava uma dupla, já que gostava mesmo era de tocar. O som era meio mágico, e o menino, já quase adolescente, se aproximava para saber os detalhes dos movimentos. Conseguia identificar Claudio de longe, tocando puramente com os dedos. Os dois tinham uma conexão forte. Claudio era como um irmão mais velho e ficava orgulhoso com aquela energia.

A geração de Carlinhos aprendeu a tocar mais com tapa, à maneira de Fia Luna, seu terceiro mestre, que chegou um pouco mais tarde. Fia Luna, muito conhecido nos anos 1970, tocava percussão com grande influência do candomblé, numa época em que se alguém tocasse atabaque na rua poderia ter o instrumento confiscado por "heresia". Muitos sons eram produzidos exclusivamente nos terreiros, numa espécie de protecionismo. Durante muito tempo, o ensino da percussão e suas linguagens foi feito diretamente de mestres para discípulos; não havia classes populares ou abertas ao público.

Para Carlinhos, as primeiras experiências de tirar um som e fazer ritmos começaram com as latas na cabeça, e ele diz com orgulho que sua primeira profissão foi de aguadeiro, de transportar água em latas. Já velho e ranzinza, o carregador de água do bairro, sr. Vitório, pedia ajuda aos meninos, já que era proibido usar animais no transporte. Seguiam cantando, batendo nas latas vazias para chamar os fregueses. Bater na lata era a publicidade do ofício, e o hit era "Lata d'água", de Luiz Antônio e J. Junior.

A água era vendida aos poucos, pois nem todo mundo podia comprar uma lata inteira. Era um trabalho árduo, e um tonel cheio rendia quase nada, uns cinco centavos por dia. Algumas casas já tinham cisterna e água encanada, o que deixava Carlinhos muito impressionado, sem entender como aquilo era possível sem um motor.

O tempo passou, e o bairro se transformou num lugar com água, luz, esgoto e iluminação pública. Mas as primeiras lições de ritmo de música foram sendo gravadas na sua memória.

O documentário conta mais o resultado dessa saga, com um visitante ilustre.

No filme, Mateus Aleluia leva o pianista cubano Bebo Valdés até o Candyall Guetho Square, onde eles tocam e cantam junto com Carlinhos. Nos diálogos em português e espanhol, os três falam sobre música, influências e intercâmbios musicais, religiões de matriz afro e ancestralidade comum, além da forte influência africana no cotidiano da Bahia e de Cuba.

Depois de passar um tempo de férias na Bahia e visitar Cachoeira, lugar místico e, de certa forma, origem dos dois, Mateus se preparava para voltar

92 MEIA-LUA INTEIRA

para Angola quando foi se despedir do amigo e este se recusou a aceitar sua partida: "Não, sr. Mateus, o senhor é pertenço aqui da terra." Foi o dia do "fico" de Mateus, que já então se tornara um mestre para Carlinhos. A reflexão que os conecta é reveladora sobre como os dois personagens encaram a miscigenação e sua contribuição para a construção do Brasil. Mateus Aleluia reconhece isso e afirma:

> Eu digo que Angola me resgatou para a vida, é verdade, porque depois dessa vivência eu passei a encarar tudo que eu olhava com preconceito como parte de uma sacola pesada que já não carrego, eu me sinto muito mais leve, muito mais incluído, nosso processo é um processo de inclusão. Esse processo de inclusão, eu agradeço muito a Angola, aquele pedaço da África, e o que mais me ligou a Carlinhos foi isso, quando eu vi Carlinhos dentro desse processo aqui de inclusão, sem ter tido a vivência na África, mas a África já estava dentro dele também, isso é muito bonito.

O PODER DA MISCIGENAÇÃO

A mística de Carlinhos Brown tem principalmente a ver com a miscigenação, as inúmeras fontes de referência não apenas do Brasil, que na sua visão é que geram criatividade, resiliência, e a força do povo brasileiro.

Seu mantra da miscigenação vai além da cultura popular e passou a objeto de estudo, como no artigo "O cacique do Candeal: considerações sobre a identidade mestiça de Carlinhos Brown", assinado pela professora Ayeska Paulafreitas de Lacerda, que é também autora de uma tese de doutorado sobre o artista, aprovada em dezembro de 2010 pelo Instituto de Filosofia e Ciências Humanas da Unicamp:

> Brown não se apresenta apenas como afro-baiano, como querem para si muitos dos nascidos em Salvador e no Recôncavo, especialmente os integrantes de entidades carnavalescas conhecidas como blocos afro que, a partir do final dos anos 1970, seguindo a tendência de movimentos ameri-

canos, iniciaram um processo de valorização da negritude que se refletiu no comportamento, no modo de vestir-se, de pentear-se e no reconhecimento da contribuição das culturas de matrizes africanas para a formação do povo baiano, reconhecidamente de maioria afrodescendente. Em diversas oportunidades ele [Carlinhos] se manifestou a favor da mistura, e assim o fez no uso das línguas em suas canções, nos ritmos, no seu modo de vestir-se e até na vida pessoal, ao manter devoção a santos católicos e do candomblé, ao casar-se com uma branca. Na sua autoproclamada miscigenação entra com força o negro, sim, mas o que faz seu diferencial nesse universo da música baiana é a valorização do elemento índio, representado simbolicamente pelos cocares de que faz uso frequentemente, o que acabou por lhe render a alcunha de Cacique do Candeal. Embora seu fenótipo não deixe dúvidas quanto à ancestralidade negra, esta não parece atraí-lo tanto quanto a indígena, como demonstra seu pouco interesse em visitar a África, onde se apresentou pela primeira vez em 2009, no festival Timitar, em Agadir, no Marrocos.

Todas as misturas, todos os sons, todos os estilos podem despertar o interesse do músico baiano. Em 2017, por exemplo, ele saiu em defesa de Anitta depois que a cantora foi criticada por usar tranças nagô no carnaval. Depois de dizer que "nós somos miscigenados e somos todas essas miscigenações", ainda compôs uma música: "Quando eu falo em 'Africanitta', estou citando a capacidade dessa mulher forte, madura, positiva e internacional. Porque ela é. Ela me toca."

Vivendo muitas vezes em um ambiente bastante hostil, Carlinhos se apresenta como pacifista. Ele é pela paz, mas sempre soube brigar e ser estratégico. Afinal, é um provedor. Não só de bocas, mas de novas ideias e visões do mundo. Entendeu desde muito cedo que tinha a responsabilidade de ir aonde é chamado, de comparecer nas coisas que são certas. Teve grandes guias, como Mestre Pintado, Mãe Maiamba, Mãe Zezita, Mãe Menininha, e com todos aprendeu sobre a devoção, o entendimento de uma visão mais ampla de seus objetivos, e continua acumulando outros guias espirituais que lhe ensinam. Deles veio o Ajayô, que virou um grito no *The Voice Brasil*, programa de talentos da TV Globo dirigido por Boninho. O grito é como um haikai japonês:

> Talvez as pessoas entendam mais japonês do que a cultura iorubana, que é uma coisa do Brasil; é pequenininho, mas está desejando paz, prosperidade e um bom final [como um grito]: "Me realizei!" […] Ajayô, é como dizer: "Muito obrigado por esse feito, por esse acontecimento." Isso dá-se ao pai das cabeças, Oxalá, Ajalá, e é uma forma de agradecer a finalização, por isso que esse Ajayô não se diz à toa, você não chega no cara falando, porque você acabou de começar, por isso a gente fala: "Quem está feliz, levanta a mão e dá um grito", para no final você dizer o Ajayô.

A questão da comunhão mística, do compartilhamento de valores humanos e espirituais, esteve sempre no seu foco, e Carlinhos foi cada vez mais se soltando e defendendo suas crenças. Em 2021, disse ao *El País*: "Deus não é tão solitário nem tão sofrido assim a ponto de ser domínio de alguém."

Em "Terra Aféfé", single de Margareth Menezes escrito e produzido em parceria com a amiga de longa data, lançado em fevereiro de 2022, o tema volta com força. O crítico Hugo Prudente, em resenha no site Nerdweek, resume bem a iniciativa: "A música, composta e produzida em parceria com Carlinhos Brown, é uma ode à feminilidade ancestral, uma exaltação ao lugar da mulher na formação da humanidade e um chamado a Iansã, orixá dos ventos e tempestades." E o texto reproduz a fala de Margareth Menezes, que conta como essa parceria aconteceu:

> Foi incrível a maneira como essa música chegou pra nós. Ela nasceu de um movimento de vento, uma imagem que vi e mandei pra Brown. Ele se admirou com aquilo e imediatamente começamos essa troca para compor. Quando estamos juntos é muito interessante a ligação energética que temos, e que não é de agora. Nos conhecemos desde o começo de nossas carreiras e somos parceiros desde então. "Terra Aféfé" vem como um grande presente que estou recebendo, mais uma vez.

A "mística inusitada", nas palavras de Margareth, se deu pela surpresa de que "Terra Aféfé" seria uma terra imaginária, cheia de ventos, e mais tarde, já com a música finalizada, os artistas descobriram que essa terra já existia: "É uma comunidade localizada em Ibicoara, na Chapada Diamantina, aqui na Bahia. Um lugar que trabalha arte, ecologia, ancestralidade e conexão com o corpo. Os mistérios estão aí e a inspiração está no ar", disse Margareth. O parceiro resume o alcance de sua mística inusitada e gananciosa:

> Eu não tenho religião, nunca tive. Tenho religiosidade. Tenho orixás, é diferente. Não é religião porque não temos bíblia. Tudo em nós é cultura oral. Somos detentores de segredos que passam de geração para geração, de pai para filho e para aqueles em quem os mais velhos confiam. Gosto do mistério, do segredo, da vidência, de olhar para onde ninguém está olhando, apontar para que todo mundo chegue junto àquele ponto. Isso é mediunidade. Sou utilizado para a música e as artes visuais. É minha mediunidade.

A TRANSFORMAÇÃO COMO CURA

Em setembro de 2021, a bailarina e consagrada coreógrafa Deborah Colker estreou o espetáculo *Cura*, que teve como ponto de partida sua dolorosa experiência com a doença rara e incurável do neto Theo, de 12 anos. Deborah conta que o espetáculo "surgiu de uma indignação minha, de não aceitar que a cura não existe. Mas ultrapassa minha particularidade ao buscar a cura do que não tem cura e fazer uma ponte entre a ciência e a fé". No processo de criação de *Cura*, ela contou com dois parceiros valiosos: o rabino Nilton Bonder, que assina a dramaturgia, e Carlinhos Brown, responsável pela concepção musical do espetáculo e autor de todas as músicas, à exceção de "You Want It Darker", de Leonard Cohen, na qual ele negocia com Deus suas horas finais de vida.

Cura começou a ser concebido em 2018, atravessou a pandemia e estreou três anos depois, em 2021. Para chegar ao resultado final, a coreógrafa foi a Moçambique, na África, para ver danças de cura locais e aprender como diversas partes do mundo encaram o significado dessa palavra. Depois, levou os bailarinos de sua companhia a Salvador, onde eles tiveram aulas com Zebrinha, coreógrafo do Balé Folclórico da Bahia. Enquanto ensinava os movimentos dos orixás, Zebrinha falou de Obaluaê, o orixá da cura e da doença — Obaluaê quando jovem e Omolu quando já mais velho.

Deborah então foi buscar não só no candomblé, mas também no judaísmo, no budismo, na transcendência, nos deuses, na meditação, na concentração, na aceitação, o caminho para seu espetáculo. No trabalho em conjunto, a coreógrafa, o rabino e o músico conseguiram combinar os territórios do misticismo, dos mitos e da ancestralidade com o mundo da música, dos sonhos, das experimentações, da racionalidade e do pensamento.

A história de Obaluaê, filho de Nanã, criado por Iemanjá, abre o espetáculo, e é contada pela voz do próprio Theo. Nilton Bonder ressalta que o recurso de abrir o espetáculo com a voz do neto inverte a forma milenar de transmissão de histórias e conhecimentos:

> Em vez de a avó contar para a mãe, e esta, para os filhos, é o neto quem conta uma história para a avó, como se a estivesse acalmando e ninando. [...] Assim como a espiritualidade, a criatividade nos leva para um lugar mais amplo. O prazer expande, a dor contrai. A arte tem esse poder quase medicinal de tirar a pessoa desse lugar contrativo para funcionar também como uma espécie de cura.

Além do rabino, Deborah precisava de um parceiro musical em quem pudesse confiar para criar algo novo, tratar de um tema pesado e ao mesmo tempo fazer o público sair do teatro mais leve do que havia entrado. A princípio ela pensou no baiano para fazer uma música, mas, assim que desligou o telefone, pensou: "Por que estou chamando ele para fazer só uma música? Acho que ele tem que fazer tudo." Ela conta que, quando o encontrou, propôs sem titubear: "Tenho uma proposta para te fazer, não sei se você vai ter tempo, não sei se você vai estar a fim de mergulhar nessa

A MÍSTICA INUSITADA DE CARLINHOS BROWN   97

história, mas eu estava pensando em você fazer o espetáculo inteiro e não só essa música." E ele, claro, como sempre, disse: "Vambora."

Carlinhos se nega a lidar apenas com as alegrias, e, apesar do estigma de "carnavalesco", nunca deixou de refletir sobre a dor do ser humano. E a primeira camada de sua inquietação vem com o tema da ancestralidade, com a recusa em aceitar a escravidão. Para ele, que sempre entendeu a dor como fonte de energia, a parceria com Deborah e o tema do espetáculo se traduziram na oportunidade de criar músicas que encantassem, que levassem a uma reflexão. A cura que ele, Deborah e toda a equipe buscaram ao longo de todo o trabalho não era a cura de uma doença, de uma epidemia como a do coronavírus, que tem vacina. A busca era pela cura do ser humano. O que estava em jogo era a entrega sem reserva aos momentos difíceis que todos passamos, mas que alguns abraçam de maneira tão autêntica. Foi um trabalho árduo, de muita experimentação e principalmente de descobertas dos anseios de cada um, da exploração de territórios seguros para a expressão artística: Nas palavras da coreógrafa, a dupla se identifica como uma "cachoeira, que, quanto mais você dá, mais vem".

> Carlinhos não teve medo de se entregar, se entregar para valer, entregar a carne, a alma, o espírito, o suor, o sangue, a emoção, seja ela triste ou tensa, seja o que for, o mundo não é só borboletas e a gente sabe disso, não é só delicado, às vezes é violento e a gente tem que lidar com isso.

Deborah explora no espetáculo a busca do que não tem cura, procura se aproximar da dor do outro, e ele fez uma canção que a aproximou desse lugar, de uma dor física, mas também da alma, da condição humana, de uma imensidão. Nesse encontro artístico e místico em torno da ancestralidade, Deborah e Carlinhos construíram uma história de dor e redenção.

5
A alquimia

Eu quero o Alfagamabetizado, *eu quero esse Carlinhos, eu quero você experimentando, eu quero tua alquimia.*

Deborah Colker

A dupla jogador de futebol e artista, que sempre fez parte do imaginário coletivo de sucesso dos negros no Brasil, começava a se modificar dentro de Carlinhos, que ia se colocando de maneira mais intelectual e querendo cada vez mais discutir a injustiça. Eram ainda posicionamentos incipientes, que na sua visão deveriam ser respondidos sobretudo com ações reais de transformação.

No final dos anos 1980, ele seguramente já poderia ter planos de se mudar com a família para qualquer lugar nobre de Salvador, o que, aliás, era o desejo de muitos. Mas estava decidido a mudar o próprio lugar de origem, e não havia ninguém capaz de demovê-lo da ideia. Ele não daria apenas uma casa para a mãe: queria dar a rua, a calçada, a água encanada, a coleta de lixo, o táxi na porta e o salão de beleza na esquina. E daria isso a algumas centenas de pessoas.

Viabilizar o desenvolvimento do bairro era uma questão ética, e ele nunca fugiu da briga. Sempre foi procurar soluções, mesmo nos momentos de maior dificuldade. O espírito altivo e lutador de dona Madá esteve sempre presente. Carlinhos já era um ícone na comunidade, mas sentia que podia ser mais. Podia ser um veículo de transformação.

Os tropeços se convertiam em aprendizado, e ele nunca fugiu do risco. Era muito consciente de seu papel e de seu lugar no mundo, e talvez a aparência de "meio maluco" fosse uma estratégia, pois sempre foi muito tímido. Até hoje, só se solta de verdade na música. Caetano Veloso percebeu isso logo no primeiro encontro. De cara perguntou se estava tudo bem e disse para ele se soltar. As convivências em outros círculos sociais tinham grande impacto na maneira como Carlinhos enxergava os outros e a si próprio. Algumas pessoas foram marcantes na sua vida, e a partir desses encontros ele foi se transformando.

MESTRES E DESPEDIDAS

O primeiro encontro dos dois foi singelo, mas prova de uma atração que moldou o relacionamento de Carlinhos e Mestre Pintado do Bongô por mais de quatro décadas. Um dia, ainda menino, ele viu o mestre passar na frente de casa e se empolgou. Foi atrás de quem seria seu grande mestre, que declarou como "um pai espiritual" no documentário *O milagre do Candeal*. Vestiu-se correndo pensando em conseguir ter à mão o primeiro instrumento profissional e, num impulso de curiosidade, partiu para a rua.

Logo em seguida se aproximou, no bar vizinho, com cara de curioso, e Mestre Pintado o deixou pegar em seu violão e "fazer samba chula". Só que o garoto foi com sede ao pote, pegou logo na mão e quis tocar sem ensinamentos, e o mestre, que queria ensiná-lo a tocar o violão, terminou perdendo a paciência e foi embora. Mas certamente se comoveu com a atitude do garoto franzino, que não tinha vergonha de pedir nem de arriscar, mesmo sem conhecimento.

Seu interesse por música cresceu muito a partir da televisão, dos rádios de pilha, daquilo que se podia ver "saindo por uma caixa de cor, azul, vermelha, os rádios bonitos". O que antecedeu esses momentos foram as serestas e os violeiros do Candeal. Daniel e Manoel Boiadeiro tocavam

A ALQUIMIA

samba chula nos bares. A influência do samba já tinha feito o menino pegar pedaços de nylon e restos de redes de pesca para fazer violões rústicos. Qualquer coisa que fizesse algum som lhe interessava. As crianças pregavam aqueles fios de nylon num pedaço de madeira, faziam um instrumento de corda, geralmente duas, e já tinham algo para praticar. Quando quebrava uma vassoura, era ótimo, "porque o design já estava" quase pronto. Com lata de sardinha, então, saía um instrumento melhor ainda. Era a mais disputada entre os meninos, porque com ela se fazia até afinação.

O que Mestre Pintado fez com Carlinhos foi tirá-lo da mera brincadeira e lhe mostrar que a carreira que ele próprio não tinha conseguido alcançar na música era possível. A rítmica do Brasil foi sendo uma costura de muitas estéticas, percussões indígenas e uma sonoridade pan-africana. Mas o discípulo era "do mundo", já dizia Mestre Pintado. Aquilo incentivava o jovem a explorar novos horizontes, a misturar mais ritmos, a manter os ouvidos antenados aos diferentes sons, de onde quer que viessem. Isso chegava a assustá-lo, porque às vezes se sentia completamente sem barreiras, com muitos terrenos para explorar. Era difícil, para alguém que tinha pensado em criar uma marca registrada.

Sempre que escutava Mestre Pintado falando do seu trabalho, sem consciência de que essas misturas iam ser feitas de uma maneira natural, Carlinhos questionava: "Por que o mundo? O Mestre via uma coisa que eu não encontrava em mim e que ninguém via. Muita gente achava que era loucura e ele achava que era internacionalização. Ele achava que (eu) daria um salto." E assim Carlinhos foi se acostumando a se meter em várias rodas, a acrescentar instrumentos e vários tipos de batida na percussão.

Na música, Pintado era seu mestre de mão, que o treinou para que ele fosse o melhor. Mas, na espiritualidade, Pintado foi também um grande libertador de sua alma artística. O sr. Osvaldo, como era chamado, "foi o mestre do meu ouvir e do meu enxergar", disse o pupilo, para quem a perda de Pintado, em 2005, seria dolorida e duraria meses.

Em 2001, porém, ele teve a oportunidade de celebrar e aproveitar a incrível energia de seu ídolo, numa viagem inusitada. Naquele ano, a Feira Internacional do Livro de Guadalajara (México) completava quinze anos e teve o Brasil como convidado de honra. A programação dedicada ao país, com mais de trinta atividades, ressaltava a cultura brasileira de forma mais ampla e, além de mostras de arte, incluía shows com Lenine, Carlinhos Brown e Jorge Ben Jor.

Ele então resolveu levar Mestre Pintado e o pai para a feira, um momento raro. Foi como uma viagem de três adolescentes, mas quem mais se divertiu foram Renato e Mestre Pintado: "Eu fui lá fazer o show e caí na asneira de chamar meu pai e o Mestre só com o bongô, e disse: 'Olha, voy invitar mi padre y mi maestro para cantar unas cosas que mi han enseñado cuando niño. Venha, meu pai...'" De improviso, a dupla tomou conta do palco, Pintado no bongô e Renato cantando: "Vocês acabaram com meu show", reclamou, enquanto a plateia pedia mais. A dupla de veteranos passou quarenta minutos cantando hits de Lucho Gatica e José Feliciano, deixando Carlinhos bobo, enquanto o público aplaudia.

Carlinhos saiu para passear com o pai, se distraiu com "uma cantora linda" de São Luís e foi ver o show da moça a convite dela. Quando voltou, quarenta minutos depois, seu Renato estava rodeado de gente, no meio da feira, todos tomando tequila e dançando. Até ele, que nunca bebe, entrou na tequila diluída em suco. No meio da confusão passou por uma loja de instrumentos e se encantou com um bongô branco. Era o presente perfeito para Mestre Pintado. Levou o bongô branco e um outro, além de vários instrumentos. Além de ser um evento importante, o ano de 2001 tinha sido de muitos percalços e glórias, desde as garrafadas até os Tribalistas. Carlinhos trabalhou duro para que o evento fosse um momento para lavar a alma, com quem era mais próximo dele.

Carlito Marrón, seu quarto álbum de estúdio, viria em 2003. No ano seguinte à viagem, em 2002, chamou Mestre Pintado para gravar, mas a diabetes deste já estava avançada. O discípulo devotado não sabia mais o que fazer. Tentou ajudar de várias maneiras, mas via Pintado cada dia mais deprimido, principalmente depois que teve a perna amputada. Chamou o mestre para tocar algumas coisas, mas ele não queria saber de música, estava sem ânimo. Um dia Carlinhos chegou para o mestre e disse: "Comprei um carro, um Dodge", para servi-lo, com motorista e tudo. Mas não

A ALQUIMIA

adiantou. Nada tirava Pintado da depressão. Carlinhos foi então gravar uma das músicas preferidas do mestre, "Preconceito", de Marino Pinto e Wilson Batista:

> Eu nasci num clima quente
> Você diz a toda gente
> Que eu sou moreno demais
> Não maltrate o seu pretinho
> Que lhe faz tanto carinho
> E no fundo é um bom rapaz
>
> Você vem de um palacete
> Eu nasci num barracão
> Sapo namorando a lua
> Numa noite de verão
> Eu vou fazer serenata
> Eu vou cantar minha dor
> Meu samba vai, diz a ela
> Que o coração não tem cor

Pintado era casado com dona Alice, que tinha feições indígenas, e por isso gostava muito da música. Carlinhos fez referência a ela em *Carlito Marrón*, cantando a música em portunhol: "Ipanema tiene sabor / Mi pueblo toca tambor / Cantando, bailando vou." Pintado ficou emocionado e o amigo logo propôs: "Vamos encontrar Bebo Valdés, não foi o senhor que me falou de Chano Pozo? Bienvenido Granda? Vou te mostrar um senhor que está com 90 anos", e o levou a Bebo Valdés. Queria que Bebo o incentivasse a voltar à música. Era um ato mais simbólico, e os três se encontraram para tocar. Carlinhos olhava nos olhos de seu segundo pai e o via mais feliz, mas claramente se despedindo. Sentiu um aperto no coração, e naquele momento apenas pensava e observava: "Ele deu as últimas notas na baqueta e disse: 'Finalizei um ciclo importante.' Estava ao lado de Bebo Valdés e afirmou: 'Missão cumprida.'"

Tudo parecia armado com a ida de Bebo Valdés à Bahia, para um Ifá (orixá da adivinhação e do destino, porta-voz de Orumilá), o candomblé, e para Pintado poder dar suas últimas notas no bongô. "Ele silenciou aquele instrumento ali, e então, todo sério, não querendo mais tocar e já no final do *Carlito Marrón*, faleceu. Ele queria descansar. Abalou. Mas ele queria descansar.

Carlinhos esteve com seu mestre até o final, e no velório passou a noite toda conversando com ele, talvez a pessoa que mais o tenha influenciado. Ficou mais de dez horas ao lado do caixão, e a paz comandou o ambiente. Um encontro de quase quarenta anos, de ensinamentos e admiração, de uma conexão de valores tão forte que por muitas vezes salvou o jovem músico de entrar em roubadas, de admiração mútua, uma verdadeira relação de pai e filho.

Até hoje Carlinhos fala constantemente com o mestre em sonhos, e o vê "de manhã cedo e falando todo feliz, até me mostrou o Tabaris descer". Quando Pintado partiu, não houve choro. O amigo e discípulo estava muito confiante em seus ensinamentos e passou inclusive a entrar em terreiros de Egum, coisa que sempre tivera medo de fazer.

Na Bahia, o respeito à passagem de conhecimento pela oralidade sempre foi uma das bases da música e da religiosidade. O candomblé cumpre nesse caso uma função sistêmica dessa dinâmica. Carlinhos é "um permitido" dentro dessa cosmologia. Como "escolhido", passa o conhecimento adiante, assim como Neguinho do Samba. Foi Mestre Pintado quem lhe trouxe primeiro essa informação: "Você é o escolhido, e não quero saber de vaidade, porque estou lhe dizendo isso, vai ter que aprender muito, muito." Carlinhos tentou se disciplinar, sempre insistindo que essa missão não é uma questão de mérito ou status, mas sim um instrumento para dar resultado e continuidade aos legados, às memórias, e também para guardar certos segredos.

Quando fundou a Timbalada, Carlinhos incorporou Mestre Vavá, que virou uma personalidade no bairro. Quando Vavá faleceu, aos 93 anos, em 2020, ele disse:

A ALQUIMIA

105

As ruas do Candeal não serão mais as mesmas. Seu Vavá fará falta na nossa rua por vários motivos. Já não teremos a alegria de um eterno estudante, professor e mestre de todos nós, pelo seu modelo pessoal incentivador de almas e pelo gosto musical que tinha. Esse cidadão, militar aposentado, fez parte da brigada de paraquedistas do Rio de Janeiro, foi o *spalla* da Orquestra Sinfônica da Bahia e era a alegria em pessoa! O que ele fez pela cultura brasileira e pelo Candeal foi único. Recebeu reis com seu saxofone, tocou nos melhores momentos daquele bairro. Para nós ficam a saudade e o respeito. Dá-lhe, seu Vavá!

Carlinhos incorporou também o legado de Mestre Maleiro, que se despediu em 2011. Conhecido em Salvador como Gigante do Bagdá, numa alusão aos Cavaleiros de Bagdá, banda que formou em 1959, foi um inovador que contribuiu imensamente para a estética do carnaval baiano com a criação de instrumentos percussivos.

Maleiro chegou do interior da Bahia e foi treinado para fazer malas, até que começou a fazer instrumentos, por vezes ousados. Fez uns tamborins quadrados, depois redondos, até que foi adicionando peças de metal para criar novos sons. De sua oficina na Barroquinha saíam instrumentos cada vez mais afinados e muitos atabaques, que foram mudando os sons dos blocos afro, de afoxé e das escolas de samba. Ele foi um divisor de águas na sonoridade da Bahia, e na do próprio Carlinhos Brown. Além dos instrumentos, ainda na década de 1950, começou a fazer alegorias, que já na época empoderavam a cultura negra. Daí expandiu para carros alegóricos, e seu ateliê virou um workshop completo, onde ele fazia e ensinava. Foi o primeiro artista negro e carnavalesco a ir para a TV fora do período de carnaval, participando do programa de calouros *Escada para o sucesso*, da TV Itapoan, onde atuava como uma espécie de jurado, "gongando" os calouros. Um raro gênio, que se transformou em agitador cultural e serviu de referência como defensor de uma linguagem autêntica, estética e musical, nascida e desenvolvida na Bahia.

Carlinhos juntou dinheiro e um dia foi com um amigo ao ateliê de Maleiro comprar um atabaque. Já era amigo de Pintado, por causa do bongô, e queria aproveitar para falar e conhecer melhor o outro mestre. Assim que entrou, viu um atabaque e fez: "pá, pá". Maleiro logo apareceu, e disse: "Quem mandou pegar?" Assustado e confuso, Carlinhos tentou se explicar: "Não, não, eu estava só experimentando." Maleiro então respondeu com grosseria: "Aqui a experiência é minha, fora." O jovem tomou um susto e disse: "Eu quero comprar", mas Maleiro o dispensou: "Não falei que está à venda."

> Os mestres baianos são incríveis, eles são assim, eles não têm interesse, porque o mestre é aquele que percebe o talento, instiga o talento, não deixa barato, deixa o talento afoito para você ser disciplinado. Mas depois consegui um por meio de um "cambaleiro".

Mas Maleiro sabia e mandava recados: "Seu filho esteve aqui", disse a Pintado, o que deixou Renato puto: "Seu filho coisa nenhuma. Quando não estiver comigo, ele é seu filho, mas, quando estiver comigo, o pai sou eu, porra." Carlinhos o viu tocar nos Cavaleiros de Bagdá, uma das experiências musicais mais importantes que teve. No final de 2022, raspou o cabelo e colocou uma trança grande, como tinha Maleiro. O jovem aspirante a estrela foi passando de mão em mão, recebendo todos os ensinamentos, de um modo um pouco caótico e por vezes difícil. Era sempre muito esforçado, e esse mérito foi sendo reconhecido.

Outros dois personagens que Carlinhos não esquece são Claudio e Claudionor, que secretamente o fizeram mestre de bateria do grupo Filhos de Gandhy. Só trinta anos depois ele ficou sabendo disso, quando recebeu uma ligação do grupo e lhe disseram: "Você é diretor de bateria dos Filhos de Gandhy". Surpreso, ele retrucou: "Mas, rapaz, como é que eu sou diretor de bateria se nunca fui tocar? Eu nunca saí no Gandhy." E aí, lá foi ele tocar no grupo. O irmão de Claudionor era presidente dos Filhos de Gandhy e armaram a história. Era um presente ao seu esforço e uma espécie de honraria pelo que o menino tinha atingido e pela defesa que fazia da cultura afro.

NOVAS ESCOLAS, OUTROS DESAFIOS

O sonho inicial do jovem percussionista baiano era ser arranjador de orquestra sinfônica. Ele via um glamour em transitar para o erudito. Mas sua casa era a rua, e na rua conheceu Ivan Wall, filho de um maestro, que também tocava em orquestra, e logo se tornaram próximos. Depois de hesitar um pouco, Carlinhos foi conversar com o amigo: "Ivan, do mesmo jeito que você veio para o sambão comigo, eu quero ir para a orquestra." E, sem hesitar, Ivan disse: "Vamos lá, para você ver a aula." Ali no grupo Carlinhos conheceu Fernando Santos, professor de Ary Dias, d'A Cor do Som. Entendeu que no mundo da música estavam todos tentando sobreviver e que as conexões eram rápidas. As coisas começavam a se encaixar. E suas habilidades começavam a ser olhadas de forma séria.

Carlinhos sentiu esse momento como uma virada. Talvez porque a formalidade de um ensino mais acadêmico fosse complementá-lo, pois certamente tinha esse déficit formal. Mas ali estaria também em contato com estudiosos. Nesse momento, as percepções sobre o que poderia atingir verdadeiramente mudaram. Ivan o apresentou ao professor Fernando Santos, que olhou para ele com olhar exigente, de alguém que quer extrair o melhor dos alunos. Fernando logo viu que Carlinhos tinha a mão toda torta e tentou ajudar o jovem, que pegava as baquetas de qualquer jeito. Até então, Carlinhos achava que as coisas seriam fáceis, que aprenderia aquilo tudo rapidamente, com algumas aulas.

Mas Fernando seguia calado, não dizia muita coisa, e o garoto continuava curioso com todos os outros instrumentos. Era como ter entrado na Disneylândia e não poder brincar. Um dia se arriscou a entrar na sala de instrumentos e, ainda de modo tímido, começou a mexer neles. Foi se empolgando até perder o controle. Começou a tocar em tudo, e a extrair sons diferentes de cada coisa.

Quando estava no auge de suas alucinações rítmicas, entrou porta adentro Walter Smetak, professor suíço naturalizado brasileiro e um dos chefes do local. Smetak foi taxativo: "Você é muito curioso. Isso aqui não é para pegar, isso não é para tocar assim, tem que aprender a tocar." Foi um banho de água fria. E a primeira vez que o jovem autodidata enfrentou uma autoridade musical que não se importava com ele. Um verdadeiro baque.

Smetak foi um mestre para muitos músicos, e, mais do que isso, um pensador da música brasileira. Influenciou Tom Zé, Gilberto Gil, Caetano Veloso e muitos outros. Inventou instrumentos, era professor e pesquisador e, em 1957, a convite de Hans-Joachim Koellreutter, mudou-se para Salvador, onde se incorporou à Universidade Federal da Bahia. Viera da Suíça para Porto Alegre em 1937 e, lá chegando, descobriu que a orquestra sinfônica para a qual havia sido contratado já tinha fechado. Passou então a viver entre Rio e São Paulo, tocando em orquestras de rádio e cassinos. Chegou inclusive a tocar com Carmen Miranda.

Seus estudos teosóficos o levariam a montar uma oficina de instrumentos musicais alternativos, com tubos de PVC, cabaças, isopor e outros materiais. Cada uma dessas pessoas abria uma porta na cabeça de Carlinhos. Ele descobriu naquele ambiente tão formal que o "outro lado da cidade" tinha coisas em comum com o seu mundo e com a busca de oportunidades para fazer música. Principalmente na experimentação.

Smetak chegou a escrever mais de trinta livros, e fazia parte desse grupo de estrangeiros que nutriam uma curiosidade enorme pelo Brasil, que chegavam ao país com a técnica e, uma vez aqui, enxergavam na cultura miscigenada e caótica oportunidades que nem os locais conseguiam ver. Esses estrangeiros combinavam ambição, atitude e preparação intelectual com a admiração pelo exótico. Sempre com uma vontade de potencializar o conhecimento local, foram ficando e criando escolas. Seus experimentos transcendiam o pessoal, e viraram dentro da música um canal de exploração criativa pela autenticidade.

Fernando Santos levava muitos alunos ouvintes, mas a brincadeira na sala de instrumentos gerou um enorme estresse. O resultado foi a expulsão sumária do novato, depois de uma reunião tensa da diretoria, que concluiu que ele atrapalhava demais com seu agito costumeiro. Mas o jovem não se fez de rogado e continuou indo. Ficava do lado de fora, intuindo alguma redenção que poderia se materializar e permitir que entrasse de novo. Depois de uma semana ela de fato veio.

A ALQUIMIA

Nessa ocasião, haviam chegado a Salvador vários grupos de estudos rítmicos para um congresso, que para Carlinhos significou uma completa mudança de perspectiva para o axé. Provavelmente, pela cronologia estimada, o evento foi a II Conferência Mundial da Tradição dos Orixás e Cultura, realizada no ano de 1983; a primeira edição tinha acontecido na Nigéria, dois anos antes. Vieram delegações de Cuba, do Haiti, do Uruguai e dos Estados Unidos, entre outros países. Ao final da conferência, uns americanos da Universidade de Princeton manifestaram o desejo de continuar a aprender sobre os ritmos locais. Eram professores, e seria o garoto franzino da porta da escola que iria ensiná-los. O resultado foi que, uma semana depois de ser expulso como aluno rebelde, Carlinhos foi dar aulas na mesma escola.

O intercâmbio com os estrangeiros rendeu uma boa troca. Os músicos lhe deram orientações sobre claves e arrumaram sua mão para a rumba. Além disso, lhe deram noções de batá e cuba jazz. Até então, os baianos geralmente tocavam sem fazer uso das técnicas afro-cubanas, sem compreender as nuances. Tocavam tumbadora quase como uma tabaca, e ainda por cima de pataca, de mão espalmada. A tumbadora não é um instrumento para se dar tapa, ao contrário do que pensaria qualquer leigo. É para se bater de mão espalmada. A experiência com os músicos do congresso foi um longo workshop, troca de pandeiros e aprendizado com o candomblé. Tudo em um ambiente de alta técnica. Num desses dias, passou pelo grupo o músico americano Allan Coe, com uma rumba aberta. Tudo que Carlinhos imaginava aprender da cultura cubana estava ali, e ele pensou: "É esse o arsenal de que eu preciso." Foi uma sorte daquelas.

Carlinhos já tocava timbal por causa de Mestre Pintado, e na Bahia havia apenas dois grandes timbaleiros, ele próprio e "Tan", que o antecedera no bloco Camaleão. Tan também tinha ido à Conferência Mundial da Tradição dos Orixás e ficara enlouquecido com o que vira, tendo resolvido entrar na banda de salsa Camaleão (não o bloco). Todos os seus colegas de trios, bandas e estúdio também foram, para aprender mais a fundo, depois de terem visto as apresentações dos estrangeiros.

A conferência foi um marco, e virou a cabeça de Waltinho, do Chiclete; de Tião, do É o Tchan!; de Tony Mola, do Terra Samba; e de Carlinhos, do Acordes Verdes. Eles combinaram de estudar todos os dias da semana e desenvolver os ritmos locais. Carlinhos sempre teve dentro de si a capacidade de difundir a espiritualidade, sempre se viu como uma espécie de "traficante de segredos sagrados", e sentia que estava diante daquele que talvez fosse o momento de maior intercâmbio da história da música brasileira. Na época, o frevo e o afoxé já eram populares, e a carga de conhecimento da rua ia se somando a outras escolas mais formais e diversas em ritmos. Ivan e Tony também tinham seus mestres, e absorveram o melhor de cada um deles.

ENFIM O CANTOR

Em 1996, Carlinhos Brown lançou seu primeiro disco como cantor, o álbum *Alfagamabetizado*, que saiu pela EMI-Odeon. Foi uma longa espera até essa empreitada, na qual tudo foi pensado meticulosamente. Produzido pelo próprio Carlinhos com Wally Badarou e Arto Lindsay, o disco conquistou o espaço que ele vinha buscando havia muito tempo. Os termos pan-africanismo, negritude, brasilidade e axé, entre outros, eram até então comumente usados para rotular e restringir sua música, e por muito tempo ele lutara para transcender essas definições limitadoras.

Aos 26 anos, com lançamento simultâneo do álbum no Brasil, na Europa, no Japão e nos Estados Unidos, e um custo inicial de distribuição na casa de 1 milhão de dólares, o músico já famoso buscava o que era inevitável, mais um componente de sua predestinação. Como disse certa vez para a mãe, pelo fato de ser chamado de cantor o tempo todo no Candeal, sentia que não tinha outra opção além de cantar. Se não cantasse, não seria reconhecido e não conseguiria ganhar dinheiro de verdade.

Na época do lançamento, o jornalista Luiz Caversan, da *Folha de S.Paulo*, conseguiu juntar Gilberto Gil, na época com 53 anos, e Carlinhos. Um encontro de gerações e de perspectivas diferentes, para falar da

A ALQUIMIA

renovação que o novo disco trazia. O resultado do encontro foi registrado por Caversan na matéria "O Brasil morre de medo do sucesso", publicada em 19 de maio de 1996.

Durante a conversa, Gil fala da trajetória do jovem na cena musical: "Você se profissionalizou na percussão mesmo. Depois é que passou a compor e agora a cantar. Como é isso no seu modo de sentir?", perguntou ele. A angústia de ter que cantar para ser reconhecido pela sua contribuição à cena musical fizera dele um grande estrategista, um artista que sempre trouxe para a mesa a importância dos músicos:

> O fato de estar sintetizando essas coisas todas me provoca grande angústia em relação ao que eu tento expressar. Não que eu queira ser cantor. Mas na minha rua minha mãe era a mãe do cantor. O Brasil tem essa necessidade de classificar o artista de música pelo canto.

Gil chama a música de seu conterrâneo de internacionalista, pan-africanista e pan-americanista. Carlinhos entendia que carregava essa mistura. Para ele, o disco pode ser visto quase como uma plataforma de debate: "O Brasil não é só verde, anil e amarelo, mas cor-de-rosa e carvão. Mas não é Brown! Isso não é uma raiva, nem é uma angústia, mas eu gosto de ser Silva e de ser Santos…"

Ao mesmo tempo, ele se esforçava para não entrar em polêmicas políticas, inclusive sobre o racismo. Não porque não reconhecesse sua existência, mas porque tentava trazer qualquer conversa para a música. Sua forma de falar do assunto foi ficando mais combativa ao longo dos anos, e também mais precisa. Em 1996, ano em que lançou o álbum de estreia e nasceu seu filho Chico, adotou um tom conciliador, mesmo tendo consciência das questões de classe e raciais. Carlinhos, que acredita na mediação através do convívio, disse:

> No carnaval dividimos cervejas e refrigerantes com todas as etnias, e a gente caminha cada dia para que isso melhore e que seja cada vez mais positivo. A gente precisa ter uma Bahia mais digna para seu povo, para

o povo que vive lá e que na sua maioria, como as pessoas falam, vem da cultura africana.

Uma declaração com muitas nuances. Um assunto difícil de comentar. Talvez por ter vencido com muito esforço, Carlinhos sempre preferiu focar nas coisas práticas, e o próprio projeto de infraestrutura do Candeal era um sinal claro disso. Ele dizia que a autoestima na Bahia é mais alta, que as pessoas se gostam mais.

O ano de 1996 foi cheio de surpresas, um ano que parecia não querer acabar, e a música "Seo Zé", faixa 12 de *Alfagamabetizado*, cantada com Marisa Monte e letra dividida entre os dois e Nando Reis, foi escolhida como tema do personagem latino Valentim, vivido por Marcos Palmeira na novela *Salsa e Merengue*, de Miguel Falabella. As primeiras palavras da música eram o nome do disco que Marisa lançara em 1994, *Verde, anil, amarelo, cor-de-rosa e carvão*, e que na mão do trio se tornou outra canção de sucesso. A música ainda seria gravada em 2018 por Daniela Mercury, Ivete Sangalo e Marisa Orth num disco em celebração a Betinho, para arrecadar dinheiro para combater a fome no Brasil.

Também em 1996, em janeiro, a Timbalada havia lançado *Mineral*, com o sucesso "Água mineral", que viraria a sensação do carnaval do ano seguinte, levando as pessoas a pularem freneticamente. *Mineral* é o primeiro disco da Timbalada que Carlinhos produz sozinho, sem a parceria com Wesley Rangel. Tem quatro músicas dele e mais uma em parceria com Lula Queiroz. A capa, com um "timbaleiro" pintado à la Keith Haring quando foi fotografado por Annie Leibovitz, contrasta a ideia de sons ancestrais com um futurismo brasileiro.

A FAMÍLIA BUARQUE DE HOLLANDA

Certo dia, em 1995, Carlinhos estava no Rio trabalhando numa reunião biográfica de todas as suas experiências musicais e parou para conversar

A ALQUIMIA

sobre música com o sogro, Chico Buarque. Os dois não tinham conversas frequentes, e muitos comentários sociais inferiam certa dinâmica de classe e cultura, algo que não era comum entre os Buarque de Hollanda. Carlinhos sentia que ia entrando na família aos poucos. Na conversa, comentou sobre a música "Trocando em miúdos": "Só aprendi a tocar essa música sua." E Chico disse: "Essa música não é minha, é de Francis Hime." O clima não foi abalado, e os dois riram da situação.

O genro se recusava a fingir que tivesse conhecimentos ou alguma erudição. Era honesto ao dizer que não tinha o hábito da leitura e que não lera *Raízes do Brasil*, de Sérgio Buarque de Hollanda, obra famosa publicada em 1936 pelo bisavô de quatro dos seus filhos.

Seu primeiro encontro com Chico tinha sido em 1986, quase dez anos antes, nos estúdios da Globo, na gravação do programa *Chico & Caetano*, para a performance de "Visão do cíclope", a primeira música de Carlinhos a ser gravada. Não eram amigos, mas já frequentavam rodas semelhantes. Carlinhos não tinha nem 25 anos, ainda estava começando o que seria sua carreira, e sempre se extasiava com esses encontros. Um sinal muito forte de que ele ainda se encantava com cada conquista. Uma mistura de deslumbre, humildade e gratidão.

Mas a simplicidade continuou sendo uma marca forte daquele "forasteiro". A pressão por estar numa família de intelectuais brasileiros nunca alterou seu modo de ser, ainda que esse fosse um assunto sensível para ele. Quando Francisco nasceu, seu primeiro filho com Helena Buarque, o pai tentava abrandar as expectativas. Sempre procurou preservar a família, e não gostava, por exemplo, de expor Nina, a primeira filha, que considerava superdotada nas questões musicais e era chamada de Shirley Temple na escola nos Estados Unidos, onde morava.

Carlinhos reconhecia que os Buarque de Hollanda formavam uma família tradicional. O namoro com Helena era recente quando o filho nasceu e eles ainda não tinham planejado o casamento. Todos queriam se conhecer mais. De qualquer forma, fazia questão de afirmar: "Eu tenho um respeito enorme por eles já de antes, e agora redobrou com essa ligação maravilhosa."

Carlinhos ia ficando mais alegre com a família crescendo e sonhava em tocar e cantar com os filhos quando ficassem grandes. Foi expandindo e fortalecendo os laços familiares de maneira harmônica. Com Helena, ele teve ainda mais três filhas: Clara, Cecília e Leila. Helena cuidou da carreira do marido por muitos anos, sempre assessorada por muita gente competente. Viviam entre o Rio e Salvador, mas com residência oficial na capital baiana.

Helena é bastante tímida, mas já convivia com o estrelato desde o berço. Era algo que certamente não a assustava. Além disso, estava cercada de pessoas que sabiam aconselhá-la muito bem sobre como lidar com o circo que se formaria. Muitas aventuras ainda estavam por vir, e o casal seria constantemente exposto em todo tipo de mídia. Carlinhos sempre viu Helena como uma grande mulher, que aceitou o desafio de ser esposa e companheira de um astro quase incontrolável. Diante do dilema da separação, ele declarou:

> Ninguém está preparado, é uma coisa que você acredita que vai ser duradoura e de repente você se debate com a sua metade, e tudo em que você acredita, tudo que você considera que te pertence, que são os filhos, na verdade não pertence, principalmente a nós homens, que pouco sabemos sobre como lidar com aquilo, o que significa a gestação; a gente fica só falando de fora e a mãe chama para colocar a mão na barriga. O homem vive de sentimentos, mas foi maravilhoso, isso me deu maturidade para enxergar as coisas, aprender a perder, isso é tão importante, porque agora eu tenho uma grande amizade por essa pessoa. Acredito que tive o filho com quem deveria, ela tem um cuidado muito especial com uma coisa que eu ajudei a vir ao mundo, você fala que é pai, mas a coisa da falta da presença faz com que você se separe dessa questão. A separação foi uma coisa difícil.

Carlinhos não fala muito da família, mas fala bastante com todos e está com frequência no Rio, onde moram alguns filhos. Uma trivialidade para muitos, ter um telefone, para ele, foi motivo de orgulho e fruto de um esforço enorme. A facilidade de ter contatos representa muitas conquistas, e a comunicação com todos sempre foi fundamental.

A ALQUIMIA

Apesar da sensação de enorme evolução artística, ainda havia momentos de grande tensão em sua trajetória pessoal e profissional. Era preciso se firmar na primeira linha de músicos, e Carlinhos tinha suas inseguranças. Já comandava a Timbalada, tinha passado pelo trio de Daniela Mercury, mas ainda se sentia envergonhado em muitas situações. Sempre questionou muito a hora certa de aparecer, de estar à frente. Até praticamente seus 30 anos de idade, era totalmente anônimo, tirando, claro, o mundo da música. E queria mudar isso.

E POR FALAR EM TENSÃO...

Outro ano intenso (e tenso) na vida do músico e cantor foi 2001. Um ano cheio de emoções, que nunca foram esquecidas e ainda provocam reflexões. Começou com o Rock in Rio, logo em janeiro, num evento inesquecível para ele e para milhões de brasileiros. Carlinhos é capaz de se irritar apenas em círculos muito pequenos. Geralmente não se exalta. E é assim muito antes das redes sociais. Uma espécie de treinamento, de saber lidar e se isolar em um mundo de muito assédio. Talvez tenha sido no Rock in Rio em 2001 que ele enfrentou a maior violência de sua vida. Algo que até hoje está digerindo. Foi ali que talvez tenha enxergado o quanto realmente incomodava, e a muita gente.

A terceira edição do evento aconteceu entre os dias 12 e 21 de janeiro, para abrir o ano. O festival nunca fora exclusivo do rock, e, apesar de ter contado com Queen, Iron Maiden e Yes na primeira edição, em 1985, também teve a presença de Elba Ramalho, Moraes Moreira e uma quantidade de atrações bem diversas, como Ozzy Osbourne, Kid Abelha (que foi alvo de vaias) e Erasmo Carlos. Apesar do nome, o Rock in Rio sempre foi um festival de música eclético.

Na sua segunda edição, em 1991, a estratégia foi mantida. Mesmo com Guns N' Roses, Queensrÿche, Judas Priest, Faith No More e Megadeth, o festival também contou com George Michael, Prince, Pepeu Gomes, Engenheiros do Hawaii, Roupa Nova e New Kids on the Block. Nem os músicos nem a audiência eram exclusivamente do mundo do rock ou do metal.

A terceira edição veio uma década depois de muita espera, e a mistura de estilos continuava a ser uma estratégia, possivelmente a razão do sucesso do festival. A programação reunia diversos nichos musicais, gerando comentários e discussões até por quem não foi ao evento. O Rappa, Cidade Negra, Raimundos, Charlie Brown Jr., Skank e Jota Quest declinaram de tocar em 2001. Mas a curadoria com bastante mistura já tinha funcionado no evento anterior, e Guns N' Roses, Iron Maiden, Sepultura, Silverchair, Britney Spears, Oasis, Sandy & Junior, Red Hot Chili Peppers, Cássia Eller, Queens of The Stone Age, Biquíni Cavadão, Foo Fighters, Sheryl Crow, Los Hermanos e Ira! se uniram ao baiano para subir aos palcos e entreter um público tão diverso quanto o line-up.

No dia 14 de janeiro, Carlinhos entrou confiante, com a energia que sempre desprende, até que o clima começou a azedar e as vaias não puderam mais ser ignoradas. No momento em que cantava "A namorada", um grande sucesso, seu show foi interrompido por uma chuva de vaias e garrafadas, deixando claro que seria impossível manter o que tinha sido planejado. Carlinhos então parou tudo, pôs o hino nacional, apenas no som da guitarra, e começou a cantarolar, sem cantar a letra em si. O público não arrefeceu, os ânimos esquentaram, e o artista disparou um discurso improvisado, e forte, que nunca seria esquecido:

> Eu sou da paz, eu só jogo amor, eu não jogo nada em ninguém, só jogo amor, eles querem rock, então vamos fazer uma improvisação aqui. Pode jogar o que você quiser, porque eu sou da paz e nada me atinge, nada me atinge, eu sou da paz. Não adianta gostar de nada quando é ignorante, quando não tem juízo, quando não pensa, quando não raciocina, não adianta gostar de nada, tem que ser pelo amor. Para vocês que gostam de rock, vocês têm muito o que aprender na vida, aprender a respeitar o ser humano, dizer não à violência e dizer sim ao amor, acreditem na vida, gente, acreditem na vida. Agora, o dedinho, podem enfiar no traseiro.

A ALQUIMIA

Na tentativa de deixar a poeira baixar, ele declarou ao jornal *O Globo* naquele mesmo dia:

O que aconteceu assim eu não sei exatamente, acho que eles precisavam de alguém para jogar alguma coisa; eles precisavam se expressar, muito isso. Você tem vários adolescentes ali que, antes de chegar no Rock in Rio, passaram por uma avenida onde tudo é Nova York, onde tudo é Estados Unidos. Quando vem uma coisa extremamente brasileira, talvez eles reneguem dessa forma. Acredito que o que nós fizemos ali foi uma música pessoal, brasileira, que inclusive os próprios gringos de bandas estrangeiras vieram todos assistir. Ficaram interessados em ver aquele som, aquela sonzeira, que tipo de suingue que tava rolando. Não adianta você gostar de nada, ou de rock, ou de samba, se você não gosta da paz. Então, esses são os empreendedores da violência, e são crianças, vítimas de si mesmas; então quando desmaiavam ali naquele meio, naquela multidão de gente que não podia nem se mexer, eles nem reagiam, não podiam dançar, porque estava todo mundo espremido. Mas o mais importante é que ficou a mensagem da paz, e eu acho que teve um momento em que todo mundo foi unânime, quando falamos de um mundo melhor. E eu acredito que é isso. Estamos aqui para reagir, e reagir positivamente. Como eu disse, eu sou da paz, e nada me atinge. Principalmente porque eu tenho Ogum comigo. E nada me atingiu, como eu estou inteiro aqui. Fiz o som que eu queria, fiz a música que eu queria, toquei no Rock in Rio pra mais de 200 mil pessoas, e graças a Deus isso deu uma ênfase que vai fazer com que eles pensem diferente. Essa foi a reação. Então eu acho que isso foi especial. As pessoas falam... poxa, mas por que você não tocou num outro dia e foi logo tocar no dia do rock? Não, meu dia era esse, esse momento era meu, eu tinha que fazer isso, então tudo aquilo era pra falar de um mundo melhor, de um mundo de paz, e eu consegui achar alguém que tinha uma coisa da paz e todo mundo atirando as coisas e a gente falando. Então Deus se fez presente nesse momento. Eu estava completamente vestido com as armas de (São) Jorge.

Tendo participado também do evento, Sandra de Sá tentou explicar o acontecido em entrevista. Com um ar de culpa, de uma certa incompreensão do festival e do artista naquele dia, Sandra lançou uma aura de previsibilidade sobre o evento. Carlinhos foi vaiado desde o momento em que entrou no palco, e as vaias foram se intensificando. A cantora comentou:

> Eu acho que houve por parte da produção um equívoco, de data, hora, ou de local. Eu concordo que de repente ele poderia estar na tenda Brasil, num outro lado, ou aqui mesmo num outro dia. Mas como ele falou, de repente isso foi necessário para se mostrar alguma coisa, para mudar, para crescer. Eu acho que esse povo todo que está aí está sabendo o que quer dizer: é o Rock in Rio por um mundo melhor. As pessoas sabem o que é um mundo melhor, o que é viver num mundo melhor, e todo mundo quer isso. A gente vem de um pedaço estranho da vida, de um pedaço muito sacudido da vida. E esse Rock in Rio pode ser um primeiro passo. De repente isso que aconteceu com Carlinhos pode ser um primeiro passo para as pessoas refletirem, e para de amanhã em diante não acontecer mais isso em Rock in Rio nenhum.

O assunto nunca se esgotou. E ainda gera pequenos desconfortos. Merece atenção pela forma como foi sendo reinterpretado, e ainda costuma vir à tona quando se fala dos grandes momentos do festival. Mas, como o lance hoje é ser o anti-herói, Carlinhos tenta utilizar isso a seu favor. Em 2020, quase vinte anos depois, o artista afirmou numa entrevista que o episódio foi necessário, porque havia provocado as reações. Como provocador, ele estava buscando ali uma reconciliação, provavelmente consigo mesmo. Mas hoje diz que foi um "cancelamento", e que aquilo que viveu no festival foi racismo mesmo. O tom da conversa mudou, e seu entendimento do mundo é outro, com uma compreensão de que ele não precisa fazer tanta "média" com todo mundo. Temas como o racismo mudaram de perspectiva.

O mundo também mudou, e hoje as agendas estão abertas para discussões mais sinceras. Olhando todos os vídeos, pode-se perceber com muita

A ALQUIMIA

clareza que o tom racista estava muito claro. À *Folha de S.Paulo*, numa entrevista publicada de novembro de 2021, ele admitiu:

> Precisamos de tempo para observar o que são as coisas. O cancelamento talvez seja a síntese (daquele momento). E dentro do cancelamento tem tudo. Tem racismo, preconceito contra gênero, contra a música. Eu era um artista muito mais frágil naquele momento, com expectativas gigantes jogadas naquele momento, eu já estava com música estourada — já tinha criado, com meus amigos, a axé music. Mas eu era frágil, com inocências antropofagistas. Me vestia como índio, eu não queria me vestir como o cara do rock'n'roll. Que bom que houve aquele choque, porque a gente sabia que, no Rock in Rio, a palavra rock, suas quatro letras, era maior que Rio. Mas a gente também estava dizendo que o Rio é enorme. A música brasileira precisava ser mostrada. O nosso funk precisou de neologismo para ser aceito. Porque na verdade é a macumba que se eletronizou. Quando eu olho o funk eu vejo o candomblé eletrônico. Minha responsabilidade é replicar o passado a partir da música. Isso é criatividade tropical, nossa criatividade tem muito mais beleza, e é mais comunicativa para as favelas do que a dor.

Esses percalços foram entretanto apenas uma amostra ruim do que foi o ano de 2001, marcado ainda pelo início das gravações do primeiro disco dos Tribalistas, viagens e encontros épicos.

6
Nos ritmos da vida

Logo que saí do grupo Mar Revolto, fui convidado a integrar uma banda liderada por mulheres, a Clara da Lua, que foi tão forte na minha vida que dei a uma de minhas filhas o nome Clara [...] A percussão é feminina, como já disse tantas vezes. E a Timbaladies nasce do ventre do Candeal matriarcal. A percussão feminina baiana agora ganha força, e me sinto honrado em ser partícipe disso. Agradeço às matriarcas de antes e de depois de mim, que me ensinam e me fortalecem nessa busca de aprender a usar sabiamente as ferramentas que Ogum me dá, para criar caminhos novos fundamentados em minhas ancestralidades.

Carlinhos Brown, no lançamento
da banda Timbaladies

A visão de Carlinhos Brown sobre os rumos da música na Bahia é muito particular e determinada. Com total respeito pelas origens culturais, ele acredita que é preciso deixar a imagem folclórica de que todo baiano tem de ser de santo, de que todo baiano é negro: "A gente não quer mais isso. A gente quer ser pop. Baiano quer ser pop." Com visão estratégica, ele rejeitou o rótulo "música baiana" e preferiu sempre falar em música da

Bahia. Desse modo, pôde — e soube — trilhar diferentes caminhos em sua trajetória profissional.

No final da década de 1980, Salvador irradiava criatividade, e a indústria da música corria atrás de todos os músicos da cidade. Baseado em seu instinto e em seu sucesso, Carlinhos sabia que era preciso aumentar e valorizar o contingente de percussionistas. Até então, ele não tinha experiência em apresentações internacionais.

A primeira vez que saiu do Brasil foi em 1987, para tocar com Djavan na Alemanha, numa turnê do álbum recém-gravado *Não é azul, mas é mar.* Viajaram por treze cidades durante quase um mês. Foi nessa época que o baiano adotou os dreadlocks, que viriam a fazer parte de seu visual por mais de uma década. Djavan dizia que ele tinha uma "insubordinação produtiva", sempre inventando moda, principalmente na hora dos ensaios. Era como se ficasse testando os limites, ousando, numa mistura de insolência com explorações de criatividade. Foi sempre um inconformado, e foi dessa forma que saiu da pobreza.

Djavan foi importante para Carlinhos aprender a respeitar a visão estética de um artista consagrado, que sabia o que queria, sem tirar nem pôr. Um dia, ensaiando, resolveu colocar seu toque de pandeiro, quando Djavan, com muita elegância, disse: "Neguinho, não quero pandeiro no meu samba. Não que eu não goste do pandeiro, porque meu pandeiro, eu divido na banda; essas prateleiras entregam os grooves todos e batem com essa harmonia que eu faço." O jovem músico olhou com os olhos arregalados e não disse nada. Tirou o pandeiro da cabeça ali mesmo, entendeu que a decisão não era dele e que existia uma linha de comando.

Ele explica que Djavan não gostava "de nada que deixasse esclarecida a célula. Ele gosta da célula diluída". E conta que, numa outra oportunidade, pegou o pandeiro para tocar com Djavan e este disse: "Não, neguinho, está entregando samba? Vou diluir seu instrumento." E acrescentou: "Não gosto de pandeiro no samba, está entregando a minha célula, eu preciso que você flutue mais."

Carlinhos precisava entregar o samba com uma melodia que flutuasse. Foram aulas de música assim que ficaram gravadas para sempre, de como

NOS RITMOS DA VIDA

123

se pode por exemplo dividir os sons dentro de uma banda. A única música da turnê que ficou na cabeça de Carlinhos foi "Soweto", nome do bairro de origem de Nelson Mandela. As letras que falavam de libertação estavam mais em voga do que nunca. O apartheid na África do Sul chegava ao final (acabaria em 1994), e no Brasil se esperava o mesmo em relação ao racismo estrutural ainda tão incrustado na cultura. A música passou a ser um grande canal de conscientização, e "Soweto" foi a primeira canção de protesto escrita por Djavan. Mandela havia sido preso permanentemente em 1962, ano em que Carlinhos nasceu, e sempre foi uma referência importante para ele.

Depois da turnê europeia com Djavan, Caetano o convocou para ir a Nova York, tocar no Carnegie Hall, num show em favor do meio ambiente marcado para o dia 10 de março de 1989. Antes de entrarem no palco, Sting deu uma entrevista falando das queimadas e da vulnerabilidade dos indígenas na região amazônica. Organizado por Sting e Tom Jobim, com Aretha Franklin na plateia, o concerto levantou 250 mil dólares para a preservação da floresta. O jovem assistia a tudo naquele palco com a nata da música internacional. Além de Caetano, o show reunia Tom Jobim e sua banda, Gilberto Gil, Sting e Elton John. A sensação da noite foi "Garota de Ipanema", cantada por todos juntos, misturando português e inglês.

Nessas viagens, Carlinhos fazia pose, mas era ainda um pouco desengonçado. Impressionava tocando, porém a capacidade de se comunicar era bem reduzida. Nova York tinha um glamour totalmente diferente, com músicos empoderados, e era a casa dos ícones que ele admirava desde criança, além da geração Blue Note e Motown. O problema é que o dinheiro ainda era escasso, e a cidade era cara.

No dia seguinte ao show, ele foi apresentado a Marcus Miller, uma estrela do baixo e produtor reverenciado aos 30 anos de idade. Carlinhos ficou de boca aberta quando o produtor foi buscá-lo no hotel, porque ainda tão novo já dirigia um Porsche. Marcus queria passear com ele por Manhattan e mostrar a cidade, mas principalmente convencê-lo a gravar numa colaboração que estava desenvolvendo com Miles Davis, que rendeu o disco *Amandla*, que significa "poder" nas línguas africanas nguni, zulu e xossa.

Carlinhos logo entendeu que ali o sucesso não tinha cor, origem nem instrumento, que a ancestralidade podia ser respeitada e que os sonhos de consumo mais ambiciosos eram possíveis de realizar. O que importava eram o talento e trabalho duro. Ele foi até o estúdio com Marcus para tirar um som e, cuidadoso, pediu o baixo de Marcus para tocar. Então, começou uma levada, misturando Caetano com Djavan, pensando em "Sina", lançada em 1982.

Marcus ficou bastante impressionado e, curioso, pediu para ver e ouvir de novo o que ele estava tocando, e como, para entender o ritmo. Depois de um minuto, pegou o baixo de volta e tentou reproduzir, para em seguida falhar e ficar um pouco frustrado. Marcus, hoje, já tem baixos com o seu nome, de tão importante que se tornou.

Os ritmos americanos já eram muito definidos, enquanto os brasileiros estavam em plena mutação. Mas o baiano falava com uma simplicidade que era uma sofisticação em si, e, já então, as misturas brasileiras ofereciam uma sonoridade difícil de reproduzir. Nessa curta estada em Nova York, Carlinhos tocou com o próprio Marcus, com Bob James e Paulinho da Costa, um de seus mestres de percussão. Terminou a viagem com um convite informal para fazer um teste na banda de Madonna. Mas estava morrendo de saudades da namorada Raquel, com quem pouco depois viria a se casar e que lhe daria a primeira filha, Nina.

DESCOBERTAS E APRENDIZADOS

Mundo afora, Carlinhos ganhava uma consciência muito maior do valor da percussão, e sabia que esse era um caminho para ampliar e universalizar a formação musical de meninos e jovens que não completavam a educação formal e acabavam em subempregos. E nisso foi visionário, pois a transformação da cultura musical na Bahia não teria sido possível sem um exército de percussionistas. Hoje, é difícil andar por Salvador, em especial pela cidade velha, sem escutar algum batuque.

NOS RITMOS DA VIDA 125

Ainda em 1989, Carlinhos viajou com Caetano para um show na França. Caetano ia tocar no Zenith, casa em que não costumava tocar, e o show foi muito bom. Carlinhos ficou bastante satisfeito com a oportunidade, mas o melhor da viagem ainda estava por vir. No dia seguinte, Rémy Kolpa Kopoul, um jornalista francês entusiasmado com a música brasileira que escrevia para o *Le Monde*, levou-o para almoçar num restaurante na Champs-Élysées, onde ele poderia ver o Arco do Triunfo de perto.

De repente, Carlinhos vê Jorge Amado no restaurante e diz para Rémy: "Aquele é o Jorge Amado." Rémy, já acostumado com esse tipo de situação, respondeu com um sotaque engraçado: "Claro, e está vindo na nossa direção." Sem saber o que fazer, e tentando controlar a ansiedade, Carlinhos tomou a iniciativa de cumprimentá-lo e, num movimento típico de subserviência da época da escravatura, tentou beijar a mão do escritor, e disse: "Seu Jorge!"

Jorge Amado, puxando a mão rapidamente, fez cara de surpreso e disse: "Epa, que é isso? Você é um fenômeno da natureza. Nada de ficar babando a mão dos outros!" Assustado, ele se retraiu, pediu desculpas e comentou sobre parentes que tinham trabalhado para Jorge e Zélia Gattai: "Minha tia Ângela e minha tia Cotinha, pessoal todo que trabalhou para o senhor."

Logo os dois relaxaram e começaram uma conversa normal. Jorge Amado disse a Rémy, um amigo de longa data, que tinha ido ao show de Caetano no dia anterior e se encantara com a percussão. Disse ter ficado "abismado com a presença desse menino" e que ia comentar com a Zélia. A roda de conversa era quase surreal, reunindo vários mundos: música, aristocracia brasileira, intelectuais parisienses e, no meio disso tudo, um menino de uma favela de Salvador.

Os dois baianos falaram sobre a Bahia e Carlinhos comentou que estava impressionado com a limpeza de Paris, onde se podia "pegar um pão que caiu no chão e colocá-lo na boca", porque Salvador estava em um estado calamitoso, com esgotos a céu aberto, mau cheiro nas ruas e montanhas de lixo que demoravam a ser recolhidas. O escritor escutava aquele jovem empolgado e logo reconheceu não só seu potencial artístico, como também o possível papel de ícone da transformação social tão necessária na Bahia e no país inteiro. Em *Capitães da areia*, Jorge Amado já havia tratado da marginalização dos pretos e de seus costumes, e provavelmente enxergara naquele jovem uma esperança de virada de página nessa história. Os dois se tornaram amigos, e quase 25 anos depois Carlinhos foi morar na casa de Jorge Amado em Itapuã, Salvador.

Rémy era amigo de muitos músicos e conseguia falar português razoavelmente bem, ainda que de um jeito um tanto desengonçado. Ele avisou a Carlinhos que naquele dia ele ia conhecer um grande amigo, com quem sempre andava e que se chamava Johnny Hallyday. Eles saíram do restaurante para o estúdio onde estava Johnny Hallyday, acompanhado de outra celebridade brasileira, Chico Buarque de Hollanda. Estavam trabalhando no arranjo de um jingle para uma campanha da Schweppes na televisão francesa.

O pedido do marketing era inserir um ritmo de lambada, que naquele momento estourava e era muito associado ao Brasil. Todos entraram e foram apresentados ao percussionista. Havia um clima de suspense, reverência, mas Hallyday, descontraído, chamou Carlinhos para ver o que eles estavam planejando e pediu sua opinião. A empresa de bebidas havia gravado um comercial em preto e branco em praias brasileiras e agora precisavam colocar a música. Perguntaram se ele faria uma lambada. A letra era "essa moça está diferente...", e quem cantava era o próprio Chico Buarque, mas eles queriam adicionar o ritmo.

Um estudioso e respeitador de estéticas, ele perguntou: "Por que vocês vão mudar isso? Colocar lambada? Isso é Brasil profundo, é lindo demais." Um tanto surpresos, eles foram conversar com o cliente, que estava na outra sala. Num ato de genialidade e de improviso, mais uma vez, ele surpreendeu a todos e pediu ao cliente: "Vocês querem que eu meta a minha mão? Me dá então uma lata de Schweppes!" Carlinhos tocou a lata e a música com Chico Buarque virou uma sensação na França. Com seu Francisco, como ele gosta de chamá-lo, ele havia ganhado o maior cachê da vida até então, tocando uma lata de refrigerante.

Num mesmo dia, Carlinhos conheceu Rémy, o grande crítico de música, Johnny Hallyday, um dos maiores produtores e estrelas do país, espécie de

Frank Sinatra francês, encontrou seu conterrâneo e ídolo, Jorge Amado, e por fim reencontrou Chico Buarque de Hollanda, seu futuro sogro. Ele não só estava na Europa, como já era um dos centros das atenções, e sob muitos aspectos. Era destemido, gostava de arriscar, sabia fazer e não apenas falar, tinha uma imponência física e mesmo com sua fala macarrônica era um sedutor. Muitos músicos queriam que o baiano desse um ritmo, um suingue às suas canções. Uma lenda na França, Hallyday tinha visto Carlinhos tocando e lhe propôs uma parceria com Vanessa Paradis, uma musa que estava produzindo na época. Sem titubear, Carlinhos foi ao estúdio e gravou uma versão de "Joe le taxi", cuja versão em português, "Vou de táxi", Angélica gravaria logo depois, em 1988.

Foi ainda em Paris que ele encontrou percussionistas que também cantavam e outras pessoas que lhe serviriam de exemplo para o resto da vida. Como estava participando de um grande festival, teve oportunidade de assistir a vários shows e de falar com diversos artistas. Essas imagens jamais sairiam de sua cabeça, que ia se abrindo para novas realidades e possibilidades. O fato de estar em um país desenvolvido onde o cantar era uma ferramenta a mais para um artista lhe deu mais confiança, e pôs em sua cabeça que esse também tinha que ser o seu caminho.

Carlinhos acabou ficando um mês na França. Nesse tempo, conseguiu guardar dinheiro suficiente para comprar o primeiro telefone para a mãe, além dos três milheiros de tijolos que faltavam para completar a casa. A promessa que ele havia feito estava se concretizando.

A viagem foi cheia de curiosidades. Já se sentindo muito à vontade para se abrir com o novo amigo, ele se lembra muito bem do dia em que foram almoçar e Rémy lhe perguntou o que queria comer. O jovem ficou sem jeito, era uma pessoa simples, sem requintes na alimentação. Nas viagens, acabava comendo muito feijão enlatado, uma solução transportável e prática. Mas, naquele dia, resolveu arriscar uma salada com queijo de cabra e se encantou. Virou seu prato de escolha nas rodas de conversa mais sofisticadas. Como ele mesmo diria, ainda não tinha "paladar aguçado" e sofisticado, e "os restaurantes brasileiros abriam mais à noite". Por anos, em turnês pelo mundo, sua equipe trocou latinhas de guaraná e comidas brasileiras por ingressos dos shows. E ele dava risadas.

Paris foi um divisor de águas em sua vida. Além do deslumbre de estar numa cidade tão significativa para o mundo, havia ali uma interação com culturas africanas que não existia no Brasil. Sem falar no dinheiro que havia ganhado se apresentando e tocando com outros músicos. Em 1995, voltou a Paris para gravar parte de seu primeiro disco solo, *Alfagamabetizado*.

ANTES DO GLAMOUR

A vida de luxo e sucesso de um astro é quase sempre vista de fora para dentro. Raramente no sentido oposto. Na época das turnês com Caetano, as bandas já eram relativamente bem remuneradas, e a parte glamourosa não ficava tanto por conta dos cachês, que eram normais. Caetano se hospedava em excelentes hotéis e fazia questão de que toda a sua banda ficasse com ele, e não em hotéis inferiores, como era o costume. Quando um líder monta uma banda, ele oferece uma série de benesses, e as duas principais são o crédito numa gravação e viajar sem custo, desfrutando uma "vida de artista". Carlinhos foi contemplado com as duas grandes vantagens, mas o dinheiro ainda tinha que render.

Muitas vezes, em São Paulo e em outros lugares, junto com outros membros da banda, Carlinhos tentava economizar nos jantares no hotel e no serviço de quarto, que eram caros. No Maksoud Plaza, na capital paulista, de longe o hotel mais glamouroso da época, o café da manhã era conhecido como o melhor da cidade, e Caetano fazia questão de que a banda inteira se hospedasse com ele ali. Os gastos significavam voltar para casa sem dinheiro, e cada semana de economia equivalia a mais ou menos dois milheiros de tijolos.

Então, um dia, ele e o roadie da banda, Wellington Soares, foram ver se havia sobrado algo do carrinho do jantar servido na suíte de Caetano. Encontraram um banquete. Wellington — que virou um grande percussionista e mais tarde se casou com Nara Gil, filha de Gilberto Gil — guardava dinheiro para comprar roupas e era o companheiro frequente nessa aventura.

NOS RITMOS DA VIDA 129

Os dois faziam isso sem o conhecimento de Caetano, para não dar encrenca, até descobrirem algo melhor. A época era de muito sexo, drogas e rock 'n' roll, e a cocaína corria solta em toda a alta sociedade. As baladas iam noite adentro, e o desperdício era grande. "Os hóspedes faziam seus pedidos e deixavam os carrinhos em frente às portas dos quartos, cheios de sopas, canjas maravilhosas, parecia que pediam comida por luxo, era muito desperdício", conta Carlinhos, lembrando que eles percorriam os corredores procurando nos carrinhos deixados do lado de fora dos quartos algo bom e "intocado", comendo muitas vezes ali mesmo.

Nessas horas, o garoto esfomeado surgia dentro dele, como uma avalanche, e o que era melhor: sem ninguém para olhar, controlar e reprovar. Ele só precisava ser rápido e silencioso, para não ser surpreendido. Era mais adrenalina que perigo de verdade. Carlinhos fala com deleite das sobremesas e principalmente do chocolate meio-amargo. A época de ouro do Maksoud ficaria gravada para sempre em sua memória gustativa.

CRIATIVIDADE, IMPROVISO E DETERMINAÇÃO

O ano de 1989 foi intenso para Carlinhos Brown. Bem, sua vida é quase sempre intensa, mas aquele foi um ano ainda mais marcante. Animado com as possibilidades da percussão, ele resolveu avançar em seu projeto de formação de jovens músicos e criou o grupo Vai Quem Vem, mistura de festa junina e de samba. O intrigante nome da banda foi inspirado no "bruxo" Jonatas, habitante folclórico do Candeal. Quando alguém passava por ele e perguntava: "E aí Jonatas, só vai?", ele respondia: "Só vai quem vem!" O Candeal sempre nas referências mais profundas, usadas de modo natural, sem preocupações com o entendimento externo.

Como não havia instrumentos suficientes para todos os músicos, Carlinhos virou os dois lados dos surdos, como se faz com o bumbo, e, usando baquetas e afinação diferentes, criou o surdo virado. De experimento despretensioso de estudos sonoros, o Vai Quem Vem acabou se tornando a célula-mãe da Timbalada, que viria logo depois para arrebatar o público do carnaval.

Apesar dos ótimos resultados de seu trabalho e do sucesso cada vez mais evidente, Carlinhos sabia que para estar no nível de música que havia se formado na Bahia era imprescindível desenvolver mais que uma banda nova de tambores. Era preciso ser original em ritmo, instrumentos, composição e apresentação. E assim, em 1991, surgiu a Timbalada, uma banda de samba-reggae que se destaca pelo som característico do timbal. Desde a sua formação a banda encantou multidões, não só na Bahia como em todo o Brasil, e espalhou seu sucesso pelo mundo. Para fazer o samba-reggae ao seu gosto, Carlinhos juntou samba duro com seus próprios ritmos, tamanquinho, aremba, pixote, charminho, tunk, funk ijexá, indiado e magalenha.

A década de 1990 tinha inaugurado uma espécie de ode internacional à Bahia com a vinda de Paul Simon, que, depois de consultar algumas pessoas no Brasil, foi recomendado por Carlinhos a procurar a expressão máxima dos tambores afrodescendentes. Em outubro de 1990, Paul Simon gravou no Pelourinho, casa do Olodum, a música "The Obvious Child", para o disco *The Rhythm of the Saints* (Ritmo dos santos, em tradução livre). No ano seguinte, no dia 15 de agosto, o consagrado grupo Olodum, fundado em 1979, se apresentou para 750 mil pessoas no Central Park. A batida do candomblé baiano se abria para o mundo, atraindo muitos músicos estrangeiros. Ainda hoje, Olodum e Timbalada são as duas maiores bandas de axé e referências em percussão na Bahia.

Logo depois da Timbalada, o inquieto Carlinhos Brown foi peça-chave na formação do grupo Bahia Black, em 1992, com participação em várias faixas do álbum *Ritual Beating System*, do produtor Bill Laswell, que propôs juntar músicos brasileiros e jazzistas americanos. A capa do disco é uma ilustração de um cacique negro, com cocar amarelo psicodélico, assinada pelo artista americano James Koehnline. Das nove faixas do disco, cinco têm nomes em português, incluindo "Capitão do asfalto", "Retrato calado" e "Olodum". Carlinhos tocou violão, percussão e ainda cantou. Estava definitivamente se soltando, e já começava a se ver não somente como um multi-instrumentista, mas como um multifunção.

Sempre com muita flexibilidade, ele levou bastante tempo treinando e aperfeiçoando o uso de diversos instrumentos. Sabia que, muito além dos seus baldes e bacias, conseguiria criar sons com adaptações de instrumentos comuns, ou mesmo criar outros completamente novos, como acabou acontecendo, num movimento de buscar algo original, novos horizontes na tradição musical da Bahia. Carlinhos queria fugir de uma "visão estrutural do folclore", em que o músico só servia para animar e sacudir.

A maior participação dos percussionistas na música de rua aconteceu também por uma questão técnica. Como tocar guitarra exigia muita energia, principalmente dos dedos, chegava uma hora em que os músicos precisavam descansar. E, então, deixavam para o percussionista o intervalo do entretenimento, que começou a embalar a plateia, com os clássicos "bate na palma da mão, bate na palma da mão". A comunicação dos percussionistas com a rua foi aumentando, e, quando os cantores perceberam isso, se adaptaram ao movimento, que evoluiu rapidamente para o "tira o pé do chãããããããããão!".

Carlinhos ainda ficava longe do microfone, até que, certa vez, na festa da Pituba com Muritiba, resolveu dançar na frente do trio, lugar que poucos usavam. Como se trata de uma espécie de carreata, as laterais ficam próximas do público nas calçadas. Mas é a traseira do trio que arrasta o povo. Nesse dia, Carlinhos estava na percussão e resolveu dançar. Havia um anão que sempre subia no trio para dançar quando gostava da música. Era um clássico, quase como um prêmio para a banda. Então, num gesto ousado, Carlinhos foi para a frente do trio elétrico dançar com o anão, e Lui Muritiba lhe passou o microfone. Esse dia se tornou um marco na utilização das frentes do trio elétrico.

Mas Carlinhos ainda era bastante inseguro no canto. Sentia que "tinha uma voz muito contida, muito de autor". Até conseguia cantar em trio, mas não era o seu forte. Muitas de suas letras ficavam sensacionais na voz de outros, mas, apesar disso, ele continuava a perseguir uma interpretação própria de suas composições. Sabia que para ascender tinha que saltar de percussionista e letrista para cantor, por isso buscou toda a paciência para

132 MEIA-LUA INTEIRA

fazer a coisa certa e esperou bastante tempo até gravar seu primeiro disco propriamente dito.

A coragem do palco não é para todos. O também baiano Glauber Rocha disse certa vez que "a arte não é só talento, mas sobretudo coragem". E, mais do que a coragem, o artista que nasceu para o palco entende que o improviso e o risco são com frequência as únicas ferramentas que salvam uma performance e às vezes a própria carreira. Essa capacidade é para menos pessoas ainda.

A habilidade de improvisação é discutida de maneira profunda no meio artístico. O jazzista americano Sidney Bechet era conhecido por tocar saxofone e clarinete por horas, improvisando com harmonia insuperável. O improvisador tem habilidade para resolver um problema rapidamente, mas também para criar de maneira espontânea possibilidades que o aprendizado formal não ensina.

Brown joga nos dois lados desse campo enorme que se chama criação. É capaz de criar espontaneamente e de improvisar sozinho ou acompanhado, ao mesmo tempo que pode passar 24 horas tocando no estúdio para lapidar algo que ainda não chegou no seu ponto de excelência.

A FORÇA DO COLETIVO

Todo artista luta para atingir o universal dentro de seu drama particular, uma chave para falar com um público maior. No caso de Carlinhos Brown, a universalidade vinha do coletivo. Não apenas na música que fazia, mas no comportamento em relação à indústria da música. Ele sempre se preocupou muito com a valorização dos músicos de percussão, como via mundo afora. A transformação da cultura musical na Bahia não teria sido possível sem um exército de percussionistas. Andar em Salvador, hoje, principalmente pela cidade velha, significa quase sempre estar escutando algum batuque. O carnaval era o momento certo dessa valorização, dessa consciência de coletividade, e Carlinhos usava várias estratégias, inclusive "greves", para

NOS RITMOS DA VIDA

conseguir mais benefícios para sua classe. Quando ainda estava no Acordes Verdes, dona Madá levava marmitas para o trio e ele as compartilhava com os colegas.

As horas de trabalho literalmente braçal demandavam uma alimentação de acordo, o que não acontecia. Quem tinha catering disponível eram os guitarristas e cantores. Os percussionistas, quando muito, ficavam ou com as sobras ou com uma comida de carregação. A diferença de qualidade era enorme, e Carlinhos estava determinado a mudar isso, de várias formas. Enquanto os guitarristas e cantores eram "pinçados" no mercado, os percussionistas eram contratados nos "pontos de músicos", como pintores de parede ou faxineiros, num sinal claro de desvalorização da classe. Ficavam atrás, na percussão, mas eram eles que levavam o ritmo, e o momento de negociar era quando o público estava no auge, geralmente no Relógio de São Pedro, no circuito do centro de Salvador. Quando davam uma pequena parada e lhe perguntavam se já tinha reunido todos os colegas, Carlinhos aproveitava para propor alguma melhora nas condições do trabalho, sem a qual o grupo não prosseguiria. Foi a maneira que encontrou de ser escutado, e nunca perdia uma oportunidade.

Pensar na Bahia sem batuque hoje é o mesmo que pensar na Bahia sem moqueca ou acarajé. O batuque está na alma do povo, em cada esquina, e no imaginário coletivo do resto do Brasil. Mas isso não aconteceu naturalmente. Foi algo adquirido com uma luta longuíssima, travada desde os primórdios do carnaval no estado. Diferentemente das comunidades de samba no Rio, que começaram a exercer um poder estético bastante cedo na cidade, e onde a batucada se tornou popular e ultrapassou as marchinhas, os tambores na Bahia enfrentaram bem mais preconceito da classe média e da aristocracia. Esses motins eram necessários. Carlinhos tinha uma estratégia de sindicalista, por assim dizer, sempre proativo em tudo, tentando. E, apesar de seu caos costumeiro, ia fazendo inovações por onde passava. Sempre preferiu pagar pelos erros do que se omitir pela inércia. Sempre foi um inconformado.

CONEXÃO COM O SAMBA

Segundo uma lenda do Candeal, para fazer música era preciso subir numa árvore. A festeira do bairro, dona Preta, era avó de três grandes amigos de Carlinhos: Léo, Bogra e Esquisito. Em frente à casa deles havia uma figueira onde aconteciam as festas, e ela dizia que naquela árvore se guardavam as músicas da festa. Os garotos subiam na figueira para fazer músicas com temas de sacanagem e não tinham instrumentos. Só Alain tinha um timbal. Ali em cima, de uma conversa irônica, gozadora, nasceu a música que depois foi aperfeiçoada na composição de "O bode", com o refrão "teteteretê dudu". A letra virou uma canção política, sobre conseguir as coisas sem violência e a utopia que eles imaginavam. A música, depois de aperfeiçoada, ganhou base da Timbalada, gravada por Wesley Rangel, e foi levada para ser gravada em Paris para o primeiro disco solo de Carlinhos, *Alfagamabetizado*, em 1996. Era uma homenagem àqueles momentos épicos do bairro e aos três irmãos que ajudaram a construir o Vai Quem Vem.

"Yayá maravilha" não foi apenas a composição de Carlinhos Brown que deu início ao samba-reggae, mas também a que deu a ideia genial a Neguinho do Samba de sedimentar um estilo, numa espécie de "antropofagismo regional baiano". Foi batizada de samba-reggae porque misturava pandeiro, conga e queria fazer ternário (compasso em três tempos iguais). A música explodiu em 1987, mas para o compositor a grande força está na voz de Virgílio, que norteou o cantar afro. Virgílio tinha um médio com uma afinação de corneta, e sua voz soou para os centros urbanos com muita força, terminando por levar um novo canto para a percussão baiana.

A Bahia sempre foi um celeiro de ritmos e de músicos. O samba que tem raiz em Salvador, por volta de 1860, é bem próximo das rodas de capoeira, e está registrado como Patrimônio da Humanidade pela Unesco. Os blocos afro estavam muito ligados ao samba-exaltação, em tom maior, que reorganiza o samba-enredo. As conexões entre os estilos de samba da Bahia e do Rio de Janeiro são muitas, mas os baianos têm uma consciência muito grande sobre esse berço. Tia Ciata, considerada uma das grandes mães do samba carioca, nasceu na Bahia em 1854 e se mudou para a cidade do Rio de Janeiro aos 22 anos, numa época que ficou conhecida como diáspora baiana. Era cozinheira, mãe de santo e devota de Oxum. Pouco a pouco, se tornou uma personalidade na capital quando começou a reunir artistas em sua casa, sambistas pioneiros, numa época em que esses encontros ainda eram proibidos por lei. Foi na sua residência na praça Onze que foi gravado o primeiro samba para um disco, "Pelo telefone".

Com esse transporte do samba para o Rio de Janeiro, que no imaginário coletivo se tornou a capital do ritmo, as escolas de samba da Bahia acabaram relegadas a uma segunda posição. Durante muito tempo, reciclavam as fantasias dos desfiles do ano anterior do Rio e apresentavam uma cena espalhada, sem coesão.

Os blocos de samba de Salvador são os baluartes do que aconteceu na música da capital baiana, tendo nos compositores Zé Arerê e Nelson Rufino dois grandes expoentes da cena. Carlinhos visitou certa vez o Clube do Rato, de Cristóvão Rodrigues, e ficou amigo dele e de Djalma Oliveira. Naquele momento, estava passando diante deles a escola de samba Diplomata de Amaralina, com o Mestre Caiçara e um som que ele categorizava como "magia danada".

Mesmo usando bengala, era um dos melhores mestres de capoeira; andava com um terno elegante e mostrava o seu comando. Com a plataforma acima e a bateria abaixo, a comissão julgadora dava as notas depois da passagem de cada ala. Mas Mestre Caiçara era a grande atração. Entrava com seus capoeiristas e, mesmo manco, fazia acrobacias inacreditáveis. Seu exercício de criar ritmos novos tinha que passar pelo conhecimento e pela transcendência do samba. Tanto no Rio quanto na Bahia, o samba sempre foi a base da música popular dos negros e dos subúrbios. Dos tambores à cuíca, o som é inconfundível.

Da mesma forma que o samba exaltação influenciava as escolas com o legado de Tia Ciata, o Rio de Janeiro reverberava também na Bahia com a questão dos blocos de índio. O Cacique de Ramos influenciou o Apaxes do Tororó, assim como os filmes. Ou seja, tanto o Rio como a Bahia nunca fugiram da linguagem indígena. A Bahia tem orgulho de se dizer a fonte do samba.

Certo dia, perguntado se a gênese do samba estava na Bahia ou no Rio, Carlinhos respondeu à sua maneira filosófica, dizendo que

> o samba nasceu no mar. Verdadeiramente nasceu no mar, nos navios, na fusão. Se as tribos étnicas tinham territórios afastados e cada um cultuava seu orixá, é o Brasil que organiza, quem organiza o xirê é o Brasil. O primeiro sincretismo começa na África, começa misturando Áfricas com Áfricas. O primeiro sincretismo no Brasil é pan-africano.

Carlinhos Brown sempre esteve em busca de uma visão autêntica do Brasil, do que isso significava em termos de ritmo, e muitas vezes viveu conflitos com o mundo artístico por conta disso. Mais do que uma pluralidade, ele parecia estar sempre numa busca dessa pluralidade dentro do Brasil mesmo, das dinâmicas geradas no país. Por vezes criou uma dialética enrolada em que o trocadilho de palavras sempre deixava os jornalistas sem ação. Perguntado se se achava um pop star, dizia que era "pop chão", um homem que tinha um veículo para andar em todos os lugares. Colocava-se como descompromissado, porque se dava ao luxo de cantar no palco uma música que ninguém conhecia.

TIMBALADA VERDE E ROSA

O que primeiro uniu o presidente da Escola de Samba Estação Primeira de Mangueira, Ivo Meireles, e Carlinhos Brown foi o samba. O então presidente e comandante de uma revolução na tradicional escola de samba carioca encontrou no músico baiano não apenas um amigo, mas uma mente correvolucionária na música brasileira. O primeiro uniforme de escola de samba que o baiano ganhou foi da Mangueira, presente de seu padrinho, Lourival Passos da Fonseca, na ocasião do seu batismo, aos 13 anos de idade. Lourival tocava na ala de tamborins. A família estava numa fase muito difícil, e não havia presentes. O padrinho caprichou e trouxe um paletó e uma calça, iguais à fantasia que ele usava para desfilar. O padrinho

NOS RITMOS DA VIDA

e a esposa, Diva Maria, tinham muito afeto por Carlinhos, e sempre que vinham à Salvador traziam pedaços de tecidos para que fossem feitas roupas para ele e os irmãos. E a Mangueira sempre fazia parte das conversas.

Os dois sempre rejeitaram rótulos musicais, porque eles restringem a apreciação pela música e impedem que música "bem-feita" ocupe espaços apenas pelas definições e atribuições de ritmos ou estilos. Gravaram "A namorada" com a percussão de Ivo e chegaram a colaborar em 1995 num disco do Funk'n'Lata cantando "Do Leme ao Pontal" com Frejat, para mostrar essa elasticidade que sempre advogaram.

Mas foi em 1998 que Ivo e Carlinhos resolveram fazer o projeto mais louco de todos, no Arrastão da Quarta-Feira de Cinzas, depois dos desfiles na Marquês de Sapucaí. Ainda em 1996, antes de saber que a Mangueira homenagearia Chico Buarque dois anos depois, a escola fora convidada para ir a Salvador fechar "seu" carnaval. Os prazos e o pagamento eram escassos, mas Ivo queria muito fazer e manteve a palavra, mesmo com todas as dificuldades. Tiveram que armar uma logística que não permitia falhas. Assim que acabou o desfile da Mangueira, na segunda-feira, toda a bateria da escola entrou num ônibus com destino a Salvador. Três ônibus ficaram esperando na saída da Sapucaí à esquerda, mas a escola tinha que sair para a direita. As pessoas foram se perdendo. Eles tiveram que voltar ao morro para encontrar vários membros. Tudo sem celular, na época. Até começarem o trajeto de 1.700 quilômetros, tiveram muitas horas de atraso, e as horas eram contadas. Ivo foi de avião para esperar todos por lá. E o ônibus nada de chegar, na quarta-feira. E o "Arrastão do Brown" não podia esperar.

Quando finalmente chegou, a escola teve que entrar no meio do percurso, numa "das coisas mais lindas que eu passei no carnaval, cheio de gente na rua e a Mangueira entrou, um negócio lindo, emocionante", disse Carlinhos anos depois. A bateria teve que trocar de roupa no meio da rua e começar a interagir com o carro alegórico sem jamais terem tocado juntos antes. Ivo subiu no trio e a festa foi uma grande apoteose, mesmo com todos os músicos exaustos do carnaval e da viagem, de dois dias. Certa hora, Carlinhos começou a cantar o hino do Bahia, time do qual é torcedor fanático. Ivo, flamenguista igualmente fanático, começou a fazer cara feia de onda, até que o baiano lhe deu o microfone. Para quê? Ivo, lembrando do vermelho e preto do Vitória, arqui-inimigo do Bahia, gritou para o público cantar o hino do Vitória. Tomou uma vaia "que nunca tomei em toda a minha vida" e foi se esconder no trio. A empolgação logo continuou, e o espetáculo foi um sucesso.

Como de costume, todos se dirigiram para o Candeal, e no Guetho Square foram comer a tradicional feijoada. Com apenas um detalhe: era o momento da contagem dos votos das escolas de samba no Rio, e a Mangueira tinha chances reais de ganhar. Aí começou: "Mangueira nota 10, nota 10, nota 10", até que a escola recebeu um ponto abaixo e todos desanimaram. Carlinhos disse: "Rapaz, vocês estão com fé que vão ganhar? Suba naquele pé de mangueira que você vai ver. Parecia uma magia, começou a dar 10 em tudo e os caras começaram a subir no pé de mangueira." Diante de uma televisão pequena, mais de trezentas pessoas estavam magnetizadas pelo momento, como numa final de Copa do Mundo. Uma cena "épica" tanto para Carlinhos quanto para Ivo.

Algum tempo depois, veio o grito "Mangueira é campeã". A sensação era de alegria e desespero. Alegria porque estavam vendo o resultado do trabalho, e desespero porque não iam participar das festividades na escola junto aos companheiros. A maior parte desabando em lágrimas e cantando a homenagem ao sogro de Carlinhos: "Ô iaiá... vem pra avenida / Ver 'meu guri' desfilar, / Ô iaiá... é a Mangueira / Fazendo o povo sambar." Muitos membros nunca tinham vivido aquilo. O diretor de bateria Alcir Explosão pediu a Ivo para voltar de avião porque queria participar da festa. Não estava aguentando ficar longe da comemoração. Ivo entendeu e soltou o cheque. Os bateristas disseram: "Eu nunca vi minha Mangueira ser campeã, e agora como eu vou voltar de ônibus?" Entraram todos no ônibus de volta para o Rio, mais 24 horas de viagem, para poderem fazer o desfile das campeãs.

O evento nunca se repetiu da mesma maneira. Sempre houve homenagens no Arrastão da Quarta-Feira de Cinzas, mas o de 1998 teve um sabor e uma emoção especiais.

A maior revolução de todas foi quando Ivo colocou o timbal dentro da bateria, causando desgosto na Mangueira. Segundo Ivo, junto com o repique, ele formava uma base, um "tapete" para o samba brilhar com muito mais personalidade. Quando Ivo deixou a Mangueira, em 2006, a primeira coisa que os novos comandantes fizeram foi tirar o timbal, para retornar com ele dois anos depois. Já era tarde demais, e a diferença do som era enorme. Além disso, a maior parte das escolas de samba já tinha adotado o instrumento como base. O baiano nasceu no samba, e considera esse movimento uma "retribuição" por tudo que o samba fez por ele: "O samba timbaleou."

INTERCÂMBIOS MUSICAIS E PESSOAIS

No início dos anos 1990, Carlinhos estava casado com Helena, filha de Chico Buarque e Marieta Severo, e com o casamento estabeleceu-se uma constante ponte entre Salvador e Rio de Janeiro, intensificando a convivência com pessoas do mundo da música e do teatro que moravam no Rio.

Uma delas era Caetano Veloso, com quem já cultivava uma relação de amizade e parceria musical desde os anos 1980, quando a convite de Caetano foi ao Rio ensaiar para o álbum *Estrangeiro*. Para Carlinhos, ainda bem jovem, era quase um sonho circular nessa espécie de maçonaria da cultura brasileira. Um círculo artístico-social de mentalidade muito aberta, onde estava o suprassumo da música brasileira, mas que demandava dos novos membros e aspirantes ao estrelato uma aceitação majoritária, para que pudessem ser convidados para festinhas e encontros, além de capacidade de produção e pensamento fora do normal para se manterem ali.

Certo dia, durante os ensaios, Caetano perguntou: "Você toca pandeiro?" Carlinhos respondeu de imediato: "Toco", e tratou de aprimorar ainda mais o pandeiro. A troca entre os dois era sempre estimulante, criativa e inovadora. Carlinhos teve uma sacada no show. Quando ficou na posição em que iria tocar no palco, se deu conta de que o holofote que o iluminava recaía também sobre o pandeiro, e criava um reflexo que por sua vez iluminava Caetano cantando. Era como se aquilo tivesse sido combinado, e Carlinhos se sentia fazendo uma reverência ao mestre. Mas foi pura coincidência.

O episódio estreitou a relação entre os dois. Caetano era generoso, dava confiança ao rapaz de 26 anos, e pediu que ele fizesse um número com os baldes. A intimidade entre os dois gerava algum ciúme, que, entretanto, era bem administrado. Eles tinham a sintonia de aventureiros da música, de incorporar ritmos e de se reinventar. Fizeram Chico Recarey, Canecão, e saíram pelo Brasil.

Tempos depois, já mais à vontade na convivência com Caetano, Carlinhos lhe mostrou "Meia-lua inteira". Para além das várias possibilidades de interpretação da imagem de uma "meia-lua inteira", a composição recria o universo da capoeira no contexto sociocultural da Bahia em diferentes abordagens. Do nome do golpe com o giro de 360 graus, "meia-lua inteira", e de outros como "sopapo", "coqueiro baixo", "martelo", às referências ancestrais — como "terça-feira", dia de Ogum, orixá considerado patrono da capoeira — e culturais — na homenagem a Mestre Bimba, fundador da primeira academia de capoeira em Salvador —, a letra fala das dificuldades vividas na época de ilegalidade da capoeira, sugeridas em "martelo do tribunal" e "pego sem documento". Já o verso "sumiu na mata adentro" talvez seja uma referência aos quilombolas, possíveis praticantes desta arte marcial. O "grande homem de movimento" é o próprio jogador de capoeira, e o som marcado do refrão "São dim, dão, dão" evoca o berimbau. Uma letra complexa, profundamente enraizada na cultura da Bahia, nas lutas pela liberdade e na memória de quem andava pelas ruas de Salvador, como os dois baianos.

Ao ouvir a música, Caetano chorou e se emocionou muito: "Menino, essa é a minha história." Carlinhos então ficou sem saber se devia parar ou continuar. Uma atmosfera de sensibilidade tomou conta da sala, mas Caetano começou a rir, quebrou o clima e deu uma aula sobre a ditadura.

Contou que no Mosteiro de São Bento, em Salvador, havia um padre que cuidava das pessoas que eram torturadas e sabia como evitar problemas.

NOS RITMOS DA VIDA

Carlinhos disse então: "Foi no São Bento que eu vi o carnaval." Foi ali que ele aprendeu tudo que gostava da estética carnavalesca e onde talvez tenha se dado conta de que tinha que fazer parte daquilo. Mas, mais do que isso, os dois haviam encontrado na capoeira uma metáfora para suas próprias vidas.

Meia-lua inteira sopapo
Na cara do fraco
Estrangeiro gozador
Cocar de coqueiro baixo
Quando engano se enganou

São dim, dão, dão
São Bento
Grande homem de movimento
Martelo do tribunal
Sumiu na mata adentro
Foi pego sem documento
No terreiro regional

Uera rá rá rá
Uera rá rá rá
Terça-feira
Capoeira rá rá rá
Tô no pé de onde der
Rá rá rá rá
Verdadeiro rá rá rá
Derradeiro rá rá rá
Não me impede de cantar
Rá rá rá rá
Tô no pé de onde der
Rá rá rá rá

Bimba birimba a mim que diga
Taco de arame, cabaça, barriga
São dim, dão, dão
São Bento
Grande homem de movimento
Nunca foi um marginal
Sumiu na praça a tempo
Caminhando contra o vento
Sobre a prata capital

No álbum *Estrangeiro*, de 1989, Caetano gravou "Meia-lua inteira", originalmente chamada de "Capoeira larará", tornando a música do conterrâneo baiano uma sensação nacional nas rádios, nas ruas e na trilha da novela *Tieta*, de autoria de Aguinaldo Silva, Ricardo Linhares e Ana Maria Moretzsohn. A novela estreou em agosto de 1989 e terminou em abril de 1990, com audiência altíssima. Além de Caetano, a equipe da gravação do álbum reunia Peter Scherer e Arto Lindsay como produtores e músicos, Naná Vasconcelos na percussão, Cesinha e Tony Lewis na bateria, Tavinho Fialho no baixo, Marc Ribot, Toni Costa e Bill Frisell na guitarra.

Da convivência entre os dois surgiram outras oportunidades para o jovem. Um dia, Caetano disse: "Quero você opinando nas bases", e o encaminhou para Guto Graça Mello, experiente trilheiro e diretor musical da Rede Globo que já tinha composto para Elis Regina e Nara Leão, juntamente com Mariozinho Rocha, além de assinar a trilha sonora para o filme americano *Missão: matar!*. Esse tipo de oportunidade fazia Carlinhos aproveitar cada minuto no Rio de Janeiro. Passava a conhecer mais pessoas, aprendia a produzir música e afinava seu ouvido.

Em julho de 1989, Caetano iniciou uma turnê internacional para o lançamento de *Estrangeiro*, tendo Brown como percussionista da banda. Na Europa, fez shows com João Gilberto e João Bosco. Nessa viagem, levou o filho Moreno, ainda muito novo, para tocar com Carlinhos, num grande entrosamento artístico e pessoal. Ele próprio conta:

NOS RITMOS DA VIDA

Fiz uma turnê europeia com João Gilberto e João Bosco. Cada um deles tocava sozinho com seu violão. Mas eu pedi a meu filho Moreno que, juntamente com Brown, tocasse comigo, dando uma base percussiva. Viajamos por mais de um mês pelo Velho Continente. Brown e Moreno tocando juntos (Moreno ainda adolescente) eram toda a minha alegria. Mas ver Brown vendo João Gilberto agir sempre de forma difícil de compreender era fascinante. Os comentários que ele fazia sobre o grande mestre eram livres, iluminadores. Não eram necessariamente de aprovação e admiração, mas retratavam João de uma perspectiva única. Nunca me esqueço. E acho que Moreno também não.

SONORIDADE ABSURDA

Um dia, Caetano ligou para Nelson Motta e disse que ele tinha que ver um rapaz, seu percussionista. Nelson foi até o Imperator, casa de shows no Méier, subúrbio do Rio, para assistir ao show *Estrangeiro*, e ficou impressionado com a sonoridade da música. "Meia-lua inteira" era definitivamente o destaque: "Eu fiquei louco com o título, meia-lua inteira, coisa genial, e com a letra, a sonoridade da letra". Mais do que fazer sentido com as palavras, Nelson gostava de músicas com sonoridade, de "letras sonoras". Viu logo que tinha Ben Jor ali.

> Era algo novo. Carlinhos não fazia letras na tradição poética, literária, do Chico Buarque, do Caetano Veloso. E o Brown é um dos grandes fundadores até dessa escola, (com) letras totalmente absurdas do ponto de vista da tradição poética e literária, e popular também.

Para Nelson, a preponderância da música sobre a letra era o que mais o atraía para uma música. Por isso sua admiração por Djavan e Luiz Melodia. Carlinhos disse a Nelson que nessa época Jorge Ben Jor e James Brown eram suas maiores influências. Isso foi em 1989.

Nelson Motta se tornou diretor artístico da Warner logo em seguida, a convite de André Midani. Estava pronto para colocar em prática todo o seu talento, e Midani estava animado com a contratação. Nelson só teve o azar de encarar, pouco após assumir o cargo, o Plano Collor, em 1990, quando a gravadora ficou completamente sem dinheiro. André então soltou um dia: "Filhote, você continua podendo fazer tudo que quiser. Só que não tem dinheiro para nada. É para você, que tanto fala em liberdade, aprender que liberdade sem dinheiro é uma merda, não serve para nada, serve para morrer de fome."

Certo dia, em 1992, Nelson pegou Beto Boaventura, presidente da Warner no Brasil, e o levou à Bahia para contratar Carlinhos Brown. Insistiu que a gravadora precisava investir em novos talentos. Passaram a manhã juntos no Candeal. Beto foi ver a cidade, já convencido da contratação do menino do Candeal, com quem Nelson passou a tarde, explicando como funcionava a indústria fonográfica, os desafios, os compromissos: "Brown era totalmente selvagem. Não sabia dos custos, da promoção, das dificuldades daquele momento". Nelson deu uma aula magna de produção e direção artística. A ideia era não o deixar com muitas ilusões. Mas Nelson não se convenceu de tê-lo convencido: "Não sei se ele acreditou muito. Ele é uma força da natureza."

Nelson e Beto voltaram para o Rio felizes, e Nelson fez "um lobby fodido" para a gravadora colocar algum dinheiro em Carlinhos. Conseguiram pagar 8 mil dólares de adiantamento para o músico. Os meses se passaram e a expectativa de Nelson quanto ao disco foi aumentando, mas a gravadora ainda estava completamente sem recursos. Não havia como conseguir o dinheiro para as gravações. Algum tempo depois, Beto decidiu abandonar o projeto e ficar com o prejuízo do adiantamento. A Warner teria que produzir um disco muito mais modesto do que o artista queria. O primeiro disco de Brown, *Alfagamabetizado*, não saiu pela Warner, mas pela EMI, no selo Delabel, e apenas em 1996. Mas ficaram muitas lições. Para os dois.

Nelson foi ficando mais a par do que Carlinhos fazia de suas ambições. E o que mais o impressionava era a completa ausência de crítica. Carlinhos "não tinha superego", olhava para tudo com uma abertura quase inconsciente, e incorporava novas coisas o tempo todo. Ele tinha "uma

NOS RITMOS DA VIDA

espontaneidade avassaladora", não era limitado pela lógica dos ritmos, da indústria, do convencional. Era um outro tipo de compositor. Tinha "algumas coisas geniais e algumas grandes bobagens". Nesse tempo, já apresentava essa criatividade "torrencial". Os dois foram se esbarrando em festas, eventos e shows, mas sem grande intimidade.

Em 1997, Carlinhos Brown começou a gravar seu segundo disco, *Omelete Man*, lançado em janeiro de 1998, e chamou Marisa Monte para produzir o disco. Nelson Motta, um grande amigo de Marisa, passou a acompanhar o processo, vendo na dupla uma complementariedade formidável. Marisa era disciplinada, seletiva, organizada e ditava o ritmo. Brown vinha com toda a criatividade e confiava em Marisa cegamente, tanto como pessoa quanto como artista. Era o "encontro ideal, a produtora ideal". Deu tudo muito certo, e Nelson considera esse disco um grande primor.

Leonardo Netto, o empresário de Marisa, foi fundamental para o disco, organizando toda a parte financeira e estratégica, negociando com a gravadora e fazendo orçamentos, coisas de que o baiano não entendia. Quando o disco ficou pronto, Marisa combinou um encontro em Lisboa para que todos o escutassem juntos. Eles se encontraram no Sheraton, junto com Leonardo, e Nelson, "doidão", escutou o disco todo, achando-o de um refinamento excelente.

Nelson ainda considera que *Alfagamabetizado* tem muito de tudo, é pouco seletivo "e acabou virando uma salada muito complexa, difícil de entender", embora reconheça a genialidade e a ousadia para um primeiro disco. Para o crítico, o álbum tinha excesso de informação, resultado do que ele chama de uma ansiedade represada: "Ele fez o primeiro disco como se fosse o último da vida". Mas os dois trabalhos foram de enorme sucesso. Nelson sempre foi um fã da Timbalada e escreveu numa coluna para *O Globo*:

> O samba-reggae fez tanto sucesso e foi tão usado, copiado e vulgarizado que foi chamado pejorativamente por um jornalista baiano de "axé music", um rótulo que nivelava os melhores e os piores. A verdade é que depois de 25 anos de sucesso e de críticas, o samba-reggae resiste, cresce e se renova com a Timbalada de Carlinhos Brown.

BATUQUE NO ROCK

A vida seguia agitada, entre Salvador, Rio de Janeiro e muitas viagens. Quando estava longe de sua Salvador, Carlinhos circulava na elite da eterna "capital cultural" do país. Oferecia na percussão uma estrutura de grooves e de ritmos que eram encaixes para as músicas populares brasileiras e conseguia ir além da música que estava bastante pautada no rock nacional. Na busca por assimilar novas ideias e experimentos musicais, e para transformar tudo em outra coisa, foi se associando a muitos ritmos, mas ainda ficava fora do pop e do rock. Foi então buscar Herbert Vianna e o Sepultura.

Sentia que precisava transcender os círculos do carnaval, da Bahia e da percussão, mas ainda era uma certa incógnita para muita gente, inclusive do meio musical e do jornalismo. E aí, surpreendeu a todos com sua participação no disco *Roots*, do Sepultura, provavelmente a mais inusitada colaboração que já havia feito.

Ele tinha conhecido os músicos do Sepultura um tempo antes, e no final de 1995 gravaram o disco, o sexto da banda e o último com a participação do membro fundador Max Cavalera. O trabalho conceitual de resgate das raízes trouxe um efeito totalmente novo ao mesclar a percussão de Carlinhos Brown, que usou mais de quinze instrumentos de percussão em três faixas do disco, e os cantos do povo indígena xavante ao habitual estilo agressivo do Sepultura.

Gravado em Malibu, pertinho de Los Angeles, o álbum é um apanhado de experimentações, reunindo a colaboração dos xavantes entoando um canto ritualístico, que serve como uma espécie de guia por todo o disco. Desde a abordagem aos indígenas e a gravação do canto foi-se quase um ano, e a banda passou três dias com a comunidade. Mais uma vez, Carlinhos tinha os índios ao seu lado. "Ratamahatta", a quarta faixa do disco, em que ele divide os créditos de composição com o grupo, é uma mistura exótica. *Roots* foi o álbum de maior sucesso da banda, com mais de 2 milhões de cópias vendidas em vinte anos.

NOS RITMOS DA VIDA

Na visão de Andreas Kisser, membro da banda, *Roots* é um trabalho que o Sepultura começou quando fez uma turnê fora do Brasil e percebeu que poderia usar um pouco mais da influência da música brasileira nos sons, algo que ignoravam. A turnê, que passou pela Austrália, Europa e América do Sul, foi uma abertura para influências de elementos únicos do Brasil, como a percussão. Mesmo tendo investido em algumas explorações em discos anteriores, foi em *Roots* que o grupo focou nas raízes africanas e também indígenas dos brasileiros. E, para esse mix, tiveram no baiano provavelmente o melhor aliado.

Nessa época Carlinhos Brown passou a andar com um gravador, registrando suas músicas. Dizia que, se não conseguisse colocar essas coisas para fora, elas iam "culminar na cabeça", iam explodir, e ele acabaria no hospício. Ele sentia a necessidade de registrar as coisas do Brasil, agora que tinha a oportunidade de viajar, conversar com as pessoas locais, encontrar referências. Questionado por Hermano Vianna se se sentia mais estrangeiro tocando com os rapazes do Sepultura ou com músicos africanos, ele respondeu de pronto que às vezes se sentia mais estrangeiro tocando com músicos brasileiros que, apesar de grandes, não percebiam o quanto eram ricos.

Ao mesmo tempo que explorava outras fronteiras rítmicas, Carlinhos seguia compondo, produzindo seus discos e cuidando da Timbalada. Em 1996, lançou o álbum *Mineral*, primeiro disco da Timbalada que produziu sem Wesley Rangel. A faixa "Água mineral" era uma aposta segura para o carnaval, pois, nos ensaios da banda no Candyall Guetho Square, a plateia fervia quando a música tocava. E, de fato, foi a sensação do carnaval de 1997, levando as pessoas a pularem freneticamente.

No carnaval de 1997, a Timbalada homenageou Chico Science, que morrera duas semanas antes num acidente de carro, e entre uma música e outra homenageava Jorge Amado com a leitura de trechos de alguns de seus livros sobre o carnaval e a Bahia. Embalado pelo sucesso "Água mineral", o líder se decorou com copinhos de água da cabeça aos pés e a banda saiu sem seguranças, com cordas só para proteger os percussionistas. Os foliões formaram um cordão humano, abrindo espaço para que os bonecos gigantes e os timbaleiros fizessem seu trabalho. Brown tocou por mais de três horas, depois de uma semana de folia. No fim do trajeto, Marisa Monte, que já estava em cima do trio, foi chamada para um duo e cantou por mais de quinze minutos, enquanto Carlinhos acompanhava de baixo, andando com a galera.

Ele seguia assim batalhando pelos ritmos da rua, tentando levar seus projetos adiante, e, quando chegou a hora, tentou entender o que estava desarticulando o carnaval na Bahia. Nunca deixou de ser um crítico, talvez porque tenha sempre se percebido como um peixe fora d'água, e assumido essa posição. Em entrevista ao portal iBahia, ele falou sobre carnaval e música na Bahia:

> O carnaval da Bahia evoluiu muito, e evoluiu em vários desejos, passou por um momento duro comercial e de erotização, que é responsabilidade de todos, dos músicos, dos veículos de comunicação, da indústria como um todo, e depois viu que estava atirando nos próprios pés. O novo da Bahia é a falta de coragem de fazer com que as pessoas cantem uma música que não conhecem; todo mundo acha que o seu bloco só agrada se estiver pulando o hit de vinte anos atrás, e é esse vício que está destruindo a gente. Agora, o ineditismo existe, existe no disco de Saulo, existe num autor como Jauperi, existe em outros autores, o que falta é essa coragem.

Carlinhos fala muito de um esteio de autores e pessoas que não são vistas, sobretudo movimentos marginais à axé music, de certo modo, por escolhas culturais do Nordeste que não são examinadas. As emissoras e os críticos têm uma espécie de peneira que se concentra no Rio e em São Paulo. Carlinhos tem esperança de que a axé music e os movimentos populares fiquem como uma nostalgia poética de que já não é necessário haver outro Chico, outro Tom, porque haverá outro João, outros Josés e outros músicos do mesmo calibre.

Mas foram justamente os mestres locais e nacionais como Vinicius, Caymmi, Gilberto Gil e Baden Powell que o levaram a buscar a riqueza musical que ainda poderia ser explorada. E ele insiste na não repetição

NOS RITMOS DA VIDA

dos modelos. Como acontece na rua, que todo dia pode trazer surpresas. Boas e más. Carlinhos filosofa: "Que a nova autoria possa surgir do baixo poder aquisitivo e de semianalfabetos", como é o caso dele próprio. Nesse sentido, pela forte personalidade que expressa é que ele enxerga o fenômeno do funk carioca como um grande expoente.

De maneira muito enfática, afirma que vem da música e da educação musical o entendimento de que o Brasil nasceu na Bahia, que é a sala de todo o Brasil, na qual todos são bem-vindos. O carnaval da Bahia é um carnaval que deve seguir inconformado, onde o que interessa mais é o próximo. E por isso ele luta para que a cultura mestiça baiana seja respeitada, porque assim enxerga o respeito à cultura negra:

> Eu acredito na miscigenação como uma ferramenta de desenvolvimento humano; só a miscigenação pode redimir a miséria em que os negros se encontram. Há um desejo colonial no pensamento brasileiro de que essa diferença não deva ser preservada. E toda essa coisa espalhafatosa de gostar de brilho, de gostar de excessos, é da cultura negra, não é para se perder, pois significa a preservação da nossa cidade, que vai ao encontro dos orixás, do respeito que a gente tem, da forma de se relacionar com a natureza. O terreiro e o orixá não são religião, somos culto, nós cultuamos a natureza, não temos religião nenhuma e não temos bíblia, é cultura oral.

7
Longo caminho até o axé

O axé talvez seja a música que mais fez pensar. O que nós fizemos com percussão, Beethoven, Chopin e Rachmaninov não fizeram. O axé encadeou movimentos sociais de que o Brasil não tem nem noção. Esse é o caminho da arte e dos artistas no futuro. O novo artista é isso, o pop star distante já era. O artista tem o dever de tentar transformar. Sou a tentativa.

Carlinhos Brown

O axé não definiu Carlinhos Brown, e foi uma sorte, pois assim ele conseguiu evitar estereótipos que deixaram várias carreiras confinadas ao gênero. Mas ele fez parte da revolução, e nunca se esquivou de discutir e de defender a luta que foi. Ainda aos 16 anos, revezava-se entre tocar com Mestre Pintado e fazer shows com outros grupos. Sempre se esquivando dos compromissos familiares. Ia para os bares e barracas, que muitas vezes não pagavam, e mesmo assim ficava feliz. Dona Madá marcava em cima e certa vez o questionou, depois de saber que o filho passara a noite toda tocando sem ganhar nada. Carlinhos sempre dizia: "Mãe, mas isso é um aprendizado, eu não ganho aqui, mas vou ganhar adiante"; e, apesar das urgências do dia a dia, ela concordava: "É verdade, nem tudo na vida é dinheiro."

Ele sabia muito bem que o carnaval era sazonal e precisava de mais trabalho. Nesse radar de oportunidades, ainda se sentia um "botão buscando as estações", como se definia, indo de um lugar e de uma história para outro lugar e outra coisa, girando o botão para sintonizar oportunidades, numa confluência de estilos e culturas. Nem seu próprio ritmo ele tinha ainda. Era uma combinação que vinha naturalmente a ele, e que passou a se refletir em seus relacionamentos, trabalhos, letras de música, composições, ritmos e estilo de vida.

MOVIDO A CONFIANÇA

Na adolescência, as bandas, inicialmente formadas por amigos que estudavam juntos, foram ficando profissionais e lançando muitas novas estrelas. Mas tanto Carlinhos quanto Luiz Caldas não tinham o luxo das mesadas, já viviam da música e se não cantassem não comiam "alpiste". Salvador tinha um circo, o Troca de Segredos, uma espécie de braço do Circo Voador, do Rio de Janeiro, que fica na Lapa.

Luiz Caldas foi conversar com eles para fazer um concerto, mas nem palco tinham direito. O circo era praticamente um terreno com capacidade mínima para um show pequeno. Lá, eles colocaram umas tábuas e um cavalete; o camarim era o banco de uma Kombi que ficava estacionada ao lado do tablado. Hoje, a cena parece romântica, mas era o que tinham: a lona do circo. Com o dinheiro emprestado pelo baterista Cesinha, Luiz Caldas comprou sua primeira guitarra, uma Gibson, até hoje seu melhor instrumento. Ele e Cesinha saíam para colar cartazes de madrugada: "Show de Luiz Caldas e Acordes Verdes no Circo Troca de Segredos", que ninguém conhecia.

Em Salvador, os músicos esperavam num ponto para ver quem seria contratado pelos blocos. Havia literalmente pontos em algumas ruas para quem pretendia trabalhar. Era uma coisa cultural. Além do ponto dos músicos, havia o ponto do pintor, da lavadeira, do carpinteiro, do solda-

LONGO CAMINHO ATÉ O AXÉ

dor, parecidos com um ponto de táxi, onde os profissionais esperavam por trabalho. Ele conta que ia para o ponto dos músicos esperar:

> Nego perguntava logo, os mais antigos: "Cadê a carteira?" Eu dizia: "Rapaz, a carteira está na minha cabeça; bote aí a caixa para ver se eu não toco tudo." Seguia o conselho que meu mestre sempre repetia quando me perguntavam: "Sabe ler?" Não, mas sei tocar. Até que alguém chegava e dizia: "Preciso mandar uma fanfarra para tal clube", ou "Estão me pedindo para mandar dez percussionistas".

Até há poucos anos o ponto funcionava na praça da Sé, de onde o poderoso sr. Orlando comandava seu escritório do Tapajós. Era ali que todo mundo se encontrava. E existia uma relação de status, porque os músicos se conheciam, faziam batuque e comiam juntos. Mas esses pontos eram também um apartheid, e a segregação sempre foi evidente. Gilberto Gil levantou o tema em 1973, em "Tradição", do álbum *Cidade do Salvador*:

> Conheci uma garota que era do Barbalho
> Uma garota do barulho
> Namorava um rapaz que era muito inteligente
> Um rapaz muito diferente
> Inteligente no jeito de pongar no bonde
> E diferente pelo tipo
> De camisa aberta e certa calça americana
> Arranjada de contrabando
> E sair do banco e, desbancando, despongar do bonde
> Sempre rindo e sempre cantando
>
> Conheci essa garota que era do Barbalho
> Essa garota do barulho
> No tempo que Lessa era goleiro do Bahia
> Um goleiro, uma garantia
> No tempo que a turma ia só jogar bernarda

Na base da vã valentia
No tempo que preto não entrava no baiano
Nem pela porta da cozinha

Todos os serviços estavam ligados aos negros, porque eram baratos, e muitas vezes a única recompensa era um prato de comida, ou mesmo cachaça. Foi assim durante mais de cem anos. O crescimento de Salvador era desordenado, e os pontos de profissionais eram para muitos a única maneira de tentar um sustento. Carlinhos seguia os passos do pai, ia para os pontos, mas já mirava na música. Os mestres na Bahia queriam que todo mundo tocasse e sempre queriam dar cachaça em troca. Era uma espécie de ansiolítico em troca de trabalho. A vida real era dura.

Carlinhos conta que "via a avenida, como as pessoas andavam, a divisão dos clubes com a rua, com os apartheids todos". Certo dia foi chamado por Mestre Claudionor, pai de Claudio "Tao", o que lhe ensinara muito sobre o batuque com as mãos. Foram visitar a Associação Afoxé Filhos de Gandhy e falar com Dalvadísio, o presidente. Dalvadísio já tinha visto o músico tocando no sambão, e todos já diziam que era filho do "sr. Oswaldo", o Mestre Pintado. O pai mesmo, Renato, ficava com ciúmes, porque, como pintor conhecido na área, dizia que o filho era artista. Foi o ponto dos pintores que fizera Renato migrar para o Candeal. O que ele não sabia é que seria o filho que descobriria o ponto mais animado, o dos músicos, logo ao lado, no Acupe de Brotas. Ninguém proibia ninguém de tocar, e todos bebiam muita cachaça. Os músicos que vinham de orquestras se juntavam, e de vez em quando alguém tocava uma radiola para aumentar a festa na rua. Desde garoto Carlinhos lembra de Silvinho, que assoviava e cantava, e da música latina e do frevo, que eram uma constante no repertório.

Os ritmos dentro do jovem músico foram vindo muito do seu entorno. O Candeal estava cercado de vizinhanças e de vizinhos atuantes, como Bell Marques e Daniela Mercury, que não moravam tão longe. Daniela começou no movimento dos barzinhos e estourou em um chamado Canteiros. Tinha uma voz encantadora, muita presença e cantava Elis Regina, Gal Costa, MPB. Seu Renato, que era maraqueiro e crooner, achava que ser pintor era

Carlinhos (menino mais alto, à esquerda do cachorro) com os pais, irmãos e a avó, por volta de 1970.

Carlinhos no Candeal, Salvador, ensinando percussão, por volta de 1985.

Nesta página e ao lado: fotos de divulgação para *Alfagamabetizado*, Salvador, 1996.

Mario Cravo Neto

Mario Cravo Neto

Caetano Veloso, Carlinhos Brown, Fafá de Belém e Luiz Caldas, Salvador, anos 1990.

Carlinhos Brown com Marisa Monte nos anos 1990.

Carlinhos Brown com Margareth Menezes, no início dos anos 1990, em Salvador.

Rock in Rio 2001, momento em que Carlinhos Brown toma garrafadas do público, no Rio de Janeiro.

Rio de Janeiro, início dos anos 2000.

Mestre Pintado, Naná Vasconcelos e Carlinhos Brown, carnaval de Salvador, Timbalada, anos 2000.

Ivete Sangalo, Carlinhos Brown e Margareth Menezes, Valência, Espanha, 2005.

Sérgio Mendes, Carlinhos Brown e Carlos Saldanha, diretor do filme *Rio*. Indicados ao Oscar, comparecem à cerimônia do prêmio da Academia em 26 de fevereiro de 2012.

Carlinhos Brown e Shakira cantam na cerimônia de encerramento da Copa do Mundo de 2014, antes do jogo Argentina x Alemanha, no Rio de Janeiro.

Les Ateliers du Festival, Gnaoua Festival, Marrocos, 2017.

Carlinhos Brown no trio elétrico no carnaval de Salvador, 2017.

Arnaldo Antunes, Marisa Monte e Carlinhos Brown, divulgação dos Tribalistas, 2019.

Assinatura de Carlinhos Brown nas telas que pinta, um trabalho que vem desenvolvendo há mais de dez anos.

Carlinhos com a filha Cecília Buarque no museu de cera Madame Tussauds, em Orlando.

Carlinhos Brown com Clara, Cecília, Miguel, Francisco, Daniel e Leila — seis dos seus oito filhos — no aniversário de Daniel, 2021.

Carlinhos Brown no desfile de carnaval de 2022 pela Mocidade Independente de Padre Miguel, cujo samba-enredo ele compôs.

a única coisa que daria sustento. Mas o filho via uma cena acontecendo e não se imaginava fora dela. E tinha convicção de que o sustento viria.

Mestre Pintado ensinara ao pupilo os meandros do ritmo, do arranjo e da harmonia. E sempre dizia: "Todo mundo toca dentro, quem toca fora aqui sou eu", para mostrar como "tocar fora". A lógica era que um músico pode pegar uma banda e jogar para onde quiser; se souber ouvir e tocar no lugar do outro, termina liderando. Quem toca fora lidera. O aprendiz então perguntou: "Por que o senhor toca fora?" E ele respondeu: "Porque todo mundo quer tocar e eu quero ouvir." Mestre Pintado fazia tudo se encaixar, de forma espontânea e com muito bom gosto estético. Suas frases eram mortais. Ensinavam e motivavam toda a turma. Para Carlinhos, ele era o maior bongozeiro do mundo, um jazzista de primeira mão, até no vestir, que costumava tocar no Cuba Jazz.

Todos nós evoluímos entre garantias e estímulos. No caso do menino de Brotas, havia só estímulos, nenhuma garantia. Mas o principal era ter confiança para se inserir em ambientes onde pudesse prosperar. Quando tinha entre 16 e 17 anos, Carlinhos começou a frequentar os estúdios da WR, fundada por Wesley Rangel em 1975, e que, da publicidade à música, permitiu o surgimento de novos talentos — um celeiro de talentos e descobertas musicais.

JOGANDO PARA VALER

Quando chegou à WR para trabalhar, Carlinhos foi logo conhecer Wesley Rangel, o fundador, que, atarefado, não sabia direito o que fazer com o jovem rapaz. Ele ficou o primeiro dia inteiro sem gravar. Pura ansiedade. Fora de recomendação em recomendação até conseguir colocar os pés ali, mas sem saber como realmente poderia ser útil. No segundo dia, esperou de sete da manhã às seis da tarde para ter sua primeira chance. Com todos cansados e já anoitecendo, Carlinhos Marques disse: "Pô, tem três faixas aí, chama o menino, o cara está aí desde de manhã para gravar." Era a hora de virar gente grande.

O "menino" tocou as três músicas e se virou para improvisar e harmonizar. Era um trabalho de praxe, mas que rendia dinheiro se feito com eficiência. Tudo passava pelo crivo de Wesley, que precisava crescer com qualidade e criatividade. O empresário escutou as três faixas e aprovou na hora. Visionário, disse a sua equipe no dia seguinte: "Esse rapaz tem um toque que entra na base e muda a base", e decidiu que a partir de então ele faria parte da sua equipe de músicos, escolhida a dedo, sempre com talento e esforços confirmados em trabalhos reais. Nesse momento, a publicidade e a música profissional se abriram para Carlinhos, que, mesmo já escrevendo letras, as escondia e só com raras exceções mostrava a alguém.

Na WR, o menino recém-chegado passou a acompanhar os passos do engenheiro de som Nestor Madrid e dos "gringos argentinos", que melhoravam muito as gravações e tinham sensibilidade artística. Um dia, já com mais abertura com Rangel, Carlinhos disse: "Poxa, chefe, eu não sou um cara de grana, mas estava precisando de uma ajuda." Wesley Rangel morava na Pituba, e, quando ia de manhã para o estúdio, passava no Hospital Aliança para pegar o músico, que começava a gravar cedo, antes de todos. Era um desvio de oito a dez minutos que valia a pena para os dois lados. Rangel montou outro esquema e passou a gravar a base num dia e a chamar Carlinhos para acrescentar a percussão no dia seguinte. Como o menino chegava cedo, a produção andava rápido. Cada hora de estúdio contava.

Foi com Wesley Rangel que Carlinhos começou a fazer publicidade sem parar, e sem saber para quem. Para não perder vagas de gravação, já percussionista fixo, ficava literalmente na porta do estúdio, esperando ser chamado a qualquer momento, até que um dia, provavelmente em 1978 ou 1979, na época do Natal, estava ali quando viu o diretor subindo e descendo as escadas, tentando resolver alguma coisa. Curioso, foi conversar com os colegas para saber o que estava acontecendo: "A gente está aqui hoje com um pepino danado, porque o Rangel quer ganhar uma concorrência que ninguém consegue ganhar, precisamos fazer um jingle de Natal, mas o cliente quer que seja feito no berimbau."

Nessa época, não havia sample, era tudo analógico. Era pegar uma nota e tocar no teclado. Se gravasse bem, ótimo; se não, era preciso repetir.

LONGO CAMINHO ATÉ O AXÉ

Rangel rodou Salvador, contratou os melhores do berimbau, e ninguém acertava. Cinco da tarde, enxergando a oportunidade, o garoto chamou o chefe e disse: "Chefe, eu resolvo." Rangel argumentou que tinha chamado os melhores berimbaus da Bahia, mas Carlinhos não se deu por vencido: "Rapaz, eu não estou dizendo pra você que resolvo? Resolvo com sete berimbaus." E o chefe retrucou: "Sete berimbaus? Você é louco?"

Carlinhos bateu pé e disse para ele comprar os sete berimbaus. Rangel então o desafiou: se conseguisse fazer o jingle, ganharia três tabelas, ou seja, três vezes o valor de tabela da diária dos músicos. O desafio aumentou: "Três tabelas? Eu vou resolver, você vai me dar seis tabelas". Rangel desdenhou e o outro bancou: "Vamos fazer uma coisa. Você vai comprar os berimbaus, e se eu não fizer o jingle você pode descontar da minha folha no final do mês."

Rangel comprou os berimbaus, Carlinhos puxou, envergou com o joelho e afinou os instrumentos, todos na nota certa, e fez o dó, ré, mi, fá, sol, lá, si nos sete berimbaus. Logo em seguida entrou no estúdio Duda Mendonça, até então um desconhecido para o garoto, que nem sabia o que ele fazia. A concorrência estaria, segundo os colegas, entre Duda Mendonça, Nizan Guanaes, Washington Olivetto e Fernando Barros. Quase todos os maiores da publicidade do Brasil estavam na disputa. Duda Mendonça queria trazer a baianidade, e, de maneira contundente, Carlinhos tocou de maneira impecável, surpreendendo a todos. Estava em atuação o garoto que ninguém ainda imaginava como um dos grandes ícones da música brasileira, que daria emprego e trabalho a muitos à sua volta.

No final, a WR ganhou a concorrência com Duda e o bônus foi de dez tabelas, porque "Wesley ganhou um dinheiro da porra na época", disse Carlinhos. Vencer era importante porque permitiria entrar em São Paulo, onde os estúdios tinham bandas fixas e eram mais profissionais. Da parte do garoto, havia o orgulho de estar trabalhando com os dois grandes publicitários baianos, Duda Mendonça e Nizan Guanaes. Esse período de publicidade se refletiu mais tarde na axé music, uma mistura entre ritmos, cultura e publicidade, porque na época a maioria dos músicos frequentava os estúdios para fazer publicidade, e não música pop.

Certo dia, Rangel disse que ia montar uma turma bacana, de grandes músicos, e que Carlinhos estaria no grupo. E qual não foi sua surpresa ao chegar ao estúdio e encontrar Alfredo Moura e os membros do Band-Aid, parceiros com quem tocara em festivais de escolas, alguns anos antes. Em 1983, a WR já contava com Luiz Caldas, Sarajane, Silvinha Torres, Paulinho Caldas, Carlinhos Marques, Alfredo Moura, Cesinha e Tony Mola. Era um time que renderia muito. O importante para Carlinhos era estar incluído nos planos de Wesley, cada vez mais respeitado pela enorme sensibilidade que demonstrava com o momento da música na Bahia.

A publicidade deu independência ao jovem músico, que comprou um Buggy como primeiro ato de consumo e manifestação social. Para poder chegar em casa, porém, teve que abrir a rua, que não tinha largura suficiente para o carro passar. A infraestrutura no bairro seria uma preocupação constante do artista na busca por uma melhor qualidade de vida em seu entorno. Cada dia era uma aventura. E as coisas andavam rápido. Mas Carlinhos já se sentia jogando em outra liga. Apesar da independência financeira, continuava morando no Candeal e fazia questão de levar os novos amigos lá, apresentar sua família e caminhar pelos becos.

Wesley Rangel, antecipando um movimento musical que já via com grande clareza, levou Luiz Caldas para gravar na WR; o cantor tinha vindo à capital para tocar com o Traz os Montes, banda criada para acompanhar o bloco de mesmo nome no carnaval da Bahia. Sua chegada ao estúdio foi um grande evento. Natural de Feira de Santana, Luiz Caldas já era considerado um gênio musical, com muita facilidade para fazer base e arranjo. Logo se tornou o *band leader*, ficou responsável pela harmonia e escolheu Carlinhos como percussionista do empreendimento que estava sendo montado. Mais uma vez, ele era a pessoa certa no lugar certo na hora certa, e não perdia uma oportunidade de tocar. E cada centavo também contava.

Luiz Caldas havia gravado "Ave Caetano" em 1979 com o Trio Tapajós, que era uma potência. O carnaval de 1980 se aproximava, e Carlinhos, que estava tocando com Lui Muritiba, pediu permissão ao companheiro: "Lui, hoje, quando eu chegar na Castro Alves, vou tocar com outro artista; vou

LONGO CAMINHO ATÉ O AXÉ

integrar o Acordes Verdes." Dito e feito. Lui terminou descendo a avenida Dom Pedro para chegar à praça Castro Alves, onde alguns trios paravam. Nesse dia, que ficaria para a história, Carlinhos subiu no outro trio, foi tocar com o Acordes Verdes e mudou seu rumo profissional.

Ele entrou mudando de cara o suingue que imperava até então, trazendo uma sonoridade mais de rua, que tinha não apenas a informação de Moraes Moreira, mas também de ritmos que seu radar antenado captava pelos quatro cantos da cidade. Luiz Caldas, um apaixonado por ritmos, gostou e comentou que era aquilo que ele queria mudar quando ficou sem seu percussionista principal. A ideia era misturar um pouco de Djavan e Caetano aos seus ritmos.

Eles estudaram, praticaram e foram afinando. Em 1985, Luiz Caldas explodiu com o lançamento do disco solo *Magia* e a música "Fricote", mais conhecida como "Nega do cabelo duro", que até hoje muitos consideram a que marcou o início do axé como grande movimento de público e da indústria musical. Nessa época, o inquieto percussionista também participava do bloco Camaleão, mas de maneira mais tímida.

"Fricote" tem uma origem curiosa. Certo dia, dentro de um carro, o grupo formado por Carlinhos, Paulinho Camafeu e Luiz Caldas começou a cantar várias músicas. Em dado momento cantaram "Chico bateu no bode, o bode bateu no Chico, Chico apanhou do bode, o bode apanhou do Chico", e emendaram… "nega do cabelo duro…" Essas melodias iam surgindo no grupo, e muitas vezes as colaborações saíam desses exercícios. A música do bode é marcante para Carlinhos.

No Candeal havia uma espécie de lenda sobre um bode que colocava todo mundo para dormir. E lá vivia também um grande amigo de Carlinhos, o Chico, filho de Chimbico. O jovem músico chamava o bicho de Bode Brinco, que na gozação era Véio Chimbico. O "Bode" foi talvez o primeiro ato de autoria, no caso uma coautoria, com Alain Tavares, que também nasceu no Candeal, e assinou com o amigo as músicas "A latinha", "Faz um", "Folia de rei", "Forró da tribo", "Lenda yorubá" e mais outras vinte composições, algumas com a participação de outros autores, como Arnaldo Antunes e Gerônimo.

Quando "Fricote" estourou, as gravadoras começaram a olhar para a Bahia com outros olhos. Os anos 1990 viram sucesso atrás de sucesso, e desenhariam uma época. Muita gente famosa passaria por Wesley, que se tornou um símbolo de qualidade, um toque de Midas: Margareth Menezes com "Elegibô"; Daniela Mercury com "O canto da cidade"; Olodum; Araketu; Ivete Sangalo, ainda com a Banda Eva; Durval Lelys, do Asa de Águia; Bell Marques, do Chiclete com Banana; Xanddy, com o Harmonia do Samba, entre outros. Muitos vinham de outros estados — e até outros países — só para gravar lá, como Fafá de Belém, Caetano Veloso, Wando, Luiz Gonzaga, Camisa de Vênus, Jimmy Cliff e David Byrne. A WR se tornou quase um ponto turístico para todos da indústria da música que passavam por Salvador.

Nas palavras de Luiz Caldas, "Brown é uma usina fora do comum", um raro artista, que se entrega, não tem medo do obscuro, de grande fertilidade intelectual e uma "inquietação que todo artista tem que ter para poder criar". E, de fato, ele sempre foi admirado por extrair material de tudo que vê, um observador e tradutor muito capaz. O trabalho de composição não tem muita fórmula. É um exercício de experimentação. Carlinhos conseguia sentar e compor para qualquer artista, era muito flexível. Ele e Caldas têm dezesseis colaborações em letras de música.

Umas das grandes mudanças do trio elétrico é a forma de interagir. As pessoas não dançam, elas pulam, de forma mais livre, sem uma condução propriamente dita. Os pares se formam sem coreografia, mesmo quando decidem dançar juntos. Essa foi uma grande transição do baile para o axé. Quando Luiz Caldas tocou pela primeira vez num trio, ficou maluco com as 40 mil pessoas que pulavam. Nos bailes, ele tocava para quatrocentas. A rua era um lugar muito maior para a música, com muito mais audiência. De início a percussão era marcial, e o ritmo era de frevo, que é pernambucano, mas o axé buscava uma identidade regional, feita num liquidificador de ritmos e com as experiências de estúdio e de baile. E o Acordes Verdes era o estopim dessa nova tendência. Luiz Caldas sabia fazer dançar em baile, mas de cima de um trio ia precisar da ajuda da percussão. Carlinhos e Tony Mola começavam a dar o embalo, como um chamado.

A percussão tinha que vir para a frente, e o baiano era bom de arranjos "chiclete", que grudavam na cabeça do povo. Segundo Luiz, "Brown deu cara" a essa formação mais moderna, e com Tony Mola se uniu "com o suingue" de sua guitarra.

Havia autores que gravavam para grandes nomes, como Walter Queiroz e Vevé Calazans. As músicas sob encomenda podiam render muito e, se virassem hits, gerar mais trabalho. Mas o estúdio era o caminho para se chegar no topo. Na maioria das vezes que fazia músicas para outras pessoas nesse tempo, Carlinhos se pegava solfejando a introdução, e, quando chegava a percussão, parava. Acabou ganhando notoriedade porque começou a gravar sucesso atrás de sucesso, e Luiz falava dele como "hit maker, tudo em que ele coloca a mão vira ouro".

A partir da WR, Carlinhos passou a ser cada vez mais requisitado, principalmente depois que constituíram uma banda. Nestor Madrid, que era do Camaleão, disse:

> Preciso de uma banda que grave com precisão jingles de trinta segundos, mas que seja orgânica e que leve o dia inteiro para gravar a quantidade de jingles de que eu preciso. Preciso pegar um jingle do Nordeste, porque tem um grupo em São Paulo que pega tudo.

Os músicos eram indisciplinados, não vinham na segunda-feira por causa da ressaca de domingo, e ele ficava mais tempo arregimentando colegas, chamando guitarristas, baixistas, do que fazendo seu trabalho. Só começavam a gravar muito tarde. A WR acabou montando uma banda, e Carlinhos Brown ficou oficialmente como percussionista e Cesinha como baterista. Com o sucesso adquirido fora dos estúdios, o sonho era ser do "camp" de uma gravadora e ter contrato para fazer trabalhos permanentemente. A força desse grupo da WR começou a receber a atenção do Rio e de São Paulo, e as gravadoras começaram a chamar os músicos.

1980, A DÉCADA DA GRANDE VIRADA

Foram anos muito agitados para os trios elétricos e o carnaval, que estava à beira de explodir. Em 1980, o bloco Traz os Montes desfilou pela primeira vez, introduzindo uma "transistorizada", em referência aos circuitos eletrônicos nos equipamentos. O Olodum, fundado por Neguinho do Samba no ano anterior, saiu às ruas do Pelourinho também pela primeira vez. "Beleza pura", de Caetano Veloso, com arranjo de Armandinho, foi a música mais executada pelos trios, e nasceu nesse ano o Bloco Eva (Estrada Velha do Aeroporto).

A partir daí, Salvador seria um caldeirão perfeito para o menino de Brotas, que tocava incessantemente, e a garotada da Escola Marista se juntaria aos negros de Candeal, Liberdade e Curuzu. Era um terreno social fértil, rítmico e racialmente pulsante. Foi nesse ano também que a Bahia começou a exportar trios elétricos, com aparições no Rio de Janeiro, em Natal e outras capitais.

No ano seguinte, 1981, o trio de Armandinho, Dodô e Osmar fez sucesso com "Vassourinha elétrica", vendendo muito bem no Brasil todo. Só depois de três décadas uma cantora comandou um trio, Baby Consuelo, liderando os Novos Baianos. Surgiram também os blocos Cheiro de Amor com Pimenta de Cheiro, Povo de Ketu e, mais tarde, o Araketu.

Reconhecendo ser impossível controlar o movimento de carnaval na capital, o governador Antônio Carlos Magalhães, já em seu segundo mandato, assinou um decreto determinando a suspensão do expediente nas repartições públicas na sexta-feira anterior ao carnaval. Os investimentos do Bloco Eva em tecnologia causaram furor e ajudaram a profissionalizar os trios, com melhor qualidade de som. Em 1982, o movimento na praça Castro Alves já era tamanho que seus frequentadores clássicos, profissionais liberais, prostitutas, travestis e toda a cena boêmia, começaram a reclamar da invasão pelas festividades.

Nesse momento, Carlinhos já tinha entendido que o caminho a partir daí seria apenas trabalhar duro. Já estava com quase 20 anos e em pé de igualdade com muitos outros músicos que vinham de uma herança com

LONGO CAMINHO ATÉ O AXÉ

mais recursos. Short, bermuda e macacão passaram a ser as roupas de ordem. Com "atomizadores", o bloco Cheiro de Amor borrifava água perfumada diretamente do trio em cima dos dançantes. Carlinhos tocava permanentemente com Lui Muritiba e com a banda Mar Revolto, e fez parte da primeira grande turnê do axé pelo Nordeste, ainda em 1985, com Moraes Moreira, antes de "Fricote" estourar de vez. Eram um bando de garotos novos, experimentando o sabor do sucesso, do assédio e do reconhecimento. Os shows eram quase todos apenas em Salvador, no "máximo Feira de Santana", como dizia o baiano antenado já aos 22 anos.

O Mar Revolto foi contratado pelo maior empresário do Nordeste da época, José Carlos Mendonça, o Pinga, que comprava sempre uma quantidade grande de performances, cinquenta, cem shows, criando um ganha-ganha entre ele e os artistas. Pinga era considerado um gênio e, como conhecia o terreno e imprimia confiança, organizava a turnê dos principais artistas do Brasil no Nordeste. Só com Roberto Carlos, fez 285 shows ao longo de sua vida empresarial. Desde meados dos anos 1960, Pinga produziu mais de 15 mil eventos, uma média de mais ou menos 270 shows por ano. Como entendia de audiência, tornou-se um misto de empresário e produtor, levando artistas de sua região a outros lugares. Conectava tudo com rádio e televisão, fechando o círculo para garantir que os shows ficassem lotados.

Ele apostava que o axé não estava apenas confinado à Bahia e que o público clamava por esses novos músicos, esse novo ritmo e letras diferentes. As bandas de axé passaram a abrir muitos shows para Elba Ramalho, Luiz Gonzaga e Wando, a depender da cidade. Na falta de algum artista, alguém era chamado para substituir, e as bandas se cruzavam o tempo todo pelas capitais do Nordeste e no interior. Carlinhos chegou a tocar percussão na banda de Wando.

Os palcos que começavam a misturar o pop com o axé acabaram por colocar a música baiana no mesmo patamar de importância. Existia na época um conceito bem difundido de "forróck", que tinha fãs por toda a região. A mistura de ritmos já era uma constante para o público, e algumas mentes mais visionárias, como a de Pinga, já viam nisso uma grande oportunidade de negócio, que, com enorme visão empresarial, foi criando o ecossistema shows-discos-rádios para o axé. Assim, quando as bandas chegavam às cidades, todo mundo já estava esperando. Pinga adiantava pagamentos robustos, muitas vezes em valores que os músicos nunca tinham visto, e isso deixava todos motivados e compromissados.

Por intermédio de Stanley e Fernando, empresários de Luiz Caldas, Pinga chamou o grupo Mar Revolto para fazer uma série de apresentações. Quando Carlinhos se sentou para conversar, não se conteve e soltou: "Nunca vi tanto dinheiro na minha vida." Eram todos iniciantes no showbiz. Quando começou a turnê, Stanley veio conversar com os músicos e disse: "Fiz um acerto com Pinga e com os empresários, que se os shows passassem de 2 mil pessoas, ele aumentaria o cachê; só que estou com um problema sério, já fizemos dez shows com vocês e não sei como pagar." Ninguém tinha conta em banco, e os produtores estavam com sacolas e caixas de dinheiro vivo de bilheteria.

O grupo só voltou para casa depois de três meses. Então combinaram que iam gastar o dinheiro na estrada. Pegavam maços de notas e perguntavam: "Quem está precisando de dinheiro?" O próprio Carlinhos admitiu: "Éramos crianças, não tínhamos noção." Tudo isso sem falar no glamour de estar cruzando com ídolos nacionais em todos os backstages. Os camarins já não eram apenas um assento de carro velho atrás do palco. As festas eram fartas, e tudo parecia somar com essa intimidade entre os artistas, gerando cada vez mais colaborações.

O Mar Revolto fazia turnês pelo interior do Nordeste para juntar algum dinheiro. Tocavam para quem quer que fosse. Uma vez, no início dos anos 1980, agenciados por Silvio Palmeira, foram contratados por um sujeito chamado Ribeirinho para tocar dois dias na cidade de Lagarto, em Sergipe, patrocinados por um político local que havia pago um bom dinheiro. Os políticos eram grandes clientes para os empresários. Shows para políticos eram muito comuns e, muitas vezes, representavam o único entretenimento de porte em cidades do interior. Quando o Mar Revolto chegou à cidade, o prefeito propôs um cachê extra para que prolongassem a estada, mas o cantor do grupo não podia ficar. Então, de comum acordo, eles resolveram que Carlinhos ia cantar. Para conquistar o "cliente", ele inventou um

LONGO CAMINHO ATÉ O AXÉ   165

jingle que começou a pegar. Ele repetia no final: "É Ribeirinho ou não é?" E o povo passou a repetir: "É…" Depois da primeira apresentação, o grito passou a ecoar pela cidade.

Sentindo a pressão, o político concorrente trouxe, logo no outro dia, Miss Lene, uma cantora que marcou época e era um dos maiores sucessos do momento. Como Miss Lene havia perdido o baterista, Cesinha foi tocar com ela para ganhar um extra. E as combinações se embolaram. Animado com a aventura, Carlinhos tinha começado o show com "Zanzibar" ("Azul de Jezebel…"), um sucesso na época, e quando a banda entrou pela praça, a pedidos do prefeito, Carlinhos gritou: "É Ribeirinho ou não é?" O problema é que o lugar estava lotado para ver Miss Lene, e, sem saber que ela havia sido contratada pelo concorrente de Ribeirinho, o povo respondeu fervorosamente: "É…"

O time do concorrente se desesperou, se emputeceu, e alguns começaram a disparar tiros de revólver. No meio da confusão, Carlinhos escutou: "Mata o cantor, mata o cantor!" Os tiros começaram a chegar cada vez mais perto, e ele saltou para dentro de uma Kombi, fugindo da cidade para não ser morto. A primeira experiência assumindo a dianteira da banda rendeu piadas por muitos anos, mas o jovem baiano não ficou com qualquer trauma por isso. Pelo contrário, foi ali que experimentou o poder de comandar as massas e, principalmente, a possibilidade de interagir com o público. As pessoas estavam descobrindo que aquilo era grande, e cada vez mais artistas se lançavam. As bandas acabavam aceitando qualquer oportunidade, muitas vezes sem nenhum planejamento.

Certo dia, um artista chamado Carlos Pitta chegou para conversar. Pagava melhor que Luiz Caldas, gostava de fazer shows no meio da semana e tinha um grande sucesso, "Cometa mambembe". Sua pegada era mais rápida, mais para o estilo Chiclete com Banana, o que agradava bastante Carlinhos. Pitta era agitado, ficava pulando no palco, sem olhar para o chão, e um dia, em Ilhéus, caiu de uma altura de muitos metros de tanta empolgação. Era respeitado, mas completamente atrapalhado. Grande arranjador, tinha também um bom faro para músicos. Tirou Carlinhos e Otávio Américo de suas bandas para tocar com ele.

Prometeu tirar todos da "Rumbaiana" de Salvador, com um show para triplicar os ganhos. Sairiam às cinco da manhã para chegar às oito da noite numa cidade do interior, a tempo de se prepararem para o festival que acontecia lá. Quando acordaram, ao meio-dia, o ônibus estava no meio de um canavial. Todos acharam estranho, mas como o motorista disse que estava tudo sob controle e aquela era a maior companhia de ônibus de Salvador, dormiram de novo e acordaram às três da tarde. Um senhor num jegue apontou para a direção em que deviam ir, e, finalmente, depois de quase voltarem todo o caminho até Salvador, conseguiram chegar à cidade às onze da noite. A praça estava deserta e não havia sinal de nenhum festival. Depois de alguns minutos o grupo conseguiu chegar à casa do prefeito, que, assustado com a hora, deu de cara com a banda: "Carlos Pitta, prefeito! Viemos fazer um show", e o prefeito respondeu: "Mas o show é dia 28." Era dia 18. Todos caíram na gargalhada.

Salvador ia se tornando a meca do carnaval de rua, com bandas e ritmos aparecendo e se fundindo. Em 1983, a capital testemunhou o primeiro Carnaval da Barra, com as passagens de som dos blocos Camaleão, Eva e Traz os Montes no sentido Ondina-Barra, o inverso do que se faz hoje. A cidade estava completamente parada. Além da Banda Beijo, foi lançada a Banda Mel, que ganhou imediata projeção nacional, com os megassucessos "Prefixo de verão" e "Baianidade nagô". Os trios não possuíam corda, e os seis caminhões que compunham a carreata permitiam que pessoas com camisetas subissem. Os abadás só surgiriam no início dos anos 1990, mas a restrição de acesso começava a se intensificar, para gerar renda e organizar os desfiles, já que as cordas eram facilmente ultrapassadas.

Em 1984, Salvador celebrou cem anos de carnaval, marcando o fim de muitas regras de desfile, como os temas-enredo e alegorias inspiradas nas folias europeias. Foram introduzidas as arquibancadas com estruturas tubulares e também os camarotes. Enxergando o potencial turístico, a prefeitura de Salvador captou recursos e lançou uma campanha para atrair mais visitantes. Depois de três anos ausente, o Olodum voltou a sair no Pelourinho, causando grande alvoroço. O Acordes Verdes fez considerável sucesso com Luiz Caldas na guitarra e voz, Brown na percussão e Cesinha na bateria. Era o prenúncio do que viria.

LONGO CAMINHO ATÉ O AXÉ

Se os anos 1970 serviram de base para que a mistura da Bahia fosse assumida como a base de uma nova indústria musical, foi nos anos 1980 que essa visão se concretizou. Em 1985, introduzindo os teclados e tirando a prioridade da guitarra baiana, Luiz Caldas gravou na WR seu álbum *Magia*, que incluiu a sensação "Fricote". O álbum vendeu 100 mil cópias e chamou a atenção para a música da Bahia. Carlinhos surgiu pela primeira vez como compositor gravado e publicado com "Visão do cíclope", composta em parceria com Jefferson Robson e Luiz Caldas. Além disso, contribuiu como músico, acompanhante e arranjador, tendo participado assiduamente da "coatividade" de "Fricote". Depois de *Magia*, Luiz Caldas se tornou uma atração do programa do Chacrinha. Uma aparição no programa dominical da Globo custava nessa época entre 10 e 12 mil dólares. Chacrinha escutou a fita e disse para Roberto Santana, o empresário, que topava colocar. A sensibilidade pelo popular encontrara um novo ídolo.

Luiz Caldas se mantinha como uma conexão muito importante, que continuaria dando perspectiva ao aspirante a astro. Salvador foi tomada por uma mistura de sons de tambores, frevo baiano, samba-reggae, ritmos caribenhos, ijexá e pop, consolidando a axé music. Em 1985, Luiz Caldas passou a puxar o bloco Camaleão, onde ficou por seis anos. Sarajane, que cantava nos Novos Bárbaros, se despediu da banda, e ganharia disco de platina por 600 mil cópias vendidas com o álbum *A roda*, em 1987.

Também em 1985, Carlinhos Brown deixou o Acordes Verdes para tocar com Caetano, numa época de grande reviravolta na banda e também no axé. O movimento todo não tinha mais um dono. Eram vários disputando o título, numa concorrência ferrenha. Muitos outros protagonistas viriam. Até então, pouca gente tinha ouvido falar de Margareth Menezes, Daniela Mercury, Netinho e tantos outros. O carnaval de Salvador era uma panela de pressão, com dezenas de nomes que conquistariam o Brasil inteiro.

O ciclo de turnês havia começado e Carlinhos tinha achado seu lugar estratégico no epicentro das indústrias fonográfica e de espetáculos no país. Mas o carnaval nunca deixou de ser importante. O carnaval do Brasil, mas principalmente do Nordeste, se descolou do samba. No final dos anos

1980, a classe média invadiu os blocos, mesmo com regras mais rígidas impostas pela Secretaria de Segurança, que impôs o uso de cordas e limitou os blocos a 2 mil pessoas. Carlinhos adotou o nome Camarote Andante justamente para ironizar esse movimento. Até hoje se discute essa época como o início de um processo de segregação. As festas nos clubes tinham perdido o protagonismo, e Salvador recebia agora muita gente de fora. A rua era o novo baile. Carlinhos e Moraes Moreira chegaram a fazer blocos sem corda, mas era difícil.

O que estava em jogo era também um modelo de negócios. Defendendo a ausência de cordas, o músico dizia que "a gente quer é progredir o negócio". Dodô e Osmar também já tinham experimentado sem corda, mas todo mundo queria um pedaço da rua, e os blocos passaram a vender espaço, móvel, no meio da rua, cheio de seguranças. As roupas ainda eram as mortalhas, antes de existir o abadá. Nos subúrbios, elas eram reaproveitadas e vestidas com cortes. Quando Luiz Caldas veio tocar na Bahia, no bloco Traz os Montes, usava-se macacão, a música era instrumental e se empunhava um "mamãe sacode" (aquele pedaço de pau com um pompom na ponta), que foi proibido mais tarde, porque também deixava as ruas mais sujas.

No fim de 1989, Carlinhos Brown havia chegado aonde jamais imaginara. Muito menos sua família. Mas não ainda onde queria estar. Acumulara duas posições com muita credibilidade: as de percussionista e letrista, que angariava mais reconhecimento na classe musical. Já fazia arranjos e tinha sessenta músicas gravadas, mais da metade de sua autoria, e muitas delas hits nacionais. Não apenas o Muro de Berlim caiu nesse ano. Caíram também várias barreiras para a emergência de uma nova geração de músicos e de gêneros musicais.

Apesar de todo o alvoroço, o Brasil ainda estava por ver a explosão da micareta. A Bahia conseguira amalgamar grande parte de sua cultura em espetáculos de magnitude nacional e ser notícia não apenas para si própria, mas nos horários nobres ao redor do país. Era como se fosse uma outra geração de "novos baianos", mas agora com som bem mais próprio. Os artistas já não precisavam se mudar do estado para fazer sucesso. Iam para o Rio e São Paulo para trabalhar e voltavam. A Bahia, terra natal de

João Gilberto, Raul Seixas e tantos outros que eram frequentemente tidos como gringos, agora se via lotada de músicos do Brasil e do mundo inteiro. E o jovem músico era um foguete prestes a decolar.

Carlinhos estava cercado dos melhores, começava a se sentir mais à vontade para mostrar suas composições e logo se firmaria como grande letrista e parceiro de muitos artistas. Contando apenas as músicas gravadas, já escreveu mais de quinhentas com outros artistas. Os talentos do Acordes Verdes acabaram se separando porque "a qualidade da banda exigia que seus integrantes buscassem outros caminhos", ele explicou. Aqueles jovens não queriam mais insistir numa fórmula, mas na próxima oportunidade de aprendizado. Alfredo Moura foi para a Áustria estudar, Cesinha foi para o Rio tocar com Caetano e despontou na carreira. Carlinhos Marques se consolidou como chefe do estúdio de Wesley Rangel. A partir daquele momento surgiam novos nomes todos os dias. Mas aqueles músicos que se encontraram na WR, tocaram juntos ou se esbarraram no carnaval deixariam um enorme legado.

OS ANOS 1990, TRANSFORMAÇÃO DOS MEIOS E SUCESSO

O Brasil tinha se tornado o país do samba, do futebol e também do LP. Em 1991, 174,8 milhões de LPs haviam sido vendidos no mundo inteiro, sendo que 28,4 milhões no Brasil, ou quase 16% do número total. Em 1993, apenas 7% da população brasileira dispunha de um reprodutor de CDs, considerado então um aparelho de luxo. Mas os CDs logo se difundiriam, e mesmo quando as vendas de LPs começaram a cair, os números no país mantinham-se altos. Em 1994, a bolacha preta que reproduzia a música acompanhada de chiados vendeu 14,5 milhões de unidades no mundo todo, consagrando-se no topo das vendas. Na BMG Brasil, por exemplo, as maiores vendas eram de Lulu Santos, Fábio Jr. e grupos de samba, como Raça Negra e Só Pra Contrariar.

Também em 1994, o Brasil foi surpreendentemente o maior comprador de LPs no mundo, considerando o tipo de mercado que tinha.

O consumo de LPs nos Estados Unidos tinha voltado a crescer depois de uma grande baixa. A diferença era que, nos EUA, os responsáveis por esse crescimento eram os aficionados e colecionadores, que começaram a formar clubes e a frequentar feiras especializadas. O ARChive of Contemporary Music (ARC) foi fundado em Nova York em 1985 e pode ser visitado até hoje, tanto para a compra de raridades quanto para a pesquisa de música. Uma década depois, ainda estávamos consumindo LPs, enquanto os americanos já colecionavam fazia tempo.

A fita cassete nunca deu certo no país. O mercado asiático, sem contar o Japão, teve 62 vezes o tamanho do mercado no Brasil em 1994 (534,2 milhões de unidades contra 8,5 milhões). Dizia-se que as fitas estragavam com o calor. Os singles tampouco funcionaram. O Brasil era um território peculiar, criativo, que dava dinheiro, mas que requeria sempre muita explicação para as matrizes das gravadoras.

Foi também em 1994 que o Brasil decidiu continuar a ser uma república presidencialista, derrubando a proposta parlamentarista no referendo constitucional de 21 de abril, durante o governo de Itamar Franco. Mais tarde, em 1º de agosto, a moeda passou a ser o cruzeiro real, com Fernando Henrique Cardoso comandando a economia. A estabilidade no horizonte brasileiro fez do início dos anos 1990 um período promissor. A música levava multidões à Bahia. Em 1993, foram lançados o primeiro álbum da Banda Eva e do grupo de pagode Só Pra Contrariar (homônimos), e *Um beijo pra você*, de Netinho. Eram as estrelas do momento.

Durante a década de 1990, Carlinhos teve gravadas mais de 130 músicas de sua autoria, numa média de mais de uma por mês. Olhando apenas o número "uma por mês", pode parecer pouco, mas o trabalho envolvido na gravação de uma música não deve ser subestimado. Não se trata apenas da letra, mas da melodia, do arranjo, da harmonia. Há também a agenda dos artistas, sempre ocupados com shows, ensaios, publicidade, eventos, além da contratação dos músicos, a logística de deslocamento, a locação de estúdio e muitas outras providências. Cada música é um projeto, que pode levar semanas ou meses. E Carlinhos estava fazendo isso com uma série de artistas.

LONGO CAMINHO ATÉ O AXÉ

Ao longo dessa década, ele passou a se ocupar cada vez mais com a Timbalada, firmando seu nome como produtor, seguindo a escola do ex-chefe e agora grande parceiro Wesley Rangel. Em 1994, o grupo lançou o álbum *Cada cabeça é um mundo*, trazendo na capa cabeças vistas de cima, com os padrões da Timbalada pintados na careca dos percussionistas. Ele próprio comandava o espírito e a técnica, e com seu corre-corre foi transformando o caos da falta de organização em uma desorganização bastante funcional e divertida.

No ano bissexto de 1996, Michael Jackson foi gravar em Salvador, no Pelourinho, e no morro Dona Marta, no Rio de Janeiro, o clipe para a música "They Don't Care About Us". Um nervoso e apreensivo Spike Lee dirigiu o clipe com o Oludum. No Rio de Janeiro, a gravação foi cercada de suspeitas quanto a um acordo com o tráfico de drogas para permitir a entrada do ídolo na favela em segurança. O chefe do tráfico era o conhecido Marcinho VP, e o diretor de cinema americano chegou a ser chamado de "otário" pela Polícia Civil. A ideia de fazer o vídeo no país havia sido de Spike Lee, que, em 1991, conhecera alguns percussionistas do Olodum durante sua passagem pelos Estados Unidos na turnê com Paul Simon. Na visão de Carlinhos, os americanos deveriam ter vindo sem uma "visão colonialista" e poderiam ter mostrado mais da diversidade do país. Não era que fosse contra mostrar a favela: "A favela é desse jeito, por que não mostrar? Por que não mostrar as coisas do Brasil como elas são?" Os americanos não exibiram o videoclipe com a participação do Olodum, que só foi ao ar pelas transmissoras brasileira e europeia da MTV.

Três semanas depois da filmagem, realizada no dia 9 de fevereiro, o Brasil perdeu a banda Mamonas Assassinas, num trágico acidente de avião no dia 2 de março. Nesse mesmo ano, Sandy & Júnior lançaram seu primeiro álbum. Mas talvez o maior marco do ano tenha sido a transmissão em tempo real no Brasil pela web de um show de Gilberto Gil feito na Embratel. Fernando Henrique era presidente e o Brasil vivia um clima de renovação muito grande. Apenas nesse ano de 1996, Carlinhos teve 21 músicas de sua autoria gravadas, incluindo "Rapunzel", com Alain Tavares, até hoje um dos maiores sucessos de Daniela Mercury.

172 MEIA-LUA INTEIRA

Mas todos esses acontecimentos não se equipamariam ao lançamento de *Alfagamabetizado*, com seu pan-africanismo, baianidade, brasilidade, axé e outros termos utilizados para encapsular a música do artista rebelde e múltiplo que sempre buscou transcender qualquer definição de gênero. Convencido de que o Brasil se encontrava no epicentro do movimento de internacionalização da cultura, ele afirmou que, com um país com toda essa riqueza, diversidade e talentos, "a mama África já era. Todo mundo agora quer mamar no Brasil".

ANTES DA EXPLOSÃO DO AXÉ

Entre as décadas de 1960 e 1980 muitos blocos de samba se formaram em Salvador. Os mais conhecidos são Juventude do Garcia, Filhos do Tororó, Ritmistas do Samba, Ritmos da Liberdade, Bafo da Onça, Diplomatas de Amaralina, Escravos do Oriente, Filhos do Morro, Filhos de Maragogipe, Unidos do Vale do Canela, Filhos do Sossego, O Abafa, Filhos do Ritmo, Acadêmicos do Ritmo, Juventude da Cidade Nova, Deixe que Diga, Vigilantes do Morro, Farrista do Morro, Unidos do Gantois, Juventude do Tanque, Recordação da Mangueira, Amantes da Orgia e Bafo de Tigre. Essa extensa lista revela tanto a presença quanto a importância do samba em Salvador, ainda que essa história continue relegada a segundo plano.

O estudioso Nelson Varón Cadena comenta, em seu livro *História do carnaval da Bahia*, que "Filhos do Tororó, Juventude do Garcia e Diplomatas de Amaralina [...], durante uma década, pelo menos (1966-1976), tornaram-se a principal atração do Carnaval Baiano, e eram elas que apareciam nas fotos dos jornais da quarta-feira de cinzas com destaque".

Quando as escolas e os trios estavam misturados, um senhor chamado Arquimedes se encarregava da infraestrutura e, orientado por Maria Eugênia dos Santos, mãe de Raul Seixas, permitia o acesso dos cegos às arquibancadas, de onde o menino Carlinhos pôde ver várias exibições. Hoje, elas viraram um camarote. Certo ano, no Diplomatas de Amaralina, as pessoas cantavam, quase como manifesto: "Negro é feliz, já pode

LONGO CAMINHO ATÉ O AXÉ

cantar, negro é feliz, já pode sambar." Essa música nunca saiu da cabeça de Carlinhos, que via nela um grito de redenção.

O samba é um ambiente naturalmente colaborativo, e isso ajudava o jovem artista a entrar em rodas não apenas para tocar, mas também para escrever, fazer arranjos e harmonias. Era uma escola de convivência e desenvolvimento intelectual. O carnaval era a força motriz das festas de Salvador, e os blocos iam se diversificando. O Internacional só aceitava homens, enquanto sua filial, o Lá Vem Ela, só tinha mulheres. O Vai Levando foi o maior cordão de Salvador, e suas fotos nas ruas lotadas são hoje parte do acervo da Fundação Pierre Verger. Os candidatos a participar tinham que preencher uma ficha cadastral com foto e enviar o formulário, e depois de uma seleção eram chamados ou não a pagar. Uma situação constrangedora pelo racismo, que "passava dos limites do bullying, era uma versão preconceituosa, um apartheid social", como Carlinhos define agora.

O Ilê Aiyê nasceu sob essa luz, com a proposta de combater a discriminação. Já que não podiam ter acesso aos blocos, os negros criaram um bloco só para eles. Com isso, começou uma espécie de revolta de base, de valorização da cultura afro, impulsionando a criação de vários filhos, como o Olorum Baba Mi e o Olodum, e outros.

Até que o axé vingasse, e mesmo nos anos dos primeiros hits, os músicos baianos ainda faziam turnês pelo interior, onde arrecadavam a maior parte de seus ganhos. Não tinham as mordomias e benesses, embora já estivessem movendo as massas.

Em 1986, Daniela Mercury e Carlinhos Brown foram ao município de Cícero Dantas, no norte da Bahia, a trezentos quilômetros de Salvador, para uma micareta, e, quando terminaram suas apresentações, foram para a rodoviária, que era uma portinha. Já passava da meia-noite, e eles tinham combinado de voltar com o pessoal da Banda Eva, mas eles já tinham partido. O ônibus de carreira que ia levar a banda inteira para Salvador quebrou e não apareceu. Daniela estava grávida de Giovana, sua primeira filha, e Carlinhos estava com o pé quebrado, imobilizado. Todos os integrantes da banda estavam exaustos, e dois deles, Nino Moura e Otávio Américo, resolveram voltar para o trio.

Sem opção, Daniela e Carlinhos ficaram esperando a chegada de outro ônibus, que veio lotado. O jeito era ir em pé até Salvador ou tentar a sorte na manhã seguinte. Como eles estavam sem hotel, resolveram encarar em pé a viagem de duzentos quilômetros. Depois de mais de três horas de viagem, vagou um banco no fundo. Carlinhos não aguentava mais ficar apoiado num só pé, e Daniela, com aquele barrigão, estava exausta. Toparam rachar o banco, muito pequeno, mas tiveram que se sentar de lado, a única maneira possível. Quando um cansava da posição, dizia ao outro: "Acorda aí, vamos mudar de lado que minha perna está dormente."

A dupla dá risada quando conta essas histórias. Toda a turma ia se encontrando pelos interiores. Todas as bandas seguiam um trajeto semelhante e passavam perrengues parecidos. Mas foi assim que foram conquistando um público cada vez maior. Começaram pela Bahia, e poucos anos depois estavam em todo o Brasil.

Como muitos sabem, o nome Carlinhos Brown deriva, principalmente, de James Brown, mas o significado vai muito além da imitação que ele fazia na adolescência do cantor americano. Nessa época, o Black Power e a soul music haviam estourado nos Estados Unidos, e as periferias afro começavam a questionar a opressão, os costumes e principalmente a subordinação. A Motown, lendário estúdio americano, havia começado a operar com esse nome em 1960, liderada por Berry Gordy, que escreveria para os Jackson 5 o hit "I Want It Back" e lançaria nomes como The Supremes, Marvin Gaye, The Temptations e Stevie Wonder, entre muitos outros. Nesse momento, a música passou talvez a ser o maior canal da luta racial, porque vinha carregada de moda, de costumes novos, de estilo próprio, de mensagens e de história. Mas também porque agradava a classe média branca intelectualizada que queria fazer parte da luta antirracista. O movimento se espalhou por Salvador, e cada nova peça que se incorporava somava em força e estilo. Dos blocos aos bailes, o racismo foi sempre um ingrediente de movimentos revolucionários, e, na Bahia, com a adesão do candomblé, criou-se algo único.

A WR seria uma espécie de Motown brasileira e o axé, uma espécie de soul. Os "Brau" se encontravam com frequência em grupos pequenos,

LONGO CAMINHO ATÉ O AXÉ

faziam bailinhos, tinham códigos de vestimenta e comungavam desse anseio pela liberdade de poder sonhar os mesmos sonhos da classe alta. O artista usou Brau por bastante tempo, até que adotou o Brown, e hoje é chamado assim pela maioria da classe artística. Décadas depois, cogitou trocar seus documentos e adotar Brown como sobrenome oficial, mas não levou a ideia adiante.

Ele se forçava a fazer muitas coisas em paralelo para pagar as contas, que cresciam. Sempre foi ambicioso e dá valor a cada centavo ganho. Os atos de gastança quase sempre estiveram conectados com uma pujança criativa, de investimento. Mais ainda, ele precisava ser incansável, porque não tinha costas quentes. Só o trabalho poderia fazê-lo mudar de lugar, em todos os sentidos. Entre 1982 e 1985, Carlinhos acompanhou Paulinho Boca de Cantor, em experiência solo fora dos Novos Baianos, integrou a revolucionária Turma do Vagão, ao lado de Klaus Rupert, Gini Zambelli, Tony Mola e Ivan Huol, e se manteve fiel a Lui Muritiba e Chico Evangelista.

Em 1986, uma música de sua autoria, "Armando eu vou", interpretada por Cida Moreira, entrou pela primeira vez na trilha de uma novela da TV Globo. A letra foi sua única parceria com Ricardo Luedi. *Cambalacho*, novela das sete de Sílvio de Abreu dirigida por Jorge Fernando, foi a primeira a incluir uma música de axé e a superar a audiência de uma novela das oito, chegando a 56 pontos no Ibope. A música foi também a segunda faixa do lado A da trilha nacional da novela. Nesse ano, Carlinhos havia acumulado 26 sucessos tocados nas rádios. Levou o Troféu Caymmi, que mais tarde revelou novos talentos, como Daniela Mercury e Ivete Sangalo. Também em 1986 ele ainda escreveria "Remexer", em parceria com Luiz Caldas, e "O coco", sozinho. Era um vulcão em erupção de tanta criatividade.

A IDENTIDADE DO AXÉ

Em 1986, Carlinhos participou do disco que ele considera a gênese do movimento axé, *Mensageiro da alegria*, de Gerônimo, um dos maiores gênios musicais da Bahia. Além de ter participado da gravação de "É d'Oxum", assinou a letra de "Corra lá", junto com o próprio Gerônimo. "É d'Oxum", "Fricote", em parceria com Luiz Caldas e Paulinho Camafeu, e "Yayá Maravilha", composta apenas por ele em 1986, foram três grandes sucessos que, para muitos, catapultaram a música baiana nos anos 1980 e ajudaram a consolidar uma identidade própria, logo batizada de axé music.

O axé organizou, ou reorganizou, quase toda a indústria musical da Bahia. Foram muitas conquistas e muitas disputas, exaustivamente divulgadas. Definir um novo território musical é sempre muito difícil, e fazer isso no mainstream é coisa rara. Estabelecer uma nova indústria é mais raro ainda. Um dos maiores méritos do músico e compositor foi ter colocado a percussão à frente, como parte principal do carnaval. Seja no Olodum ou na Timbalada, os tambores saíram do nicho para serem a exaltação da festa. Numa comparação com a bateria no rock, o batuque passou a ser o início e o fim das músicas. E isso transformou toda a percepção do que era a cultura baiana.

Carlinhos sempre criticou a baixa diversidade musical, a pouca renovação. Para ele, é preciso buscar e escutar mais coisas novas, o artista tem de fazer o público pensar, provocar reações, e sempre rejeitou a ideia de que o axé era apenas música para pular. Sem fazer qualquer distinção entre o axé e o candomblé, sua defesa do movimento passou a ser quase agressiva, porque entendia que estava lidando com jornalistas que tinham completo desconhecimento sobre a cultura afro no Brasil. Certa vez, perguntado se cantar "vê xangô em dona Preta" ajudava a esclarecer sua complexidade cultural e a do axé, respondeu:

> Você continua a não saber o que é xangô porque não viveu. Se um dia alguém for estudar o Candeal, vai encontrar o xangô e vai encontrar essa referência, isso se chama memória. Não sou eu, é a própria simplicidade da vida que arremata, com sofisticação que nem eu domino. É a plasticidade musical que eu busco. O que quero dizer não significa nada. Não me considero poeta, compositor, nada disso — talvez mais artista plástico que todas essas coisas.

LONGO CAMINHO ATÉ O AXÉ

A urgência, ou talvez o próprio desespero de encontrar essa identidade e validar esse discurso, se contrapôs a outros estilos que vinham de fora:

O Brasil tem uma linguagem própria, e essa música (hip-hop) não é a representatividade urbana brasileira. Não é. Não é. Eu sou a Bahia do mundo, o Brasil do mundo, que aceita o mundo, mas não se deixa corromper nem ser engolido por ele. Não tem graça parecer que estou em Nova York, prefiro ir a Nova York. Minha música é brasileira, então é sem metralhadora. É Jobim que inspira os Racionais? Não é. É a voz dos presos, da situação favelada. É fortíssimo, a realidade. Se essa é a realidade que se quer, vamos para ela. Continuo na minha. Não bole ninguém na minha vida, no Candeal não há tráfico, metralhadora.

Em 1986, a banda Chiclete com Banana gravou sua música "É difícil" no álbum *Gritos de guerra*, num momento de transformação no uso da percussão lateral do trio liderado por Bell Marques. Brown levou bastante tempo treinando e aperfeiçoando o uso de vários instrumentos e percebia que eles eram mais flexíveis. Para além dos baldes e bacias, ele sentia que dava para criar novos sons com adaptações de instrumentos existentes, além de desenvolver instrumentos completamente novos, o que acabou acontecendo.

Ele queria ir além do axé. Muita gente olhava torto e torcia o nariz para o gênero por considerar que o que estava sendo feito era um ritmo caribenho, e vários artistas na Bahia acabaram endossando essa visão. A Bahia sempre abrigou os ritmos latinos, como a rumba e o chá-chá-chá, e a nova revolução continuaria a ser feita pela percussão, dessa vez mais diversa, alcançando até a música da rua. Foi quase um movimento de buscar um novo original e um horizonte diferente na ancestralidade baiana.

A Bahia tinha uma enorme carência de bateristas, que muitas vezes vinham de Maceió, Pernambuco e outros estados. Carlinhos cruzara com talentos brutos, Toinho Batera e João Bobeira, que já tocavam uma percussão contemporânea, com misturas de R&B, e poderiam ter ido muito mais longe. O Acordes Verdes foi uma tentativa de trazer essa nova musicalidade, um laboratório vivo, que depois terminou. Os músicos bebiam de muitas fontes, como Earth, Wind & Fire, Roberto Carlos e Amado Batista, entre outros. E os resultados foram ficando cada vez mais originais.

A percussão ganhava importância, influenciando diretamente na sonoridade da banda, na infraestrutura musical e mesmo na dinâmica que se criava entre os membros. No começo eram poucos blocos, Papa-léguas, Camaleão, Eva, Internacional, Beijo e alguns outros. Enquanto músicos como Durval Lelys e grupos como Banda Eva e Camaleão são oriundos de escolas de classe média, como o Marista, a origem do Internacional, do Corujas e do Clube do Rato eram as casas carnavalescas.

A FORÇA DO CARNAVAL

Quem já passou o carnaval na Bahia e escutou, na voz de Daniela Mercury, a letra de Ivany — "Eu vou atrás do trio elétrico, vou / dançar ao negro toque do agogô / curtindo a minha baianidade nagô" — sentiu na pele a emoção dessa região única, de história e cultura muito próprias. Parece não haver no país outro lugar onde a mistura de influências, crenças e tradições seja tão escancarada e praticada. E a força da música na Bahia é ancestral; vem de muitas confluências e vai muito além de datas ou ritmos particulares. Por tudo isso, o aspecto puramente recreativo era um tanto ofensivo para Carlinhos, que se considerava muito mais.

A energia de Lemba, ou Oxalá, é a energia da paz. Paz que para cada pessoa é diferente. Muitos pensam que estar em paz é estar quietinho sem ninguém por perto para chatear. Mas, para o candomblé, paz é lutar pelo que a gente quer, é estar no lugar onde devemos estar, buscando aquilo de que precisamos. E, assim, não há paz que não tenha vindo de uma grande luta ou de uma grande guerra. E foram muitas lutas para construir a complexa história da música, e especialmente a do carnaval na Bahia. Não é fácil entender todas as nuances dessa evolução.

Aos poucos, Carlinhos ganhava confiança artística e no seu processo com os músicos. Uma mistura intensa de criatividade e profissionalismo.

LONGO CAMINHO ATÉ O AXÉ

Fazia um grande esforço para trabalhar em times diferentes. Mas, no início, os blocos escolhiam a dedo os artistas, tentando parecer um pouco com Rio e São Paulo, numa espécie de adaptação de gostos. E ele se incomodava muito com essa tendência. Achava que isso inibia a criatividade e a expressividade. E não era só ele. Margareth Menezes e Lazzo Matumbi também não encontravam espaço nesse ambiente.

Carlinhos e Margareth, principalmente, começaram a reagir, e partiram para tocar samba-reggae, como no disco revolucionário de Missinho de que ele participou e que ajudou profundamente o gênero. Queriam ter seu lugar ao sol e tinham que concorrer com muita gente, não apenas em termos de qualidade musical, mas nas disputas raciais e políticas que foram aflorando.

Nesse ambiente já contaminado por uma participação mais elitista, a percussão era o território mais desvalorizado dentre os instrumentos. Ainda que o ambiente nunca chegasse a ser hostil, a falta de união de vários setores era inegável. Os próprios baianos passaram a ficar muito excluídos na curtição do carnaval, restritos à simples prestação de serviços para os "estrangeiros que chegavam", e isso começou a incomodar grande parte da população.

No final das contas, Salvador vive todos os anos tentando equilibrar as benesses das receitas geradas pelo carnaval e o desgaste causado pela indústria. E, cada vez mais, a parte econômica passou a ter um peso maior. A cada ano, tudo "engrossava", da qualidade dos amplificadores à magnitude dos carros, da quantidade de bandas à opulência das roupas. O aspecto econômico passou a ter um peso cada vez maior, e, hoje, o carnaval na Bahia movimenta mais de 1 bilhão de reais. Mas sua força resiste, e Carlinhos não duvida disso:

> O carnaval tem uma vida tão própria, tão pessoal e tão importante que, inclusive, gosta de vácuos de criatividade. Porque é o único elemento festivo e de ânimo no mundo que nasce todo ano; morre na Quarta-Feira de Cinzas para renascer bebê no ano seguinte. Sua vida dura sete dias, mas sua sensação dura eternamente na alma das pessoas.

8
Parcerias

Carlinhos Brown é uma usina de criação transbordante que nunca para e, com os sentidos fervendo, me leva a caminhos que eu nunca veria se não fosse pelo seu farol. Ele me ensina o valor do labor e o prazer do lazer. A liberdade de poder errar sem medo. Que quando se acredita no que se faz não há como não dar certo, mesmo que seja algo que não se sabia fazer. Que lá no fundo há sempre mais força do que se previa. Meu irmão Carlinhos Brown vive de invenção, com sabedoria ancestral e energia de criança. O pincel, a baqueta, o rodo, a palheta, o chão, a tecla, a caneta. Tudo em suas mãos é matéria-prima de susto e beleza. Meu compadre Carlinhos Brown sempre comparece quando preciso de alento, de impulso, de coragem.

Arnaldo Antunes

Carlinhos Brown teve a sorte de tropeçar em gênio após gênio e aprender com cada um deles. Alguns em participação direta, como Caetano e Luiz Caldas, outros pela oportunidade de aprender a pensar e a fazer diferente, como Guto Graça Melo e João Gilberto, e outros ainda pela identificação e admiração, como Gilberto Gil. E assim, de encontro em encontro, foi construindo seu acervo de aprendizados e colaborações, que renderam músicas muito diferentes das que ele teria feito sozinho. Carlinhos fez muita coisa de forma intuitiva, por quase nunca dizer não a uma oportunidade, e até hoje buscar associações que ampliem seu alcance.

Alguns encontros foram marcantes e fluíram de imediato, outros foram sendo conquistados a partir de situações e posições diferentes, vencidas pela determinação de somar e aprender sempre. Carlinhos se diz "cagado de sorte" quando pensa na quantidade de encontros que teve, muitos deles improváveis, e outros que buscou ativamente e geraram parcerias que o mantiveram sempre ativo no estúdio, nos palcos e na mídia.

Às parcerias duradouras e de longa data, como as estabelecidas com Margareth Menezes, Marisa Monte e Arnaldo Antunes, se somaram algumas mais pontuais, como a com Sergio Mendes, e outras de grande sucesso, como a com os Tribalistas.

SOMANDO FORÇAS

Margareth Menezes é uma história à parte na cena musical da Bahia e na vida de Carlinhos. Além da enorme contribuição para a música brasileira, é preciso destacar sua valiosa presença na luta racial, dentro e fora da indústria da música, que a levou a uma interação constante com Carlinhos, dos festivais de escola na juventude à criação de ritmos e músicas que fizeram história no axé. Ambos têm a mesma idade e desde cedo estiveram muito ativos, ainda que percorrendo caminhos bem diferentes.

O primeiro encontro profissional aconteceu em 1987, na WR, onde Carlinhos era músico permanente. Djalma Oliveira, cantor e produtor musical, achava que a voz de Margareth podia virar uma marca do axé — mistura de samba duro, reggae e forró, ligada à tradição do timbal — e a convidou para gravar "Faraó, divindade do Egito", primeiro sucesso internacional do gênero, que vendeu mais de 100 mil cópias e rendeu 21 turnês internacionais. A canção transformaria o axé e proporcionaria muitas possibilidades de parcerias estrangeiras. Depois desse sucesso, Margareth lançou *Kindala*, em 1991, e o álbum alcançaria o segundo lugar na parada

PARCERIAS

de world music da Billboard. Alex Henderson, do AllMusic Guide, celebrou o disco da baiana dizendo:

> Margareth Menezes, cantora pop do Nordeste do Brasil, ilustra a riqueza e a profundidade da experiência afro-brasileira em *Kindala*. Em contraste com o pop mais suave e influenciado pelo jazz que saiu do Rio de Janeiro, *Kindala* é mais corajoso e notavelmente percussivo, mas consistentemente melódico.

O nome afropop tornou-se tão marcante que, em 1999, Margareth pediu ao amigo para produzir seu sexto disco, *Afropopbrasileiro*. A dupla trabalhou por quase dois anos para lançar o álbum, que teve a colaboração de Ivete Sangalo e Daniela Mercury na faixa "Cai dentro", a oitava do disco. Mas o grande sucesso veio com a sétima faixa, "Dandalunda", que Carlinhos compôs para ela em 2001. A música conquistou as rádios e o público e deu origem à turnê de mesmo nome. Extremamente complexa e biográfica, é considerada um dos maiores fenômenos do autor. Ver "Dandalunda" se tornar quase um hino no carnaval de 2003, cantado em todas as casas e ruas de Salvador, foi uma experiência certamente inesquecível. Ainda mais considerando que quase ninguém entendia direito o que estava sendo dito. A letra era tão misteriosa que, anos depois, em 2011, no *Altas horas*, programa de Serginho Groisman na TV Globo, Margareth teve de explicar a letra frase por frase. A música fala sobre o Candeal, sob o olhar de Iemanjá. Carlinhos foi perdendo o medo de falar e de se expressar em metáforas e frases que por vezes parecem ininteligíveis, e esse tipo de letra se repete no seu repertório, como se ele pudesse escrever uma autobiografia apenas com suas criações musicais.

A dupla continua sendo provavelmente a mais ativa e ativista em questões que ainda fazem muita gente torcer o nariz, do racismo ao sincretismo, da reafricanização ao lugar de fala. Os dois recebem e rebatem críticas dentro de vários ambientes e continuam suas lutas. "Margareth e eu começamos juntos, e continuamos juntos, porque ela é uma das minhas parcerias mais contínuas", Carlinhos faz questão de dizer.

Ao tomar posse como comandante do Ministério da Cultura em janeiro de 2023, e com um painel atrás escrito "A cultura vai tomar posse", Margareth Menezes disse:

> Agradeço... ao povo desse país maravilhoso, afetuoso, forte, criativo e combativo... Eu, Margareth Menezes da Purificação, sou cidadã brasileira de raízes afro-indígenas, criança nascida na periferia de Salvador, na península de Itapagipe, no estado da Bahia, no Nordeste brasileiro. Cantora, compositora, sou artista popular e trago dentro do meu peito o amor pelo Brasil diverso, por esse povo lindo, forjado na resistência, símbolo da alegria de viver e da diversidade, que tanto nos orgulha, por sua capacidade de sínteses abertas e de reinvenções infinitas.

Sua missão na cultura brasileira se renovara, depois de anos de sombras.

LIBERDADE E ALEGRIA

Embora a parceria entre os dois pareça inusitada, a afinidade entre Carlinhos e Arnaldo Antunes foi imediata. O encontro dos dois se deu bem antes da formação dos Tribalistas, em 1995. O baiano convidou Arnaldo para fazer uma participação num show da Timbalada, na Bahia, e ele topou cantar "Mulatê do bundê" (A baiana tem um fogão / A cubana tem um bujão / A baiana tem um surdão / A cubana tem um furgão), do primeiro disco da banda. Era preciso coragem e ousadia para juntar Timbalada e Arnaldo Antunes, mas ambos já se admiravam, provavelmente por motivos muito diferentes. O baiano estava de olho no paulista desde 1984, quando Arnaldo lançou com os Titãs o primeiro disco da banda, quase dez anos antes de sair em carreira solo, em 1993.

Os dois vêm de origens muito distintas. O pai de Arnaldo era um exímio pianista, ouvia muita música clássica, e ele vivia uma realidade muito diferente da vida no Candeal, onde Carlinhos batucava na bacia de alumínio da mãe, tendo aprendido e entendido sua musicalidade na rua.

PARCERIAS

O dois, porém, conseguem fugir da rima mais popular, mais vulgar, talvez mais óbvia, misturando muito bem o candomblé com a cultura urbana. Arnaldo diz que "é esse gosto lúdico pela linguagem" que sempre os uniu. Para ele, Carlinhos se tornou um grande inventor de achados poéticos, que vão da música à liberdade na linguagem poética das letras das canções, e o inovador é a sofisticação desses achados, que, apesar do improviso e da espontaneidade, seguem um caminho que arrisca combinações erráticas:

> Carlinhos tem uma coisa de acertar muitas vezes achados lapidários... ele traz sugestões que vêm de um lugar muito inesperado, muito improvável, em que eu mesmo não teria pensado, então essa liberdade dele e, ao mesmo tempo, o gosto de jogar com os sons das palavras, fazer sua percussão de sílabas, fazem com que a gente tenha muita afinidade para brincar com as palavras, experimentar.

Quando aceitou o convite de Carlinhos, Arnaldo chegou a Salvador na véspera do show da Timbalada para começar logo a ensaiar com todos, mas estava tudo atrasado e o ensaio acabou não acontecendo. No meio da confusão, alguém falou: "Amanhã a gente ensaia, mas ele quer falar com você." Arnaldo conta que o levaram a um apartamento, espécie de refúgio no Rio Vermelho, e Carlinhos estava lá, tranquilo, tocando violão, fazendo uma música, e quando o viu foi logo dizendo: "Ah, estou fazendo uma coisa aqui, chega mais." Desse primeiro encontro já saiu uma música espontânea, "Doce do mar", que anos depois, em 1998, Arnaldo gravou em seu disco *Um som*. Arnaldo brinca que isso de certa forma marcou a relação deles: "Sempre que a gente se encontra tem: 'Ah, estou fazendo uma coisa aqui', grava na hora, então já inaugurou com essa dinâmica, com essa ligação."

Arnaldo apresenta o amigo como uma "usina criativa" e o considera "um inventor incrível em todos os sentidos, na hora de compor, nos jogos de palavras que faz, nos insights. Ele tira som de tudo e tudo fica bonito. Se não tiver instrumento, ele pega um objeto e faz". Arnaldo conta que chamou Carlinhos para fazer algumas coberturas em seu álbum *Disco*, lançado em 2013, e que ele chegou ao estúdio sem nenhum instrumento: "Pegava um potinho de caneta, uma canetinha, uma garrafa, e ficou tudo lindo, deslumbrante." Ele fala com admiração da força e da energia do amigo:

> Além de ser geralmente o último a sair e o último a se cansar, é sempre admirado pelos colegas, que sabem que muitas vezes terão de enfrentar uma persona forte, criativamente desafiadora e sonhadora. Mas seu papel social de arregimentar as pessoas a fazer trabalhos coletivos, além das invenções geniais, sempre foi um combustível das colaborações.

Mas, talvez, a maior identificação entre eles esteja em tirar o rótulo de tudo, de acreditar que o que interessa não é o gênero, e sim o gênio. Arnaldo diz ter dificuldade em entender que alguém goste de um gênero de música e não de outro:

> Eu não gosto de rock 'n' roll, eu gosto de Jimi Hendrix, eu amo Stones, eu amo algumas coisas no rock 'n' roll e outras não. Da mesma forma, não é que eu ame música de carnaval, mas eu amo Lamartine Babo, eu amo o Braguinha, amo o Carlinhos Brown, então são coisas que em qualquer gênero você vai encontrar, coisas que valem a pena para você.

Ao comentar o ambiente musical de sua geração, ele diz que os dois vieram depois da Tropicália e por isso não foi preciso conquistar essa liberdade de transitar entre diferentes gêneros:

> Quem quebrou um pouco essa questão da compartimentalização foi o movimento tropicalista, a geração anterior à nossa. Nós já crescemos em uma cultura híbrida. Pega uma música do Carlinhos, você tem influência de várias coisas, ele mistura música latina com africana, brasileira, com forró, com axé, com rock.
>
> Agora, o Carlinhos é incrível, porque ele também é um conhecedor de música, muito pouca gente sabe disso, ele conhece música árabe, música africana, eu me lembro que quando a gente estava produzindo *Paradeiro*, a gente ia muito de carro para o estúdio e ele sempre colocava uns sons incríveis no carro, às vezes era algo do blues, às vezes música árabe.

PARCERIAS

Paradeiro, lançado em 2001, um pouco antes de *Tribalistas*, foi coproduzido por Carlinhos e Alê Siqueira, produtor de que Arnaldo gostava muito. Durante as gravações, Arnaldo levou Alê e alguns músicos de São Paulo para a Bahia, a fim de misturá-los com outros que seriam arregimentados lá. Arnaldo sempre foi mais metódico, ensaiava muito e chegava ao estúdio com um planejamento bem montado. Mas dessa vez resolveu confiar e levou as canções cruas, para desenvolver os arranjos ali, de maneira participativa, com os músicos da Bahia. A experiência e o resultado foram tão incríveis que Alê Siqueira se mudou para Salvador, onde morou por vários anos, trabalhando inclusive nos estúdios do Candeal.

Carlinhos consegue fazer todos se sentirem em casa no Candeal. Fica contando histórias depois das gravações, entra em longas conversas durante o jantar, deixando cada disco mais especial e com uma marca conjunta, numa dinâmica que foi sendo construída aos poucos. Ele fazia as pessoas ficarem mais tempo na sua cidade, e músicos de São Paulo e do Rio irem para Salvador, e não o contrário, como era mais frequente.

Voltando ao parceiro Arnaldo Antunes, talvez a colaboração mais poderosa entre os dois seja na performance ao vivo do baiano em 2016, do álbum *Artefireaccua* (*Incinerando o inferno*), na música "Dois grudados", quando ele contracena com uma tela gigante no palco e a voz de Arnaldo entra grave, arrepiando, recitando um poema, no meio da performance.

A VIRADA TRIBALISTA

"Paradeiro", terceira faixa do álbum de mesmo nome, é uma parceria de Arnaldo (letra), Carlinhos e Marisa (melodia). Quando Arnaldo decidiu incluí-la no disco, ele e Carlinhos logo pensaram em chamar Marisa para participar. Ela então foi ao estúdio, com a ideia de gravar a música em um dia e voltar no outro. Mas, quando chegou, os três, numa espécie de convulsão e catarse criativa, começaram a compor loucamente, e não pararam de sair músicas que seriam um marco na música brasileira. Esse foi o verdadeiro encontro dos três, a essência criativa que ligou o trio, na Bahia, o palco que parecia faltar.

Nos intervalos das gravações, que aconteceram em 2000, fosse no estúdio ou na casa do amigo baiano, eles atravessavam a noite, fazendo música até de manhã. Marisa precisava voltar ao Rio e dizia todo dia: "Putz, preciso voltar ao Rio amanhã, vou adiar minha passagem mais um dia." Fez isso umas duas ou três vezes, e acabou ficando. O frenesi criativo durou quase uma semana. Fizeram cerca de vinte músicas, de onde tiraram o repertório inteiro do primeiro disco dos Tribalistas.

Arnaldo conta que a relação entre os três tinha "uma coisa contagiante, porque um lança uma ideia, aí outro pega e transforma, e aquilo vai, tem uma química mesmo... uma alquimia muito fértil e muito espontânea". Quando eles se deram conta da quantidade e qualidade da produção realizada em tão poucos dias, concluíram que só poderiam gravar aquele material juntos.

No meio desse processo imersivo de composição, Margareth Menezes foi até o estúdio Ilha do Sapo, no Candeal, e se juntou ao grupo. Os trabalhos continuaram e desse encontro surgiu a melodia que deu origem a "Passe em casa", outro sucesso. Ela foi testemunha do processo:

Um dia liguei para Brown e ele falou: "Venha para cá, que a Marisa e o Arnaldo estão aqui." Aí eu fui lá para o estúdio dele, o Ilha do Sapo. Estavam lá Brown e Arnaldo tocando violão. Brown com um baú de músicas aberto, mostrando coisas, falando de ópera, eu não sabia o que estava acontecendo, mas fiquei lá com eles. No final da tarde fomos almoçar em um lugar que vendia carne de sol, entramos nós quatro, foi uma loucura. Acho que os caras não estavam nem acreditando. Depois voltamos ao estúdio, e quando deu umas 2h30 da manhã, eu estava com o violão e veio a melodia de "Passe em casa". Fiz a melodia e mostrei ao Brown, e ele disse: "Pô, vou chamar a Marisa e o Arnaldo." Eles desceram e fizeram a letra, eu não tenho um ai nessa letra, porque não dá tempo, eles são muito rápidos na composição. Eles terminaram tudo em meia hora, foram embora para casa, e depois, toda vez que eu encontrava Brown e Arnaldo, eles ficavam com essa coisa:

PARCERIAS

189

"Passe em casa, passe em casa." Até que eu recebi o convite, depois de um tempo, para ir à casa de Marisa. Uma coisa secreta, não me disseram que estavam gravando, nada, só que eu não podia comentar que estava indo lá. Enfim, fui e gravamos "Passe em casa". Eu toco violão também na música, mas até então não sabia para o que era. Só vim saber depois, quando eles me disseram que estavam lançando um projeto e que a música estava no disco. Foi assim que nasceu essa música, um dos grandes sucessos do projeto Tribalistas, e eu fico muito feliz de ter participado desse momento. Brown me diz que eles também me consideram uma tribalista, uma quarta tribalista, e eu me sinto feliz por isso.

A parceria de Carlinhos com Marisa Monte, entretanto, já vinha de longe. Desde que ele decidiu buscar parceiros contemporâneos, ou, como disse, "buscar se entrosar com o Brasil morando na Bahia", foi trazendo pessoas para conhecer sua cidade, seu bairro e sua mística. Marisa teve uma importância enorme nesse processo, porque, na efervescência de fazer músicas "quentes", o ajudou muito a construir canções, a traduzir sentimentos para um público mais amplo. Uma parceria longa até chegarem, anos mais tarde, aos Tribalistas.

Em 1993, os dois compuseram suas primeiras canções, "E.C.T." e "Na estrada", em parceria com Nando Reis, e dois grandes sucessos. "Na estrada" é a segunda faixa de *Verde, anil, amarelo, cor-de-rosa e carvão*, terceiro álbum de Marisa, lançado em agosto de 1994, e que estreou já na primeira posição dos discos mais vendidos no Brasil.

Em 1996, ano de transposição de grandes barreiras, ele gravou com Marisa um clipe, ainda com suas enormes mechas rastafári aparentes, de óculos escuros pequenos, numa série intitulada *Hotel Tapes*, como parte do que virou um dos grandes sucessos e um dos mais aclamados discos de Marisa, *Barulhinho bom*, lançado naquele mesmo ano. O álbum, que ganhou duas vezes disco de platina, com mais de 750 mil cópias vendidas, tem ainda outras três participações de Brown como compositor, em "Magamalabares", "Arrepio" e "Maraçá".

Os dois construíram um sólido relacionamento criativo com muitos trabalhos de sucesso. Uma vez, Carlinhos estava em Nova York e ligou para Marisa entusiasmado: "Olha isso aqui, vamos fazer, está faltando coisa", e aí fizeram juntos "Amor I Love You", que Marisa gravou em *Memórias, crônicas e declarações de amor*, lançado em maio de 2000, e que teve a participação de Brown como coautor em cinco faixas. O single "Amor I Love You" ganhou um prêmio no Video Music Brasil da MTV na categoria de Melhor Videoclipe de MPB, recebeu uma indicação ao Grammy Latino na categoria Melhor Canção Brasileira e virou tema da novela *Laços de Família*, na TV Globo.

Carlinhos relembra o dia em que foi comprar ervas de banho na feira de São Joaquim e de repente escutou a música no alto-falante:

> Vi o povo dançando, e disse: "Pronto, isso é incrível", e liguei para ela. Marisa, você está cantando na feira de São Joaquim. Ela amou e foi um êxito enorme nas nossas vidas. Nós não paramos até chegar os Tribalistas, aí essa coisa de compor foi imensa.

A dupla nunca mais se separou, e eles sempre conversam para ver qual vai ser o próximo grande sucesso. São muitas memórias e histórias. Falando dos Tribalistas, Marisa reflete:

> A arte tem vida própria, a gente faz o nosso melhor, criamos e compomos, mas nunca sabemos exatamente no que vai dar, então a gente se ofereceu a isso, nos dedicamos, nos empenhamos, mas a coisa veio surgindo canalizada de uma forma muito natural, muito forte, e quando a gente cantava juntos as músicas que a gente fez, cada um, naturalmente, já assumia uma função musical, eu tocando e cantando, o Carlinhos cantando outras coisas e abrindo voz, o Arnaldo também, e a gente achou que isso valia um registro autoral. Esse registro poderia ter sido pulverizado entre o meu repertório, o do Arnaldo e o do Carlinhos, mas a gente achou naquele momento que seria legal fazer um registro autoral coletivo, então todas as músicas são dos três. Para os três, artisticamente, isso foi um bálsamo, foi um momento muito feliz de vida pessoal e artística.

Eu acho que o que move um encontro desses é o amor, a admiração e respeito mútuos, a gente querer ficar quieto para ouvir o outro; eu quero escutá-los, então a gente acabou fortalecendo ainda mais os nossos laços, e, após essa história em comum, temos histórias lindas para contar do que vivemos juntos.

Antes de começarem a gravar, Marisa ficou quase um ano tocando em jantares e festinhas com amigos as músicas que tinham saído daquela epifania criativa. As pessoas adoravam e pediam mais. Era um sucesso atrás do outro.

O processo de gravação e lançamento do álbum foi intenso, não apenas pela agenda cheias dos três, mas pelo fato de Marisa ter engravidado durante a gravação do disco. Os "meninos", como ela gosta de dizer, foram gravar no estúdio em sua casa, e quando tudo terminou voltaram para Salvador e São Paulo. Ela seguiu editando e mixando, e os dois iam ao Rio a cada quinze dias para ver como estavam indo os trabalhos, conversar e comentar o resultado. Logo após a gravação, Marisa começou a se sentir mal, com muito enjoo, e ficavam apenas ela e o editor, Alê Siqueira, cuidando dos detalhes. A edição demorou cerca de dois meses, como ela explica: "Foi um disco muito derramado, bruto, e a gente teve que roteirizar tudo com calma, as vozes, os cantos, para montar o álbum. E depois teve toda a parte que foi filmada, que teve que ser editada, porque era um projeto audiovisual."

O disco saiu quando Marisa estava no final da gravidez e foi um estouro. Diferentemente do habitual, o lançamento não teve turnê, porque, naquele momento em que chegavam convites do mundo inteiro, Marisa tinha acabado de dar à luz. Quando Mano Wladimir fez seis meses, no meio do ano, os Tribalistas foram fazer uma apresentação no Grammy Latino, em Miami, e Marisa levou o bebê e a babá.

Em seguida eles foram para a Europa fazer uma apresentação em Paris, apenas para a imprensa, numa rodada de divulgação. Para diminuir o esforço de Marisa, levaram cerca de duzentos jornalistas para a capital francesa, em vez de fazerem o pinga-pinga em um monte de cidades. Ficaram dez dias dando entrevistas e fizeram um show. Dali, foram para a

192 MEIA-LUA INTEIRA

Itália cantar no Festival de Verona. Marisa cantou só duas músicas e foi um delírio. Foi um momento de tentação, pois eles sabiam que o disco seria um sucesso e iriam ganhar muito dinheiro. Mas não havia mesmo como fazer vários shows.

Tribalistas vendeu mais de 1 milhão de cópias no Brasil (disco de diamante, pela classificação do Pró Música Brasil, órgão representante dos produtores fonográficos no país), e ainda foi número um em Portugal, número dois na Itália e sucesso em vários outros países.

Marisa Monte destaca a química dessa parceria criativa com Carlinhos Brown, que flui de forma tão espontânea, sem nenhum entrave:

> A gente não tem esse controle, a gente não sabe disso, e ainda bem que ninguém sabe, porque esse é o grande mistério, tem de ter a qualidade da comunicação das canções com o público, de elas conseguirem passar a mensagem, mas também tem a ver com o contexto, com o momento em que aquilo chega nas pessoas, tem a ver com tantos fatores que vão tão além da própria música, da própria criação. É uma coisa da qual ninguém tem controle.

NA BAHIA E NO MUNDO. NO PALCO E NAS TELAS

Por ser capaz de conquistar parcerias poderosas, Carlinhos se tornou um protagonista importante na recepção afetuosa da música baiana no final dos anos 1970. Antes já existiam Dodô e Osmar, Caetano, Gil, que contribuíam muito para essa admiração, mas não tinham capilaridade. Foi na música baiana de massas, como se definiu na década de 1980, com os blocos, o axé e as bandas, que Carlinhos conseguiu capitalizar grandes trabalhos coletivos e impulsionar sua carreira. Arnaldo foi um dos que testemunharam esse movimento, e diz ter ficado fascinado

> com a cena da música da Bahia nos anos 1980, com os blocos, o trabalho do Olodum, do Araketu, do Muzenza. Em São Paulo não chegavam esses

discos, então, quando eu ia à Bahia, ia em lojas de pneu para procurar os discos dos blocos, e para mim foi um acontecimento renovador da música brasileira. Nessa época, inclusive, os discos eram sem harmonia, era tambor e voz. Depois começaram a entrar um pouco mais os instrumentos harmônicos, e a coisa foi se transformando. A paixão com que eles tocavam na Bahia nos anos 1970, o trio elétrico, tudo isso... mas esse começo da cena do afroreggae e dos blocos na Bahia, os primeiros discos desses blocos que não tinham harmonia, isso, para mim, foi um acontecimento, foi uma revelação.

Outras muitas parcerias vieram e cumpriram diferentes propósitos, sempre reforçando a presença de Carlinhos no universo musical da Bahia, do país e mesmo no cenário internacional. Um encontro importante do ponto de vista de sua luta contra o racismo foi a participação no filme *Tempo rei*, produzido em 1996 pela Conspiração Filmes, com direção de Andrucha Waddington, que revisita os trinta anos de carreira de Gilberto Gil. Gil era mais que um ídolo, era um ícone de várias lutas, um peixe fora d'água que se tornou a água para muitos peixes.

Gil convidou Carlinhos para cantar "Refavela" e gravar, em estúdio e numa praia, uma reflexão sobre a música, a arte, a carreira e a vida. A gravação é uma pérola sobre a cultura brasileira e sobre essa necessidade de experimentação que Carlinhos nunca abandonou. Ao gravar o depoimento no videoclipe, Gil mostra uma enorme sensibilidade com o que entende, com o que acha que entendeu e com o que nunca entendeu, sempre deixando um espaço para a filosofia. Na conversa e no improviso musical de quase três minutos, ele e Gil usam "Refavela" como uma metáfora sobre a vida do negro, da luta à sensualidade, como explica Gilberto Gil:

"Refavela" revela a escola de samba paradoxal, brasileirinha pelo sotaque, mas de língua internacional. É tudo isso que se quer hoje. Uma coisa que revele nossas raízes, nossos compromissos com as coisas que são nascidas e criadas aqui, mas que ao mesmo tempo... com a coisa planetária, que se expanda para o resto do mundo, que inclua as informações que chegam do resto do mundo até nós. Tudo isso é essa coisa que eu digo, de antecipatória, que a música tinha, para esses tempos que a gente vai vivendo agora; tempos do samba-reggae, tempos da Timbalada, tempos do pancadão, e sempre com a coisa do negro, com a coisa do samba, com as coisas nas formas que vieram da África, e que estão em África ainda hoje, estão por trás de tudo. "Refavela" é o primeiro momento, primeiro documento meu muito claro, muito nítido sobre isso. E Brown é o exemplo mais nítido possível de que eu estava certo.

Ainda que tenha feito turnês com músicos no exterior, a carreira internacional de Carlinhos Brown demorou um pouco para deslanchar, mas não por uma questão de recusa ou resistência. Mesmo sem falar uma palavra de inglês, ele sempre se manteve conectado com o exterior, uma espécie de playground de descobertas. No seu "comuniquês", na primeira vez que gravou em Nova York, encontrou o baixista norte-americano Bill Laswell na van que ia levá-los para o estúdio. Quando foi entrar, Bill bateu a porta da van e prendeu a mão de Carlinhos. Seus gritos de dor foram interpretados como manifestação de alegria e "daquela loucura brasileira". Carlinhos ficou com a mão presa, seu instrumento mais precioso, até conseguir se esticar e bater nas costas de Bill, que abriu a porta.

O susto rendeu brincadeiras, mas o baiano aprendeu a necessidade de se comunicar bem a fim de estabelecer parcerias. O "deixar fluir" tem que ser combinado com disciplina, com a preparação para o que vai acontecer, para a seleção de canções que tenham futuro, com os arranjos que precisam ser trabalhados e letras que não ficam prontas em dez minutos. E ele sabia bem o espaço que podia ocupar, na música, na literatura e no cinema, não apenas como entretenimento.

Em 1997, "A namorada", faixa do disco *Alfagamabetizado*, entrou na trilha sonora do filme *Velocidade máxima 2*, com direito a uma pequena participação do músico baiano. No mesmo ano, ele participou como ator de *Navalha na carne*, de Neville d'Almeida, e assinou uma música da trilha sonora do filme, "Carnavália na carne-seca". Seria apenas o começo de várias participações em filmes, atuando, narrando e compondo.

PARCERIAS

Em 2011, Carlinhos participou da trilha sonora de *Velozes e furiosos 5*, de Justin Lin, com a canção "Carlito Marrón", nome de seu quarto álbum solo, de 2003, lançado primeiro no exterior e só depois no Brasil. Nesse disco, incorporou a persona Carlito Marrón, deixando claras as influências mexicanas, cubanas e espanholas na música baiana, e principalmente a influência de Mestre Pintado em sua infância e adolescência:

> Eu queria traduzir meu nome de Carlinhos Brown para Carlito Marrón como forma de esclarecer as influências que tenho dos rumbeiros. Também queria agradecer a meu pai, que cantou rumba para mim, e a meu mestre, que me ensinou a tocar os bongôs. Para eles fiz esta canção, que fala de um menino sem futuro que encontrou seu caminho, seu mundo e sua companheira Merlita Monroe. Carlito Marrón não é Charlie Chaplin e Merlita Monroe não é Marilyn Monroe, mas falo do que significam para o inconsciente coletivo. Se estivessem aqui, eles seriam mestiços, neo-hippies com mochilas nas costas. Um casal superbonito.

No mesmo ano, Brown produziu a trilha sonora de *Capitães da areia*, de Cecília Amado, assinando como compositor oito das dez músicas do filme, três delas inéditas: "Tema de Dora", "Capoeira futuro" e "Espírito bravo".

Aliás, 2011 pode ser considerado o ano do cinema na sua carreira, com a estreia em Hollywood, quando levou suas parcerias e a periferia para o tapete vermelho. Das treze músicas da trilha do filme *Rio*, de Carlos Saldanha, sete foram compostas por ele.

Dois anos antes, em 2009, Carlos Saldanha convidara Sergio Mendes para organizar e produzir a trilha sonora do filme, e Sergio pensou imediatamente em convidar o amigo baiano. Eles haviam estabelecido uma relação de amizade e parceria duradouras, e o convite, claro, foi logo aceito. Carlinhos foi para Los Angeles, e eles logo começaram a fazer várias músicas juntos. Nessa ocasião, ele passava pequenas temporadas em Los Angeles, geralmente de quinze dias, onde trabalhava no estúdio ao lado de Will.i.am, Jamie Foxx e Bebel Gilberto. A turma teve a regência de Carlos Saldanha, que dirigia seu primeiro longa sozinho, depois de ter começado nos primórdios da Blue Sky Studios, com Chris Wedge. Relembrando as gravações, o diretor brasileiro diz:

> Carlinhos é um vulcão musical sempre em erupção, porque ele não para. "Let Me Take You to Rio", a segunda faixa da trilha, de Ester Dean e Carlinhos Brown, ficou 28 semanas no número dois da Billboard. Sobre a indicação [de "Real in Rio"] ao Oscar, Carlinhos, meu viva vai para a música popular brasileira e sua força arrebatadora!

PASSAPORTE PARA HOLLYWOOD

Entre 2009 e 2010, Carlos Saldanha preparava *Rio*, seu próximo filme, e tinha avisado à Fox que queria "esses caras, Mendes e Brown". Mas para finalizar a contratação e ter certeza de que o músico baiano estava apto a respeitar a disciplina da indústria de cinema norte-americana, faltava ainda a apresentação aos executivos que decidiriam o acordo. Carlinhos e Mikael Mutti, arranjador e produtor também baiano, desceram em Los Angeles para gravações de samples, uma espécie de "café com leite" para ver como as coisas poderiam evoluir. Os exercícios iniciais agradaram, mas se passaram meses até o negócio ser concretizado.

Os dois voltaram a Los Angeles para conhecer o todo-poderoso John Powell, da Fox Films, que os recebeu em sua casa, no melhor estilo Hollywood, com mais de 15 mil metros quadrados, estúdio de primeira linha e várias mesas de edição, que fizeram a dupla babar. Estavam presentes cerca de dez executivos e executivas, cada um com seu laptop, o que impressionou os baianos. Carlinhos se sentiu em clima de teste, e enquanto ele e Mutti falavam, os executivos digitavam.

Powell disse que estavam havia seis meses trabalhando a música-tema do filme, e que o presidente da Fox queria ouvi-la na semana seguinte. Eles estavam obcecados com o tema "festa na floresta", e o clima de teste era um pouco para ver se o comprometimento com o esquema de trabalho realmente funcionaria ou se tudo não passava de uma "viagem" de Carlos Saldanha em relação ao Brasil.

Powell começou a explicar que, quando o passarinho caía da árvore, era um momento especial do filme, e então Carlinhos interrompeu, colocando o dedo na boca e apontando sua ideia: "Com isso aqui faço qualquer coisa", e começou a assobiar em tom de canto de passarinho, chegando até o pio de uma caça abatida.

> Comecei a fazer cuíca de boca, tamborim, surdo, caixa, todos os instrumentos do samba. De boca! Para inserir na festa da floresta, inventei sons de "jungle", misturados com o cantar dos passarinhos, vozes humanas. Fui me empolgando. Alabatuca, alabatuca, prra, ca, tum... tum... E Mikael Mutti lá, assumindo uma das mesas de edição. Levei um cara esperto, que sabe botar o samba nas claves, este som pra cá, esse pra lá.

Powell ficou impressionado com a performance, e a partir dali o diálogo foi fluindo. Os brasileiros foram trazendo suas ideias, ao mesmo tempo que escutavam Powell com toda a sua experiência musical. O processo de brainstorming, criação e transformação de músicas em tempo real não era novidade ali, mas eles logo sentiram uma grande expectativa e um desejo forte de Powell de "imprimir sua digital" de maneira decisiva no trabalho. Powell insistia que eles precisavam de uma abertura maior, mais longa, e Sergio foi tocar uma melodia com o som da manhã do Rio, gravada em piano a pedido de Carlos Saldanha. Todos ouviram a gravação, uns oito compassos, bonita, mas com um quê mais para bossa nova. Powell pediu uns segundos e colocou para tocar "O tambor", samba-enredo campeão do Salgueiro de 2009:

> Tem batuque... Tem magia... Tem axé
> O poder que contagia... Quem tem fé!
> Na ginga do corpo... Emana alegria
> Desperta toda energia!

No folclore a herança
No canto, na dança... É festa... É popular!
Seu ritmo encanta, envolve, levanta...
E o povo quer dançar!
É de lata, é da comunidade,
Batidas que fascinam
Esperança... Social, transforma... Ensina!
Ao mundo seu um toque especial
É show... É samba... É carnaval!

Não apenas o ritmo, mas a própria letra conectavam com o que Powell queria. Carlinhos Brown havia sido destaque na escola do Rio e se lembrava perfeitamente da música. Tudo fazia mais sentido. Powell deixou claro que era "esse o caminho" a ser seguido, com menos bossa nova e mais samba. O baiano concordou imediatamente e sugeriu trazer Marcão do Salgueiro para gravar aquilo. Uma das executivas se opôs de imediato e reiterou que as gravações para a Fox tinham que ser originais, construídas ali mesmo. Então Carlinhos e Mikael, na hora, "armaram uma escola de samba de dois", com os samples levados do Brasil e instrumentos tomados emprestados de amigos baianos que tocavam em Los Angeles. Com Sergio Mendes de um lado, Powell de outro e Mikael editando, foram ajustando o ritmo.

Junto com Sergio, que já tinha avançado em vários temas do filme, a dupla se valeu de suas experiências em publicidade com jingles e, depois de um dia triste com a notícia do falecimento de Johnny Alf, em 4 de março de 2010, os dois entraram num clima de homenagem ao colega brasileiro. Sergio estava com a melodia, numa levada de afrossamba, lembrando Baden Powell e Toquinho, mas um pouco mais lenta, e a música saiu com Carlinhos, John Powell, Mikael Mutti e Sergio Mendes assinando o conjunto.

Estavam todos ali tentando extrair o melhor. Depois da segunda estrofe, que acabava com "toda a floresta acordou", a letra engasgou e Mikael foi sugerindo modulações para chegarem à forma final. Carlinhos emendou com "no colo da mãe natureza, a força do vento e do ar, banho de chuva e a cachoeira, levando o rio pro mar", e Mikael lembrou que "Saldanha pediu para o pássaro voar". Todos iam sugerindo trechos, adaptações, e foi preciso desprendimento para fazer aquilo em colaboração. A sessão, que durou menos de duas horas, virou uma batalha de ideias, e a cereja do bolo foi o título da música, sugerido por Sergio num verso dito por Carlinhos: "Ô, malandro, parece que não é sambista. Tá dizendo: Favo de mel."

John Powell saiu aliviado: "Meu Deus, estávamos havia seis meses tentando fazer isso." No dia seguinte, Saldanha chegou de Nova York, onde vive, e se entusiasmou com o progresso da trilha sonora, que estava causando uma certa ansiedade. A partir daquela semana, vários diretores da Fox passaram a trazer as famílias para conhecer os brasileiros exóticos que traziam uma energia e um tipo de música que os americanos não estavam acostumados a ouvir. Carlinhos se sentiu pela primeira vez em Hollywood: "Tudo que fiz devo reverência a Sergio Mendes, que me abriu as portas com sua generosidade."

Recebi a notícia (sobre a indicação para o Oscar de Melhor Canção Original) no sétimo andar, apartamento 755, de um hotel em Bogotá. Da janela do hotel vi uma casa em frente com a inscrição "Vivenda Santa Clara". Santa Clara é a luz e é a minha filha. Acredito muito na espiritualidade e na reverência à espiritualidade. Acho que tivemos a influência do guia Johnny Alf, porque ele nos emocionou muito. Pode não ser esse o pensamento do Sergio e do Mikael. Acho que nenhum de nós pensava no Oscar. No sucesso do filme, sim. Quando o mundo busca se encontrar com as diferenças e os animais racionais matam uns aos outros, é preciso se reencontrar com a natureza. Essa é a mensagem do filme, e só um cara como o Saldanha para unir o Rio e o Brasil em torno de uma lição de natureza. Saldanha é o parceiro que não aparece na música, mas é o maestro. Ele nos deu um briefing perfeito. Se o briefing não presta, o dendê desanda.

Quando levaram a gravação para o presidente da Fox, ele aprovou, mas não entendeu nada. A letra estava toda em português. Sergio se prontificou imediatamente a resolver o problema e chamou Siedah Garrett, que segundo Carlinhos parece mais "uma preta baiana, canta bem, fala alto, tem voz média, alegria e muita energia". Ela foi se guiando pela sonoridade do português e buscou na versão para o inglês sons parecidos, a fim de compor a versão que seria lançada de forma global, como o grande cartão-postal do Brasil para o mundo naquele ano. Mas Powell não se dava por satisfeito. Queria um ar mais hollywoodiano e ainda deu toques de Glenn Miller, Gershwin e Cole Porter no samba-tema. Eles gravaram mais uma vez, e finalmente saiu a obra coletiva, que em inglês foi intitulada "Let Me Take You to Rio". Eles voltaram apenas uma vez a Los Angeles depois do carnaval, e o filme rendeu quase meio bilhão de dólares de bilheteria.

PARCEIROS-AMIGOS

Os parceiros musicais de Carlinhos, de modo geral, se tornam amigos, e Sergio Mendes é um caso emblemático em sua trajetória musical e pessoal. O encontro entre os dois partiu do incentivo do percussionista Meia-Noite, que cresceu no Candeal e tocava com Sergio em Los Angeles. Admirador do conterrâneo e amigo de bairro, toda vez que ensaiavam ele dizia: "Você tem que conhecer o Brown, uma figura maravilhosa", e o outro sempre desconversava: "Tudo bem, tudo bem." Um dia Meia-Noite perguntou se podia passar o telefone dele para Brown: "Pode, Meia-Noite, pode."

E foi assim que, num domingo, às 2h30 da manhã, Carlinhos ligou para a casa de Sergio e já foi logo cantando: "Todo ducado, todo capitão / Todo lustrado, todo Nostradamus / Todo indiado, todo indiano / Tudo pintado, todo americano / Uelelelelê", e declarou: "Essa música eu fiz pra você." Atordoado, Sergio só conseguiu dizer: "Mas Carlinhos, são duas horas da manhã aqui em Los Angeles!" Apesar de ter ficado "puto em acordar no meio da noite", ele achou engraçadíssimo uma pessoa ligar de madrugada, com toda a naturalidade, para mostrar uma música.

No dia seguinte, pensou: "Gostei desse cara, quero conhecê-lo." Los Angeles estava quatro horas atrás de Salvador, e Carlinhos devia ter acordado cedo, sem conseguir parar de pensar na música; com certeza, nem pensou no fuso. Sergio achou o gesto fantástico pela coragem e comentou com a mulher: "Vou ligar para ele, gostei disso aí."

No dia seguinte os dois se falaram, e Carlinhos rapidamente soltou: "Ah, mas eu tenho um monte de músicas pra você." Sergio logo viu que ele era um sedutor, com um jeito de falar muito sincero e amigo, e falou: "Vou ao Brasil e vou te procurar." Justamente nessa época ele estava começando a preparar seu 38º disco, *Brasileiro*, e, quando chegou ao Brasil para começar o trabalho, ligou para dizer que estava indo a Salvador para se encontrarem.

Chegando lá, passou rápido no hotel e foi direto para o Candeal. Ao entrar na rua onde morava Carlinhos, levou um susto. Encontrou uns trinta músicos parados na rua que começaram a tocar quando o viram. Era a Timbalada. Sergio Mendes entendeu de cara aquela música mágica, maravilhosa. "Foi amor à primeira vista", como ele mesmo disse. Viraram amigos, e Sergio de imediato considerou a participação do baiano no disco, não só como compositor ou percussionista.

O telefonema de madrugada rendeu cinco músicas gravadas: "Indiado", "Barabaré" (em coautoria com Paulinho Camafeu e Edmundo Caruso), "Magano", "Magalenha" e "Fanfarra — Cabua-le-le". Esta última, que abriu o disco, foi gravada num parque no Rio de Janeiro, com quase cem músicos de escola de samba. Sergio sempre quis fazer a dupla Rio de Janeiro e Salvador, e "Fanfarra" era perfeita para abrir o álbum. *Brasileiro* deu um merecido Grammy a Sergio Mendes, que já havia sido indicado onze vezes sem ganhar o prêmio. Nas palavras dele:

Carlinhos é um fantástico percussionista, mas também é um grande compositor, um grande melodista, ele escreve aquelas melodias que ficam na sua cabeça e também tem cabeça de produtor, então foi uma coisa muito legal, os nossos encontros no estúdio; era uma coisa que fluía, saía bem espontânea, bem natural e sempre muito engraçada, sempre com humor o tempo todo; a gente riu muito e foi uma experiência muito linda na minha vida.

Outra criação da dupla, "One Nation", feita para a Copa do Mundo de 2014, ficou durante uma semana no número 22 da Billboard, apesar de o grande sucesso para a Copa ter sido a parceria com a cantora colombiana Shakira, que fez parte do encerramento do evento. Junto com Shakira, Carlinhos, todo de preto e branco com um cocar gigante, levantou a plateia no Maracanã, antes da final entre Alemanha e Argentina:

> Fiz um feat marcante na minha carreira, inclusive de minha autoria, ao lado desta parceira que é a Shakira, que mais tem *views* na minha história. Tem mais de 1 bilhão de visualizações, que é a música "La La La", feita para a Copa do Mundo. Marcou bastante a minha carreira.

Ao anunciar sua participação em *Black Orpheus*, da Broadway, ele disse: "A música brasileira interessa ao mundo." A peça falava de uma história antiga, de um caminho que o menino de Brotas já vinha trilhando havia muito tempo. Ele havia se preparado para o mundo e percebeu que o mundo estava preparado para receber do Brasil a criatividade das periferias. Seu movimento fez os estrangeiros entenderem e falarem a palavra "favela", tema que nunca foi tabu para ele, cujas letras expressavam abertamente suas origens. Mas Carlinhos soube captar o momento exato de exportar a brasilidade e garimpa as mentes para formar um novo inconsciente coletivo sobre o Brasil.

A cantora Iza é um ótimo exemplo. Um dia ela foi à praia do Forte ver um show do baiano e ficou grudada na grade, esperando para falar com ele, que a reconheceu de imediato e ali mesmo já a chamou para fazer uma parceria. Iza saltou de uma artista que praticamente só fazia covers no YouTube para uma sensação nacional e internacional que agora voa solo, com indicação ao Grammy Latino, posto de jurada no *The Voice Brasil* e rainha de bateria da Imperatriz Leopoldinense.

Para Carlinhos, o melhor veículo para educar é o som. No disco *Sim. Zás*, numa alusão a cinzas, de 2022, ele gravou a música "Rua é", composta com o conterrâneo Pierre Onassis e interpretada com Marvvila, cantora e pagodeira carioca. O disco era um ato de resistência na pré-temporada de carnaval, que fora cancelado nas ruas da Bahia e do Brasil por causa da pandemia. "*Sim.Zás* propõe a rememoração de um carnaval que, mesmo pedindo silêncio nas ruas, existe em nós e se renova com enorme frescor", declarou Carlinhos, com seu habitual lirismo filosófico. As parcerias nesse disco se estendem a Arnaldo Antunes, Junior Meirelles, Marisa Monte e Michael Sullivan.

CONEXÃO CUBANA E TANTAS OUTRAS

Já sua amizade com Gloria Estefan começou com a paixão que o baiano sempre teve pela música de Cuba, de onde ela veio. Mas também porque sempre considerou a cantora cubana radicada nos Estados Unidos uma das precursoras da axé music. Suas músicas serviram de inspiração para que o movimento também ganhasse força e buscasse os caminhos latinos, como forma de reforçar a identificação e a internacionalização da Bahia afro-ameríndia. Os dois se conheceram em 1989, quando Carlinhos foi a Miami gravar com Xuxa, que estava no auge da saga para conquistar a América Latina. Nessa ocasião, conheceu também o marido de Gloria, Emilio, e logo ficaram amigos.

Emilio está para a América Latina assim como Quincy Jones está para a América do Norte. Um produtor importante que ficou famoso inicialmente com o Miami Sound Machine e depois produziu Shakira, Jennifer Lopez, Ricky Martin e Marc Anthony. Carlinhos sempre mirou o mercado internacional, e o dois se tornaram uma espécie de embaixadores da cultura latina nos Estados Unidos.

O álbum *Brazil305*, lançado por Gloria em 2020, é uma ode aos ritmos latinos, e ela fez questão de ir até o Candeal para gravar. Convidou o amigo baiano para cantarem juntos "Magalenha" e participar de algumas outras produções. "Magalenha" foi a vedete do álbum *Brasileiro*, de Sergio Mendes, ganhador do Grammy em 1993, e era a chance de Carlinhos de se reconectar com esse legado. Gloria pediu também que ele arregimentasse na Bahia grupos de música para fazer um encontro de impacto, e Carlinhos convocou Filhos de Gandhy, Didá, Olodum, Timbalada e outros, numa grande mistura. O álbum ainda trouxe o samba-enredo "O homem falou", de Gonzaguinha. No final do processo de edição as mixagens foram feitas em Miami, e Emilio ainda colocou o amigo para gravar com o grupo The Wailers.

O auge da parceria aconteceu em 2021, durante a pandemia, com a performance de Gloria, Carlinhos e Anitta na cerimônia do Grammy Latino, cantando "Magalenha". Ele se entusiasma ao falar da amiga:

> Ela é uma embaixatriz da cultura latina e defende todos nós. Eu também os chamo dos reis de Miami, porque eles lançaram um olhar positivo e mudaram aquela cidade. Somos muito amigos, e Emily, a filha deles, conversa com meu filho Chico. Ou seja, as famílias latinas continuam se entrelaçando em torno dessa música mágica.

Apesar dos dreadlocks e da aparência rastafári, Carlinhos sempre fez questão de aparecer em vários quadrados. Nem a enorme conexão com a Bahia o fez se posicionar como músico de um estilo só. E seriam as centenas de parcerias que moldariam seu arcabouço artístico. Essas misturas não eram reinvenções de si próprio. Eram invenções genuínas. Ele teve a capacidade de ir sempre adicionando camadas, sempre interessado em aprender coisas novas. Sua sala de aula foi sempre a admiração pelo desconhecido.

A vontade de olhar para a Cidade Baixa e o mundo de surpresas que o esperava nunca saíram dele. As parcerias não foram apenas encontros felizes e "uma música a mais". Enquanto saía do seu mundo, Carlinhos tinha de se adaptar e entender sua existência além da lama, literalmente. Os esgotos a céu aberto, as pessoas tomando cachaça de folha e os batuques dos terreiros eram parte do seu mundo, mas ele já havia se proposto a algo muito maior. Cada pessoa que encontrava era mais um personagem para agregar. E os músicos vinham para ensinar e participar, qualquer que fosse o ritmo.

Quando começou a entender melhor a importância das parcerias, ele já estava no centro das cidades, das atenções, embora ainda se sentisse em um estágio inicial de desenvolvimento, com suas músicas iorubanas, angolas e jejes. O reconhecimento demoraria a vir. E não viria sem violência, sem crítica e sem luta para garantir seu espaço. Carlinhos mimetiza seu ambiente para se integrar e, com os erros e tropeços que vai sofrendo, tornou-se um constante observador e aprendiz, que precisa saber nascer de novo todos os dias. Vai de Anitta a The Wailers, e talvez este seja o legado que mais irá perdurar na sua carreira: gravações que sempre serão revisitadas.

De alguns anos pra cá, Carlinhos começou a trabalhar também com os filhos. Gravou um clipe lindo com Clara Buarque com uma versão de "Águas de março", em 2021. Cecília e Leila já fizeram participações cantando com o pai em seus shows, como no *Sarau Kids*. Com seu filho Miguel (também conhecido como Migga Freitas), filho de Vânia Ferso, parceiro presente e constante, colaborou em muitos projetos, como, por exemplo, na regravação da música "Quereres", de Caetano Veloso, e no álbum *Carlinhos Brown é mar revolto*, primeiro disco de uma trilogia. Os filhos foram crescendo e amadurecendo pessoal e profissionalmente ao lado do pai. *Carlinhos Brown é mar revolto* foi lançado em novembro de 2022, em comemoração aos 60 anos de idade e 40 de carreira do artista. Foi uma homenagem às suas origens na música e ao rock baiano. *Pop Xirê* é o segundo disco da trilogia, e um dos mais relevantes projetos de sua carreira. Nele, Carlinhos coloca a família no centro do seu trabalho, e cria um marco do retorno da axé music na cultura baiana. Nessa onda, os filhos caçulas, com Danielle Barvanelle, também contribuíram. Daniel Freitas participou na canção "Aglomera", e Carlinhos gravou "Madá Gugu Dadá", uma canção de ninar para Maria Madah, a caçula das meninas. Foi lançado no carnaval de Salvador em 2023, mesmo ano em que lançará o terceiro álbum da trilogia apenas com músicas instrumentais, com realização da Candyall Music e distribuição em parceria com a ADA Brasil.

9
Os palcos

Carlinhos é uma pessoa que se expressa de várias formas, não só pela música, não só pela voz, ele se expressa pela escrita, pela roupa, por tudo. Ele é uma pessoa que se expressa pelo gesto, o gesto sempre tem que estar dizendo alguma coisa. Eu falo que ele é um orixá encarnado, um guerreiro, um guerreiro de rua, um orixá das ruas.

Paulo Borges

Carlinhos foi treinado no carnaval. A vocação encontrava ali o primeiro palco. Alguns de seus atributos, como o físico imponente, os óculos, o rastafári, os turbantes, o gosto pelas roupas extravagantes, o ajudavam a se destacar visualmente no palco, mas o que mais contava era sua atitude. A Salvador onde ele cresceu já era para profissionais, com o trio elétrico ganhando espaço desde os anos 1950 e criando uma nova forma de os músicos se apresentarem. Sem falar nas ruas e praças da cidade, palcos abertos para toda a variedade de blocos e manifestações musicais. O Olimpo, o Teatro Castro Alves, era destinado a quem já tivesse, de fato, chegado à plenitude da maturidade. Ele não desprezava nenhum deles. Queria todos.

Foi criando seu estilo próprio de ativismo, muitas vezes controverso e difícil de entender de imediato. Controvérsias, aliás, nunca foram incomuns em sua vida, a começar pelo visual, que conquistava o apoio de uns e fazia outros torcerem o nariz. Mas desde cedo ele foi treinado para orquestrar as diferenças, e com isso ia ganhando respeito, dos mais velhos aos mais novos.

Carlinhos nasceu numa época em que ser preto bem-sucedido e com atitude era algo raro, mas ele diz que sua geração não tinha "conhecimento de racismo" e que as disputas e críticas não eram vistas sob essa ótica, mas consideradas conservadorismo e preconceito contra os pobres. Não havia uma noção exata do que se tratava.

Certo dia, a caminho de um show, ele ficou esperando quase uma hora algum ônibus parar e, no final, teve de pegar um táxi, gastando antecipadamente toda a sua diária. Os motoristas ficavam de mau humor com tanto sambão dentro dos ônibus, e muitas vezes não paravam quando viam alguém carregando instrumentos. O dia a dia de músico não é fácil. Vencer não é sorte, é trabalho duro. Junte-se a isso os recursos mais escassos, a cor da pele e uma atitude desafiadora, e a receptividade nem sempre será amigável.

EXPECTATIVAS E REALIDADE

Com o crescimento do carnaval da Bahia, as expectativas foram ficando mais altas, mas a profissionalização dos músicos não acompanhava o mesmo ritmo. Em 1997, no auge do frenesi do carnaval baiano, o primeiro desfile da Timbalada não aconteceu por conta de um gerador quebrado, e 2.500 pessoas ficaram sem som no primeiro dia de carnaval. Com o caos generalizado e gente gritando por toda parte, a estreia do grupo ficou para o dia seguinte, mas já não foi a apoteose com que o líder do grupo sonhara: "Sei que causamos transtornos, mas quero que todos entendam que um defeito elétrico pode acontecer com qualquer trio", ele declarou à época à *Folha de S.Paulo*. Para compensar a furada, ofereceu bebida de graça num novo show no domingo seguinte para quem ainda estivesse com o abadá da Timbalada: "Vamos fazer um show da ressaca do carnaval, e quem ainda estiver com o abadá não paga a entrada e tem cerveja de graça."

Em 1999, Carlinhos foi processado por obscenidade pelo Juizado Especial Criminal por ter ficado nu em cima do trio elétrico da Timbalada. Queria protestar pela demora dos carros à frente, perdeu a cabeça e acabou condenado a pagar 25 cestas básicas, que foram doadas a um orfanato em Lauro de Freitas.

Reza a lenda que certa vez trocaram o diesel do gerador pela gasolina do caminhão, e o trio não pôde sair. Abasteceram ao contrário e nem o caminhão andava nem a energia podia ser ligada. Um erro amador que gerou desespero nos bastidores. E a consequência dos pequenos desastres, com frequência, além de um problema de imagem, causava prejuízos grandes, com os quais ele tinha de arcar, porque nem sempre tinha patrocínio ou lastro programados.

Em 2011, Carlinhos enfrentou de novo a mesma frustração. Teve que cancelar a apresentação no Camarote Andante no domingo de carnaval por conta de um problema no sistema de som, que sofreu um superaquecimento logo no início do desfile. Depois de várias tentativas, à meia-noite sua equipe resolveu cancelar a apresentação, anunciando ao público que a qualidade de som era insuficiente para um bom show. A experiência de consertar ou ter que lidar com intempéries de produção sempre fez parte de sua vida, ainda mais sendo caótico, como ele mesmo muitas vezes confidenciou ser.

Em 2015, falando do Torres da Lapa, a 12ª atração a desfilar no circuito Dodô (Barra-Ondina) em Salvador, ele disse: "O que eu mais ouço aqui é que tem um trio quebrado lá na frente, tem um trio parado na frente. Não dá para trazer lata-velha para o carnaval da Bahia. Tem que ter responsabilidade. É muito sério isso que a gente está fazendo, e as pessoas têm prejuízo. Muitos artistas ainda estão lá atrás." Mas ele mesmo nunca deixou de aprontar e de irritar os outros.

A história da Bahia é recheada de confrontos, sobretudo na época de carnaval, fato natural pelo aumento da população, e a violência da polícia muitas vezes prevalece. Num dia de Camarote Andante, com tudo lindo, cheio de alegorias, Carlinhos foi para o chão, como costumava fazer para entreter o público, do meio da bagunça, quando um policial quis forçar a passagem pelo grupo e acabou dando uma bordoada num garoto que estava trabalhando. Por azar, um pedaço de metal de uma alegoria ricocheteou e atingiu o policial, que se sentiu atacado e deu voz de prisão ao menino.

Tudo aconteceu na frente de Carlinhos, que tentou, sem sucesso, explicar o incidente. Então, ele virou-se para o policial e disse: "Você não vai levar o garoto. Você vai me levar preso com ele. Agora eu estou preso." Colocou as mãos para trás e o policial desistiu, meio acuado. Mas aí ele já tinha comprado a briga: "Não, não, não, você disse que eu estou preso. Olha, minha gente, eu estou preso, vou parar aqui um pouquinho." Foram todos para a frente da delegacia. E o músico aproveitou para discursar:

Agora eu vou. Eu estou preso para os senhores explicarem como uma pessoa com as duas mãos em uma alegoria tem condições de ser violenta com um policial estressado que vem agredindo as pessoas desde a Barra.

A bagunça é sempre enorme no carnaval, e os policiais ainda hoje são mal treinados. Mas na época era pior, pois não dava para identificá-los, uma vez que eles não tinham nem nome nem número no uniforme. Então Carlinhos pensou estrategicamente e foi falar com os representantes da Organização dos Estados Americanos — OEA. Com a pressão internacional, o poder público passou a identificar os policiais que trabalhavam no carnaval com um número no fardamento. "Hoje é a coisa mais fácil de fazer, '0234, policial, com todo o respeito, maneira aí'", diz ele.

ENCONTROS E MUITO AXÉ

Em 2019, a cervejaria Devassa pensou em promover um show de duas gerações, os Encontros Tropicais. O primeiro foi o encontro de Gilberto Gil com o BaianaSystem, com surpreendente liga, e os ensaios foram realizados nos estúdios do Candeal. O show, gratuito, rendeu um público de 45 mil pessoas perto do aeroporto de Salvador. No ano seguinte, os organizadores decidiram ser mais ousados, e reunir a cantora Iza com a Orkestra Rumpilezz para um show de enaltecimento da cultura negra, no fim de semana da consciência

OS PALCOS

negra. Dessa vez decidiram realizar o evento no Museu du Ritmo, o espaço de entretenimento idealizado por Carlinhos na parte baixa de Salvador. Foram negociar com ele, e, quando ele viu que o show envolveria uma homenagem a Mateus Aleluia, pediu para participar. Queria de toda forma fazer parte daquilo. Era uma questão de honra.

Mas a produção era complexa, com participantes de estilos, escolas e gerações muito distintas. Nos bastidores, o clima foi ficando tenso. A turma de Iza e Letieres Leite, o maestro da Rumpilezz, que morreria de Covid-19 em 2021, não se entendiam. Mais uma vez, a briga por um espaço de fala na Bahia se fazia presente. Talvez nesse caso se misturassem dois ingredientes difíceis: além de gerações bem diferentes, havia a questão de Iza não ser baiana. Mais ainda, existia um clima de academicismo, reconhecimento musical versus empoderamento jovem, e as vaidades do showbiz. As brigas na produção se prolongavam, e Carlinhos, já que trabalhava com Iza no *The Voice Brasil*, entrou na jogada como interlocutor. Só assim as coisas foram se acalmando.

O show teve Iza e a Orkestra Rumpilezz homenageando Mateus Aleluia, que cantou o repertório dos Tincoãs, além de BNegão, Larissa Luz e Margareth Menezes, com repertórios baseados na cultura negra. E quem fez a base também foi Carlinhos, que acabou salvando o projeto, depois de muitas discussões e ameaças de desistência. No show ao vivo, transmitido no Multishow e no YouTube, os artistas choravam dentro e fora do palco. A mistura ganhou a noite, mas depois de muita diplomacia e esforços de todos. Um lado queria muito a levada orquestral negra, enquanto o outro queria a batida pop de Iza, e Carlinhos conseguiu costurar para incluir todos os ritmos e idiossincrasias dos participantes.

Antes do axé, não havia palco para uma revolução estética maior, de massa, para se colocar tudo que os terreiros queriam e precisavam mostrar aos brasileiros, mesmo com todos os movimentos do rock, do rap, do hip-hop e do funk. O axé contaminou a massa, e isso fez toda a diferença. Foi como se o Brasil tivesse saído do dueto samba e bossa nova misturado com MPB. Obviamente o Brasil musical sempre foi mais complexo que isso.

Mas essa era a cara do Brasil que se perpetuava no mainstream década após década.

Quando, em 1986, o álbum *Magia*, de Luiz Caldas, atingiu a marca de 120 mil cópias vendidas, o ritmo passou a representar novas possibilidades para a indústria fonográfica nacional, que até então tratava o movimento como algo de nicho. O axé misturava tudo e demonstrou que a combinação de vários ritmos, associada a músicos de grande qualidade, podia quebrar muitas barreiras, e que por isso também podia ser uma nova base. O axé estabeleceu um território onde a tradição e a modernidade dialogam, sem maiores incidentes. Associado à construção da temporada do carnaval em Salvador, isso foi um impulso para a economia e a indústria cultural da Bahia.

No cenário doméstico, o axé nunca prevaleceu em termos de audiência global, mas cavou, conquistou e definiu o mercado do carnaval. Sem contar que colocou muitos artistas baianos no mapa do país. Entre os downloads pagos de ringtones, três dos cinco artistas mais vendidos eram ligados ao axé: Ivete Sangalo, Babado Novo e Claudia Leitte.

Hoje, por exemplo, no *The Voice Brasil* adulto, a presença da axé music é um destaque, assim como a presença de negros. O legado estético-musical de blocos como Filhos de Gandhy, Muzenza, Badauê, Ilê Aiyê e Olodum se transportou a Luiz Caldas, Sarajane, Banda Furtacor, Lui Muritiba, Daniela Mercury, Zé Paulo, Marcionílio e Banda Pinel, entre tantos outros, numa mistura de frevo, ijexá, samba, reggae, salsa, rock e lambada. Tudo isso regado a percussão e guitarras baianas. E suas ramificações continuam a se expandir.

Carlinhos Brown não ficou rico com o axé. Mas ficou bastante famoso, e se consolidou como um nome que certamente estaria "aprontando" algo no carnaval seguinte. Ele considera o ritmo uma base para a transformação da música brasileira e um caminho para a construção de uma identidade nacional forte, muito além da Bahia. O axé foi se expandindo, em público e em rítmica. Carlinhos chama o atual sertanejo de "axertanejo", por ter saído do tema tristeza, mais monotemático, e abraçado as cores e a variedade do axé. O sertanejo sempre se prendeu bastante no romantismo latino, nas

OS PALCOS

213

guarânias, e se apropriou muito do que foi desenvolvido na Bahia, como o arrocha. Nesse sentido, o axé foi o suporte para a expansão do ritmo no país.

GRANDES EXEMPLOS

A trajetória de Carlinhos inclui grandes mestres, que sempre o alertaram sobre o encantamento e as armadilhas da exposição. Fia Luna foi o mais carismático deles, e representou uma espécie de pai adotivo, de tão fã que Carlinhos era do músico consagrado. Fia Luna sempre teve personalidade forte, andava com timbal e atabaque, verdadeira heresia na Bahia, que na época não permitia que se andasse com instrumentos do candomblé pelas ruas. E o menino o admirava muito por quebrar regras, quase um hábito para ele. Sentia-se incentivado pelo exemplo do mestre. Na hora de tocar, Fia Luna gostava de tocar sozinho, tirava todo mundo da roda. Fazia questão de ser rebelde e profano. Carlinhos quase enlouquecia quando o via tocando na barraca de Juvená, grande embaixador da cultura baiana que até hoje tem uma barraca em Itapuã.

Fia Luna frequentava lugares onde a classe média baiana se misturava para um sambão. Começava com os companheiros para logo mais subir numa mesa, sozinho, e cantar sem microfone "Hava Nagila". Dizia que ia "cantar africano" e continuava cantando "Hava Nagila", fazendo sons, fingindo que era outro idioma. Inventava a letra e pedia para todo mundo abrir a boca, numa performance de animação. Enquanto todos eram acostumados com o rádio e a TV, onde o cantor não intervinha na canção para mostrar o próprio poder vocal, Fia Luna queria mostrar seu poder de comunicação.

Nos fins de semana, Carlinhos tocava com Fia Luna, um grande mestre de mão, e durante a semana com o sr. Osvaldo, Mestre Pintado, mestre de baqueta. Pintado era da nação ketu no candomblé, e Fia Luna, da nação angola. Os mundos paralelos coexistiam com muitos conflitos. Foi só em 1991, quando criou a Timbalada, que o jovem conseguiu juntar os dois mestres num show, para se lembrar e se reconciliar com essa parte do seu passado onde acontecia "tudo ao mesmo tempo agora".

Depois do lançamento da Timbalada e da primeira apresentação do bloco, os quatrocentos músicos que estudavam ao ar livre desde 1990 queriam sair do gueto e ver o grupo no mainstream. Chamado oficialmente, e de maneira irônica, de *Mulatê do Bundê*, o primeiro disco, lançado em 1993, celebra a "embalada do timbal", com uma série de sucessos carnavalescos e a mistura de algumas conexões que Carlinhos sempre apreciou, como os ritmos cubanos, a tecnologia, a dança e as festividades. A Bahia mais uma vez marca presença com o refrão "Bahia sim, Bahia sim, Bahia sim", em que Carlinhos enaltece mais uma vez sua terra natal.

Sempre de olho nas oportunidades e naquilo em que a Globo não se interessava, a TV Manchete resolveu fazer, em 1993, a primeira transmissão ao vivo de um carnaval. Sob a direção de Jayme Monjardim e Eduardo Ramos, foi feita a primeira grande cobertura do carnaval de Salvador, sob o título Carnaval Axé. A Globo havia garantido os direitos de transmissão do carnaval do Rio e de São Paulo, e a Manchete precisava inovar com menos orçamento. Dentro de um barco, Clodovil recebeu Carlinhos e Mestre Pintado do Bongô para uma entrevista e questionou os músicos sobre o papel que desempenhavam na "música baiana". Mas Brown recusou o termo, claramente irritado com os rótulos que sempre tentavam lhe atribuir e aos quais nunca se apegou. A rotulação podia até servir a muita gente, que conseguia trabalho com isso, mas não a ele, que sempre fora um pensador livre e um músico mais livre ainda. A emissora de TV de Adolpho Bloch, fundada dez anos antes, ficou na Bahia para transmitir outras apresentações no primeiro semestre de 1993, incluindo shows da Banda Beijo e de Netinho. Foi na Manchete que começou a febre televisiva da axé music, com shows e artistas que começavam a ganhar o Brasil e fariam pequenas fortunas.

Essa convicção de Carlinhos e suas constantes parcerias fora do espectro baiano, com o intuito de abrir caminho para sua música universal, foram instrumentais nas décadas seguintes. Enquanto muitos artistas surfavam ao máximo na onda do axé, Carlinhos preferia não ser rotulado. Já havia entendido que o sucesso passava e que era capaz de construir uma base mais ampla, mesmo que ainda fosse associado com a Bahia.

A lista de músicas de qualquer disco produzido ou cantado por ele é uma ode a várias referências brasileiras que de alguma maneira todos entendem. As letras costumam ser ainda mais surpreendentes, mas é na corrupção e na subversão das palavras que o artista consegue dar sentido às histórias tão complexas do Brasil que ele em grande parte representa.

Foi por causa de Fia Luna e Mestre Pintado que a Timbalada acabou pintando o corpo. Os dois andavam juntos, e Carlinhos os convidou para o primeiro show da banda em um palco oficial. Mestre Claudio também deveria ter ido, mas acabou declinando. Queria ficar na gandaia, e além disso gostava de timbal de dedo, enquanto o da Timbalada era todo de tapa. Sempre dizia: "É zoado, é da porra." Fia Luna adorava se encontrar com os amigos para beber, mas também ia aos eventos e tocava.

Ainda em 1993, Carlinhos foi convidado por um grupo da TV Bahia, a TV Salvador, para fazer um show num festival de verão, o Projeto Pôr do Sol. Essa seria a primeira apresentação da Timbalada como banda profissional. O festival aconteceria no Othon Palace, na orla de Ondina. Até então, a Timbalada fazia apresentações "informais", sem cachê ou público pagante, mas Carlinhos sentia que eles tinham amadurecido o suficiente para entrar no circuito pago. Com isso, os músicos poderiam ser remunerados, e logo poderiam começar a gravar os discos.

O Othon Palace havia aberto as portas em 1975, no mesmo ano do Shopping Iguatemi, e era um símbolo de status para o líder do grupo, que via o show no hotel como uma forma de mostrar que o morro chegara a Ondina, a parte mais nobre da cidade. E era ele quem abriria esse primeiro ano de empreendimento, na mesma ocasião em que a TV Manchete tinha decidido transmitir ao vivo o Carnaval Axé. Tudo conspirava para que Carlinhos consolidasse sua posição de multitarefas, que vinha pouco a pouco incorporando ao seu modo de trabalhar.

A produção de eventos passaria a ser parte do seu modelo de negócios, às vezes dando certo, outras vezes dando prejuízo. O Candeal tinha ficado pequeno para seus sonhos e projetos. A Timbalada, apesar de já ser um nome no Candeal, ainda estava no gueto, e ele pensou: "Poxa, vou preparar um show com figurino, com tudo." Até então, todos só usavam camiseta nas apresentações, e ele resolveu incrementar os mestres com ternos, já que os dois ficariam à frente. Fia Luna recebeu seu terno em cima da hora e chegou todo bonito, para orgulho do discípulo, que dizia que ele andava bem "largado, mulambinho, de short do avesso, mas era uma personalidade e, onde chegava, deixava todo mundo feliz".

Fia Luna chegou todo arrumado, e nada do terno de Mestre Pintado chegar. Pensaram em mandar alguém ir buscar, mas logo viram que não ia dar certo. "Não dá tempo, rapaz, o show vai começar em uma hora e não tem terno para o Pintado. Como o Pintado vai?", perguntou uma pessoa da produção. Carlinhos sem titubear emendou: "Pintado vai pintado", e disse que ele poderia ir como quisesse. Viana, da produção, saiu, comprou guache branco, mostrou para o mestre, e começaram a pintar o corpo dele. Cada vez mais ansioso, o músico e produtor andava de um lado para o outro, até que uns vinte minutos depois apareceu Mestre Pintado, como se tivesse vindo de uma tribo. Carlinhos não aguentou e gritou: "Porra, pinta todo mundo." Era mais uma vez essa luz do improviso. Foi tudo feito dessa forma porque não havia dinheiro, e na televisão bateu com uma força enorme. Mais uma barreira havia sido quebrada. É comum andar hoje pelo Pelourinho e encontrar dezenas de "pintores" de corpo com as marcas da Timbalada. A "vestimenta" virou um símbolo pop, como Carlinhos havia sonhado.

A música "Beija-flor" já existia, mas faltava uma conexão midiática antes de sair o primeiro disco, que estampou em sua capa uma foto sensual de seios pintados de branco em espiral. Uma nova marca do axé estava criada. O movimento virou tudo de cabeça para baixo. Um mundo de gente assistindo, e estavam todos pintados. Parte da ousadia estava em pintar as mulheres, já que o idealizador queria uma tribo completa, menos erótica e mais sensual, uma leitura tribal mesmo. Por influência da sogra, Marieta Severo, Carlinhos estava extremamente ligado na cultura africana, nos massais, nos nubas.

A Timbalada estreava então com Mestre Pintado entrando primeiro, e, para garantir que o festival daria Ibope, foram chamados Jorge Ben Jor,

OS PALCOS

Nando Reis, Leo Gandelman, Caetano e Gil. Um mesmo festival com tantas estrelas era algo raro na Bahia. A sensualidade explodiu no axé. Depois disso veio o É o Tchan!, com Carla Perez, Scheila Carvalho, Jacaré. Carla Perez, sobretudo, era a representante da classe média urbana, e expandia o apelo do gênero musical.

Carlinhos engrossou o caldo para lançar a Timbalada, que sempre vira como um espetáculo de ópera. Para atuar como empresário e esteta, ele precisava levar à favela uma agenda "operística", trazer o terreiro para as ruas sem perder o apelo popular do carnaval. O grupo ficou tão popular que "terminou indo por um caminho comercial excessivo, a ponto de querer me engessar quando eu quis fazer algumas mudanças musicais, e o público não acompanhava", reflete ele hoje.

Mas Carlinhos não queria parar ali, mesmo tendo "escolarizado" mais de 15 mil músicos e entrado nas batidas de Ivete Sangalo. Foi muito criticado, mas confiava na direção que tinha que seguir. Essa crítica sempre esteve presente em sua vida, porque a mistura sempre foi sua essência. Em 1996, no programa *Roda Viva*, sobre o lançamento de *Alfagamabetizado*, perguntado por Astrid Fontenelle sobre ter tentado atirar para "baianos e franceses, para nordestinos e franceses", respondeu:

> Primeiro eu tive, sim, vontade de atirar o disco da Torre Eiffel de Paris e do morro do Corcovado. Em Paris as pessoas ficaram com medo do disco cair na cabeça e eu levar um processo, e o do Corcovado, não sei, parece que se estagnou e não foi possível lançar esse disco como eu queria. Eu acho que em uma cultura como a do Brasil você não precisa tirar nada, você precisa apenas perceber que não se é só africano; não é porque eu tenho cabelo rastafári que eu vou fazer reggae apenas. Eu estou no Brasil e vou fazer música afro-baiana. Eu acredito que existem muito mais informações no Brasil a serem levadas e apresentadas do que essa mera apreciação de que seja para francês ou para baiano, isso é um preconceito da informação que já se encontra bastante dispersa há muito tempo no nosso país. As pessoas se prendem muito nisso, em dizer que é música para francês ver, e, na verdade, na época em que o samba começou a ter liberdade nas ruas,

ainda se falava francês no Brasil. Eu encontro muitos brasileiros de bom gosto na segunda classe do avião, que é onde eu viajo, por sinal.

ÓPERA POP URBANA

A costumeira indisciplina precisava mudar para que Carlinhos Brown pudesse passar de rei da rua e do trio elétrico ao exímio performista que sonhava ser desde criança, quando dançava para ganhar queimados nos bares, e realizar o sonho de produzir uma ópera. A ópera era ainda um espaço a ser conquistado, a manifestação artística que, tendo a música como protagonista, conjugava o aspecto cênico, o texto e a performance. Esse dia chegaria pelas mãos de Paulo Borges, o guru da moda no Brasil, que atraiu a atenção do músico baiano pelo seu nível de exigência.

Paulo Borges frequentava a Bahia havia muitos anos e sempre gostou do carnaval, da música, do candomblé, da comida e do povo baiano. Com Carlinhos não foi diferente. Paulo Borges foi a diversos shows e ensaios nas ruas e no Candeal antes de se conhecerem. Ele conta que o que o fascinou primeiro era o fato de Carlinhos ser um dos únicos artistas, senão o único, a sair no chão no carnaval, com o Camarote Andante: "Quando sabia que ele ia sair, eu estava lá, no chão, e quando sabia que tinha ensaio de pré-carnaval, eu estava lá, no sarau, na Timbalada, em tudo que podia." Ele acompanhava o baiano de longe quando a música entrou em sua vida, como diretor artístico, ao fazer o primeiro show e lançar artisticamente a cantora Alice Caymmi, criando um espetáculo inteiro a partir de um disco.

Paulo Borges entendeu naquele momento que trabalhava mesmo com imagem, com estética, e que para ele a música não se resumia a iluminar um artista, mas em pensar cada palavra do artista e a partir disso construir uma história. Ganhou o Prêmio da Música Brasileira de 2017 de melhor espetáculo do ano com Alice Caymmi, e em seguida trabalhou com Zé Manoel e na celebração dos quarenta anos de carreira de Fafá de Belém. Escolhia com quem queria trabalhar, geralmente pessoas próximas, que conhecia bem. Certo dia, um amigo em comum, que trabalhava com ce-

OS PALCOS 219

nografia e direção de arte para Carlinhos, comentou com a equipe sobre um espetáculo no Teatro Castro Alves dirigido por Paulo Borges. Quase todos foram assistir ao show, e Carlinhos começou a ligar incessantemente para Borges, pedindo que fizesse seu novo Sarau.

O Sarau du Brown começou em 2008 com a participação de Marisa Monte, que subiu ao palco de turbante ao lado de Arnaldo Antunes e de Carlinhos, e rapidamente passou a integrar o conjunto de espetáculos oficiais de Salvador. Sob aplausos e vaias, estreou com a certeza de que tinha vindo para ficar. Carlinhos trazia nomes para atrair o público, mas sabia que faltava corpo para subir um degrau em termos de qualidade. Chegou a cogitar o grupo inglês de percussão Stomp. O Sarau sempre foi parte da temporada de pré-carnaval, determinando o que seria levado para o carnaval inteiro daquele ano.

Paulo Borges declinou diplomaticamente do convite para dirigir o espetáculo. Disse a Carlinhos que seria uma loucura, primeiro porque eram muito amigos, e também porque tinha medo de fazer o trabalho, já que era um diretor de criação e não um diretor de espetáculos. Mas Carlinhos não aceitava os argumentos, dizia que era daquilo mesmo que precisava, e a insistência quase semanal por telefone terminava sempre com um "vamos pensar".

Ele passou a chamar o amigo de "meu diretor", mas Paulo Borges sabia muito bem da fama de indulgente de Brown com os espetáculos, de sua recusa a seguir roteiros, de não se enquadrar na luz e se colocar à frente porque o espetáculo era "dele". Na questão das roupas, obviamente uma especialidade de Borges, Carlinhos criava a partir da própria cabeça. As pessoas forneciam as roupas de acordo com suas demandas, sem qualquer orientação ou direção. Tudo vinha dele, com sua forma caótica de trabalhar.

Paulo Borges sempre desconversava: "Brown, eu vou querer mexer em tudo, não vai dar certo", e Carlinhos insistia que faria tudo como ele quisesse. "Mas você não faz o que as pessoas falam, como é que você vai fazer?", contra-argumentava o amigo. E, de fato, esse comportamento rebelde de Brown já estava conectado à sua figura fazia anos. Cada equipe contratada sabia que estava diante de um ego magnânimo, que vinha com ideias ambiciosas, e já esperava o momento em que teria que mudar de rumo sem aviso prévio. A genialidade não vem sem suas mazelas. Carlinhos passou a ter que lidar constantemente com a frustração de músicos que queriam seguir os ensaios, mas esperavam a hora em que o show iria mudar de rumo.

Ele então abriu o coração para Paulo Borges e disse: "Eu não faço porque as pessoas não me dão confiança." O diretor disse que iria querer mexer na luz inteira, no figurino, em tudo. Depois de um ultimato, quase um pedido para que o artista desistisse, Carlinhos disse: "É do que eu preciso, eu quero." O primeiro espetáculo da dupla foi uma grande ópera urbana. Paulo Borges repetiu muitas vezes para o artista: "Você é um personagem urbano, um desses heróis de quadrinhos do urbano, um personagem pop do jovem da Bahia, o herói do jovem urbano da Bahia, você representa esse guerreiro preto."

Carlinhos nunca perdeu um ensaio, e Borges conseguiu fazer algo que nunca tinha feito: uma grande ópera urbana com verve carnavalesca. O espetáculo durava mais de três horas, e os bailarinos atuais de Carlinhos estavam fora de cogitação, porque faziam sempre a "mesma coisa em todos os shows com todos os artistas". Paulo Borges achou um menino no YouTube, John Lennon da Silva, da periferia de São Paulo, depois de tê-lo visto num programa de auditório, dançando hip-hop e rap e interpretando a cena clássica da morte do cisne em movimentos de street dance.

Era o tipo de inovação e visão que precisavam ser combinadas com o baiano no palco, para que ele se transformasse em um artista capaz de desafiar o próprio sucesso e trabalhar com profissionais que o desafiavam também. Diferentemente de trabalhar com gurus da música, como Caetano e Gil, pelos quais tinha grande devoção, com Paulo Borges o trabalho era de igual para igual, e Carlinhos não estava acostumado com isso.

O diretor precisava quebrar os movimentos clássicos do axé que os baianos já identificavam nas danças criadas pelos blocos. Era fundamental fugir da repetição que as músicas impunham. Quando se gritava "azul", todo mundo fazia o mesmo gesto, quando era "pipoca", todos repetiam um outro. Era lindo ver os trios comandando a massa e as pessoas com roupas

OS PALCOS

coloridas dançando em compasso. Mas a ópera pensada por Paulo Borges tinha outro objetivo, que era, ainda que de forma inconsciente, começar a criar o legado do que o músico representava para o Brasil.

Paulo Borges foi atrás do menino de São Paulo e não conseguiu encontrá-lo, mas achou lá um coreógrafo que trabalhava o corpo muito bem e poderia ter um destaque no espetáculo. Eles conversaram e concordaram em trabalhar juntos, porque Borges sentia que precisava de alguém que fosse além da direção dos bailarinos, de alguém que cuidasse também da direção de corpo do espetáculo. Disse a Carlinhos que não queria os bailarinos que trabalhavam com ele e que o melhor seria recrutar novos bailarinos, pessoas que tivessem uma vocação cultural para a rua, porque precisavam se desvencilhar dos gestos do axé.

À medida que o espetáculo ia ganhando forma, Carlinhos sugeriu a Borges que fizessem uma ópera em etapas, em que as músicas viriam como os elementos, o fogo, a água, a terra. E em seguida lançou o nome: ArteFireAcqua. Eles estavam quase prontos para começar a montagem, que durou seis meses, de um show que focaria no imagético do corpo, da voz e da roupa, com projeções em telas, trinta bailarinos e mais de cinquenta pessoas em cena no total.

Foi a primeira vez em anos que, a pedidos, Carlinhos soltou o cabelo, abandonando o turbante ou o cocar com o cabelo preso atrás. O figurino era gigantesco, de guerreiro urbano, um verdadeiro orixá. Tudo era sincronizado, e Carlinhos precisava seguir rigidamente o roteiro para chegar ao que Paulo Borges tinha pensado, a cada imagem que se construía em cena, que dialogava com a música e com os gestos dele, com o lugar no palco, além de ter que trocar a roupa na hora exata, às vezes até calçando uma bota.

Os dois últimos meses foram de ensaios exaustivos. O diretor precisava estar seguro de que o planejamento e todas as sincronizações seriam respeitados. A estreia no Museu du Ritmo, no dia 15 de novembro de 2015, foi sucesso de público e crítica, que reconheceram a quebra de paradigmas. Para Carlinhos, era a inauguração de uma nova forma de fazer espetáculos, com todas as dores e glórias que traziam.

Em 2016 veio o show *Antonio Carlos Brown: um popular brasileiro*, um apanhado geral que ia de *Alfagamabetizado*, seu primeiro álbum de estúdio, até os hits dos Tribalistas. A dupla trabalhou em quatro espetáculos, três saraus e mais um show independente. Paulo Borges via em Carlinhos um artista que quebrava barreiras, que saía da zona de conforto, na rua, no chão, na maneira como se relacionava com as pessoas, nos códigos "entre público e artista, de intenção, de atenção, de aproximação".

Mas talvez o maior desafio de todos tenha sido entender a função do músico-ator como um orixá no palco. Paulo Borges já era do candomblé, frequentava o Gantois em Salvador, mas nunca fora a um terreiro com o amigo. Cada um extraía de suas experiências o que queria, e a intenção não era levar o candomblé para o show. Mas, de um jeito ou de outro, toda a forma de ver e sentir o personagem passava pela lente do candomblé. Borges pesquisava sob a ótica do candomblé, procurava sempre a conexão do que queria mostrar com o candomblé, com qual significado. Mesmo que não tivesse necessariamente a ver com o candomblé, estaria desrespeitando algum orixá?

Em um momento do espetáculo *Antonio Carlos Brown: um popular brasileiro*, toda a equipe achava que o personagem principal incorporava Omolu, sobretudo porque a construção do figurino e da luz indicava claramente essa intenção. Então era como se ele só tivesse que ligar o botão, e ele ligava. A cena era muito forte para todos, e o palco se tornava uma espécie de altar, onde ele podia mostrar o máximo da sua devoção. Nesses momentos, ninguém ousava em falar caboclo, e o show só acabava quando o orixá queria. De fato, Carlinhos pede licença todas as vezes antes de subir ao palco, de entrar no camarim, ao falar com a equipe, mantendo sempre uma conexão direta com os orixás.

AFRÓDROMO

Carlinhos sempre buscou palcos para manifestações mais amplas. Depois do sucesso da Timbalada, passou a pensar em plataformas. Não foi um

OS PALCOS

movimento rápido, mas em 2013 lançou o Afródromo, nome difícil de se falar e com sentido dúbio, como ele gosta. A ideia era unir as diversas escolas afro de Salvador, como Filhos de Gandhy, Ilê Aiyê, Cortejo Afro, Timbalada, Muzenza e Malê Debalê. No evento de lançamento, também no Museu du Ritmo, ele explicou: "Muitos falam para nos unirmos, e aqui estamos: unidos em uma liga de amigos." Contra a vontade de sua equipe, ele colocou mais de 3 milhões de reais do próprio bolso para ver as coisas acontecerem, mas o destino da liga, entretanto, seria bem menos próspero do que o esperado.

As vaidades foram tomando conta do ambiente, e cada grupo se sentia mais dono do que o outro da cultura que deveria ser exportada, mas Carlinhos continuava acreditando que, se unissem forças, eles teriam mais poder de negociação e mais espaço na mídia. Além disso, pensava a iniciativa como um negócio para todos, com menos dependência de governos locais. Já no segundo ano, o movimento começou a dar sinais de fadiga, com muita gente pedindo recursos e poucos oferecendo "braços" para ver tudo acontecer.

Afródromo era para lembrar Sambódromo, claro. A liga chegou a ser barrada por órgãos oficiais, mas no dia do primeiro espetáculo, 10 de fevereiro de 2013, Carlinhos liderou o grupo do chão. Queria diferenciar o carnaval "social" do "comercial", e para isso não pouparia esforços, nem riscos. Porém não demorou muito para levar um puxão de orelha de várias tribos, e, aos poucos, o desânimo foi tomando conta. A intenção de Carlinhos era que essa espécie de liga afro tivesse um poder político mais significativo, que fosse capaz de negociar projetos maiores, aumentar os investimentos, e não dividir. A ideia era ter um palco próprio, um lugar para se manifestarem.

Seriam três dias de espetáculo no Afródromo. No primeiro ano, as autoridades tentaram de todas as formas impedir a saída do grupo, e, sabendo que o Carnaval começava às duas da tarde, Carlinhos negociou para sair mais cedo, ao meio-dia, a fim de não coincidir com as outras atrações do carnaval. A mídia, crucial para o projeto, deu pouca atenção ao evento, e quando ficou claro que o projeto era realmente grande e tinha liderança, a politicagem começou a tomar conta. Os grupos ligados ao carnaval começaram a achar que aquilo era separatismo, e na segunda vez que o Afródromo passou não tinha ninguém na avenida, os camarotes estavam vazios, a televisão não foi. A expectativa naquele ano era receber 2 milhões de foliões em Salvador, entre os dias 7 e 12 de fevereiro, para mais de duzentos eventos.

Três dias após o desfile, a vice-prefeita de Salvador, Célia Sacramento (PV), negou que a criação do Afródromo poderia separar os blocos afro do circuito principal do carnaval e afirmou que a capital baiana era uma das cidades mais racistas do mundo:

> Salvador é sim uma cidade racista, basta ver os registros no carnaval, que colocam esse crime com 81% das ocorrências. Precisamos mudar isso, e acredito que o Afródromo vai trazer as atenções para a cultura negra e os blocos afro sem nenhum tipo de segregação.

O Olodum sempre foi um representante da Bahia no mundo. O grupo já tinha feito apresentações em 37 países, quatro Copas do Mundo e tocado com mais de trinta grandes nomes da música internacional. As disputas sobre como o carnaval deveria ser gerido estavam na pauta, e a *Folha de S.Paulo* correu para entrevistar o presidente do Olodum, João Jorge Rodrigues, que fez afirmações fortes. Questionado se o Afródromo ajudava ou atrapalhava o cenário, respondeu:

> O que a sociedade mais quer é que os negros escolham um gueto para frequentar e se afastem da disputa com eles. É como se soubéssemos o lugar em que deveríamos ficar, em vez de aparecermos na Barra, no Campo Grande. Mais ainda: obriga o poder público a ter gastos com outro circuito, quando os recursos poderiam ser distribuídos de uma forma melhor.

A distribuição de recursos, que sempre gerou polêmica, muitas vezes ocasionou conflitos. O circo estava armado. Salvador e a Bahia pareciam ser pequenos para tantos nomes e tantas iniciativas. A tentativa de criar algo

OS PALCOS

novo que unisse todos estava indo por água abaixo, e o axé já começava a declinar como presença musical na mídia. De fato, Ivete havia conquistado um espaço enorme, e passou a ser quase sinônimo de carnaval em Salvador, o que gerava enormes ciúmes. Carlinhos já tinha rodado o mundo e estava em outra, já tinha participado dos Tribalistas, fora indicado ao Oscar e estava na TV fazia um bom tempo. João Jorge Rodrigues saiu atirando para todos os lados, do elitismo do público às taxas pagas, da gravidez no palco à pseudoabertura e aos ataques aos homossexuais.

O Afródromo seria uma nova plataforma, mais representativa, e na cabeça de Carlinhos estaria mais avançado no discurso e na estratégia de conseguir um território próprio, como um direito de arena, para a comunidade afro. Ele declarou o que pensava:

> Evitar a violência termina educando para compreender o outro, o preconceito é desconhecer o outro. Se eu não quero ver, se a classe média baiana, a TV Bahia, a TV não sei o quê não passou, é porque não quer ver, ela desconhece, então eles são responsáveis pelo preconceito. Eu disse: "Vou colocar televisão", mas mesmo assim você não sabe o que eu enfrentei com os políticos, com a política do Ministério de Trabalho.

Carlinhos comprou uma briga enorme, de consequências bastante dramáticas. Segundo ele, outros grupos, como Olodum, Ilê Aiyê e Malê Debalê, também foram todos "saqueados" pela ambição de vários órgãos, que passaram a ver nesses grupos e nos músicos do axé uma fonte de dinheiro, de multas, de pressão por caixinha. Isso foi pouco a pouco minando todo o movimento:

> Começaram com os grupos e depois passaram para os grandes artistas, quando viram que estávamos todos fodidos. Eles acham que eu ganho dinheiro agora, eu ganho dinheiro desde a axé music, que nem sabia que estava ganhando, porque hoje eu tenho uma condição. Na época, gastava tudo que entrava, ajudando a construir a casa de quem não tinha onde morar.

A quantidade de processos explodiu, e a enorme burocracia começou de fato a atrapalhar o empreendedorismo do qual dependia a inovação no setor. A redenção viria muito mais tarde, no dia 29 de dezembro de 2013, quando o *New York Times* publicou o artigo "A Year of Concerts with Staying Power" (Um ano de shows com poder de permanência), numa compilação das performances culturais que eles julgavam ter sido as mais importantes daquele ano, e que deveriam ser lembradas:

CARLINHOS BROWN. Campo Grande, Salvador, Bahia, Brasil, 10 de fevereiro. Esse foi sociopolítico. Carlinhos Brown, compositor de sucesso e também defensor da cultura afro-brasileira, reuniu quase todos os blocos afro — grupos de percussão que funcionam como associações de melhoria de bairros em Salvador, capital da Bahia — para desfilar juntos em apoio à construção de um Afródromo, um novo circuito carnavalesco amigável à mídia. Cerca de 15 mil bateristas e dançarinos fantasiados saíram às ruas, anunciando uma mensagem ao governo.

O artigo incluía ainda iniciativas de Nine Inch Nails, Beyoncé, My Bloody Valentine, Annette Peacock e Kanye West, entre outros. O músico baiano tinha sido colocado pelo jornal americano num pedestal de liderança que provavelmente soou mal entre seus conterrâneos, que queriam dividir os méritos.

O axé tinha virado um modelo de televisão, que era bem explorado e encontrava audiência. Carlinhos assegura que o movimento sempre foi muito embasado e que, ao contrário de outros espetáculos, não tem DJ: os shows são segurados na voz, na percussão e na energia que os grupos depositam em cada empreendimento. Enquanto as TVs iam fazendo dinheiro e mantendo o Ibope, tudo corria bem. Mas as coisas começaram a ficar repetitivas, levando-o a criticar a visão do potencial da música feita na Bahia a partir da sua geração. Os problemas vinham se acumulando.

OS PALCOS

227

REVOLTA, BUROCRACIA E PROPINA

Um dia, irritado, ele foi à mídia dizer que "os escravocratas continuam nos escravizando, não deixam a gente colocar a cara". Sentia que, quando inventavam algo, davam sempre um jeito de tirar de cena. O processo de obtenção de permissões começava a parecer impossível, e eles acabavam tendo de pagar por pareceres que não serviam para nada. Cada show, cada evento de rua, cada iniciativa mais alternativa e fora do circuito formal era um martírio. Ele tinha um advogado que fazia pareceres, até que um dia, frustrado com tantas negativas, disse à sua equipe:

> Venha cá, velho, o cara faz o parecer, a gente perde e a gente paga para ele fazer o parecer? Parem de pagar esse parecer, a gente vai perder, guardem esse dinheiro para quando o advogado vier, não tem mais parecer, estamos multados e vamos enfrentar.

Os pedidos de propina para facilitar as apresentações ou projetos não eram incomuns, e os custos legais de cada ação começaram a tornar tudo muito difícil. Um dia, ao receber uma intimação, Carlinhos desabafou:

> Muitos de nós caímos nisso, uma coisa que a gente tinha era vergonha, vergonha social, e de certo modo não posso culpar a Ordem dos Advogados, mas os advogados que servem à ordem marginalizaram, ou melhor, criminalizaram o movimento da axé music na matriz, e iam beber uísque com a estetização, matavam a filosofia e mantinham a festinha. Com todo o respeito, com todo o carisma que Ivete, que Daniela, que Netinho, que Belo têm... talvez fosse disso que Margareth estava falando, e eu falei disso politicamente, é isso que faz fechar o Guetho.

Apesar de sentir por muitos anos a cidade melhorando, inclusive nos índices de violência, as dificuldades para se fazer negócios aumentavam, e pairava no ar uma sensação de que "fulano está com dinheiro, vamos tomar". Mas não apenas ele, muitos grupos afro se interessavam pela luta social. Só que Carlinhos, apesar de muito ativo e antenado, é também ingênuo em muitos aspectos. Já se deixou levar por promessas que seriam impossíveis de concretizar. Está um pouco mais calejado, e ainda que seja mais seletivo com a escolha dos lugares para discutir, vive uma frustração com a Bahia. Certo dia, falando com Emanuel Araújo, escutou:

> Oxente, o que é isso? Você é um idiota, rapaz, esse país não vai mudar assim como você está imaginando que vai mudar, para quê, se ninguém liga? Você acha que eu queria os meus desse jeito, degradados? Mas talvez a degradação traga conforto, porque eles não vão acreditar enquanto isso não virar uma guerra civil, você está evitando, viu.

Carlinhos ficou refletindo se era "melhor que aconteça uma coisa para que outra verdadeiramente chegue". Um dia, ligaram cobrando a instalação de um isolamento acústico do Candyall, mas lá é um terreiro de tempo, e não se fecha terreiro de tempo. Eles sabem disso. Carlinhos perguntou quem estava exigindo a instalação, e a resposta foi: "A mesma juíza, a Hortênsia." Disseram que lá está fazendo muito barulho. Aí ele ficou muito bravo. Lembrou que durante a pandemia só houve um show no Guetho Square, mais nada, e que tinha aproveitado o tempo parado para consertar e limpar o espaço. Além disso, o tal concerto que a juíza mencionava tinha acontecido havia muitos meses. Mas as perseguições nunca deixaram de existir.

REALIDADE MISCIGENADA

Carlinhos alcançou com seu trabalho uma vida confortável, e foi investindo muitos de seus ganhos, muitas vezes de maneira demasiadamente generosa, dentro da sua comunidade. Ele diz não aceitar ser "passado para trás", mas acredita ter nascido com a função de investir o que gerou. Uma missão que nunca deixou de cumprir. Sempre anda pelo bairro com essa lente, do que pode ser melhorado, mesmo em detrimento dos

OS PALCOS

seus bens pessoais. Enxerga em si uma missão sagrada: "Quando eu toco percussão, eu toco com o sagrado, e isso tem que ter um modo de devolução de ensinamento e tudo."

A pobreza é com frequência inimiga de governos, e muitas vezes os pobres enxergam os órgãos oficiais como mantenedores de sua condição para justificar a própria existência. Eles sucumbem às tentações eleitorais por necessidade, mas entendem que uma vida melhor depende de seu esforço. Carlinhos nasceu em um lugar onde o desenvolvimento social, a comunicação e a estrutura se davam através do entretenimento e da estética. O carnaval e os bares eram parte da coluna vertebral disso.

E ele seguiu esse caminho. Nesse quesito, teve a sorte de encontrar Eco, uma espécie de mestre do entretenimento, "mestre dos magos", que mancava de uma perna e chamava as pessoas para cantar. Eco o viu crescer e o orientou em sua interação com o bairro. Carlinhos aprendeu com esse mestre que um show, ou melhor, um palanque, proporciona alegria, atrai pessoas que vão vender uma empada, um geladinho, um pastel. A rua ri, as pessoas se aproximam, a comunidade fica mais alegre, e a alegria evolui para uma economia marginal: "Somos especializados em economia informal, marginalizada, é ela quem sustenta, quem move."

Por isso, Carlinhos sempre buscou construir um palco para cada assunto que queria expor, para cada assunto do qual queria tirar um aprendizado. Insistia na ideia de que cada nova iniciativa era uma nova sala de aula, fossem elas palcos musicais, sociais, políticos, religiosos ou outros. Para ele, quase todos os assuntos podem ser resolvidos num palco apropriado. Em 2018, na ocasião da montagem do quarto espetáculo de *Pérolas mistas*, junto com a Orquestra de Câmara de Salvador, ele afirmou:

> Toda a musicalidade e estética do espetáculo traduzem as origens de um povo miscigenado. São mais de cem músicos e artistas em cena para celebrar a história da Bahia e do Brasil, para diluir fronteiras, aproximar pessoas. *Pérolas mistas* é esse religar, é esse reconhecimento da ancestralidade, um espetáculo que, acima de tudo, prima pela nobreza da nossa cultura negra.

Como Carlinhos já declarou, a mistura em si não é reparadora, mas "é a nossa realidade". O que ele pleiteia é um lugar de igualdade na construção da cultura de um país inteiro, e não apenas uma "influência" maior. Carlinhos está convicto de que existe nobreza em tudo e que, mesmo com os erros do passado, a escravatura e o histórico de opressão, só poderemos nos reconectar se entendermos a miscigenação como princípio básico. Elísio Lopes Júnior, que coassina a direção artística do concerto, destaca que,

> pela primeira vez, o espetáculo acontece na sala nobre do Teatro Castro Alves, e acho que ele chega ao seu local mais orgânico, já que todas as sutilezas musicais, a poesia e a estética apresentadas poderão ser apreciadas com muito mais conforto. São quatro figuras nobres que passeiam pelas canções sempre numa interpretação muito respeitosa, muito solene, muito nobre. E é essa a nossa proposta, construir um reino no qual a música negra é tratada com nobreza.

É essa noção de desconstrução — de que no Brasil existia ou existe apenas uma nobreza branca, portuguesa, europeia — que move Carlinhos no caminho da miscigenação. Apresentar-se no Teatro Castro Alves sempre foi uma maneira de enobrecer a arte e solidificar os elos da miscigenação. Castro Alves, o poeta romântico que morreu aos 24 anos, foi contemporâneo de Augusto Teixeira de Freitas, e trabalhou muito com ele pelo abolicionismo.

Na perspectiva de Carlinhos, o Brasil é um pouco essa mistura de "tudo ao mesmo tempo agora" com "tudo junto e misturado", em que a corrida pela sobrevivência não para. Ele considera o entendimento de que a miscigenação é o nosso maior patrimônio como o caminho para um aprendizado de vida com mais harmonia, e diz: "Estamos interpretando o que achamos, um dia viraremos culturas, mas por enquanto somos apenas intérpretes. A minha geração da axé music encontrou a disciplina que era necessária."

Foi com *Pérolas mistas* que a ideia de "sinfonizar" o terreiro se materializou. Mas muitas ideias — da Timbalada à Enxaguada de Yemanjá, do Sarau du Brown aos Zárabes — são matrizes de conceito, investimentos que abrem portas, e com frequência foram replicadas ou serviram de base

OS PALCOS

para outros movimentos. "Não acho que perdi dinheiro, mas que investi na cultura", ele repete sempre, sem nunca desistir de fazer a ideia pegar e render mais palcos.

No crescimento de sua trajetória como músico, Carlinhos tocou com a Orquestra de Câmara de Salvador, com as orquestras sinfônicas da Bahia, de Minas, de São Paulo e do Rio. Apresentar-se no Castro Alves e em teatros sempre foi especial, principalmente com orquestras que traziam um forte sentimento de tradição, de construção plural, com muitas gerações culturais e manifestações que se mantinham vivas. Essa conotação é que sempre lhe interessou: menos a pompa e mais o mérito.

Carlinhos gosta de descrever *Pérolas mistas* como uma "favela sinfônica". Foi descendo a favela e entrando no Shopping Iguatemi em 1975 que ele se deu conta do impacto da música clássica. Escutou Mahler, Villa-Lobos e outros. Imaginem o impacto para o menino de 13 anos, pobre, entrando num "mundo paralelo", com música clássica, todas aquelas lojas, os cheiros sofisticados, as roupas. Ali ele teve certeza de que seu mundo tinha que mudar, e de que a cultura seria seu passaporte. Ele olhava, escutava e sentia tudo à sua volta. Ao mesmo tempo que sabia que era, e sempre seria, da rua.

Com o Camarote Andante, que considera uma espécie de levante, Carlinhos fez as coisas de um jeito difícil de copiar. Chegou para o marketing da Brahma e disse: "Olha, esse camarote é um camarote de rua, não dá para você colocar uma cerveja ali?" Queria até colocar um garçom no meio da rua para que as pessoas fossem servidas, algo um pouco utópico, mas pensava em coisas disruptivas, que juntassem mundos diferentes: "Lembro muito bem que no primeiro ano o Camarote Andante foi um sucesso, gente pra porra."

A felicidade estava também em ver um grande público reunido, mesmo que ele estivesse perdendo dinheiro, o que muitas vezes acontecia. Certo ano, quando viram o formato de seu trio, falaram: "Pô, velho, esse Carlinhos Brown colocou uma pica no meio da rua, está todo mundo dizendo…" Ele então chegou para o cara e disse: "Rapaz, santa ignorância, logo você que é filho de espanhol… Não conhece a estética de Gaudí? Só estou devolvendo o que você quer, essa pica é da sua história." A estética tinha sido baseada na obra do arquiteto espanhol. Em seguida ele falou de Calatrava, e a conversa não teve fim.

Por conta da escassez de recursos, Carlinhos se acostumou a jogar em várias posições. O improviso era constante, e talvez por isso ele tenha acumulado tantas funções e habilidades. E o lado econômico, mesmo que não fosse o que sustentava a energia para fazer tudo, contribuía muito para esse acúmulo. Depois de tocar percussão, que pagava relativamente pouco, ele começou a receber royalties pelas músicas. Mais tarde, começou a produzir, a montar bandas, e vieram os blocos, trios, eventos, além de um lado mais empresarial, de produtor. Até ele chegar a suas próprias casas de show.

O palco empresarial frequentemente contrasta com o desapego de Carlinhos pelo dinheiro, sobretudo quando já tem quase certeza de que vai perder dinheiro. O prazer da realização foi superando o medo de se afundar em dívidas. E ele correu esse risco algumas vezes.

De palco em palco, Carlinhos mudou, teve que mudar. E, para mudar, teve de aprender. Depois de músico, letrista e empresário, depois dos trios e blocos de axé, vieram os Tribalistas. Uma plataforma completamente diferente. E finalmente ele chegou à TV, com o *The Voice Brasil*, sendo o único jurado que esteve presente em todas as temporadas do programa, fosse na versão de crianças, fosse na de adultos ou de pessoas mais velhas. Mas na maioria dos anos ele esteve em mais de uma. Encontrar esse novo palco certamente lhe deu um fôlego extra. E, com sua filosofia de "abrir salas de aula", todas as vezes que ele começa algo novo, consegue manter e expandir sua audiência. Carlinhos vêm da geração anterior à das mídias sociais, e isso se nota na quantidade de seguidores que possui, se comparado com Anitta, por exemplo.

10
De quem não foge à luta

O Brown não para, ele é um cara que está em uma efervescência direta, acho que ele dorme pensando, acorda sonhando e segue o jogo, ele é um cara que não para, por isso que o Brown tem muita parceria, se você ligar para ele e falar: "Brown, vamos nessa?", mesmo que ele não tenha muita certeza, ele vai falar para você que vai.

Boninho

A história de Carlinhos com o *The Voice Brasil* se mistura com a de Boninho, que considera o baiano quase um coringa e um embaixador de brasilidade. Eles se conheceram em 1999, quando Boninho trabalhava no projeto de comemoração Brasil 500, cujo grande fechamento seria um show na Bahia. O diretor então pensou: "Tem um cara louco na Bahia, percussionista, músico, poeta, e eu acho que ele tem que me ajudar a montar esse show, para contar essa história, porque ele tem todas essas raízes e a gente fecharia o evento desse jeito."

Boninho foi então para a Bahia, e a amizade começou ali. No dia do primeiro encontro, chovia muito, e o músico chamou a equipe de Boninho para almoçar na casa dele. Helena deu um chega para lá com educação, e pediu que Carlinhos os encontrasse no restaurante Yemanjá. Era um time de cinco

234 MEIA-LUA INTEIRA

pessoas: "Ela disse para eu encontrar vocês no restaurante", desculpou-se Carlinhos, e Boninho, rindo, respondeu: "Tá bom, ela é carioca, né?"

De fato, o coração de Carlinhos é enorme, abraça todo mundo. Para Boninho, a grande vantagem é que ele "transita por todas as áreas. O Brown é esse vulcão de ideias, de trabalhos. É um cara que trafega com tudo e topa tudo".

THE VOICE BRASIL

Antes do *The Voice Brasil*, a confiança no trabalho foi conquistada com entregas. Quando Boninho fez *Popstar*, precisava de uma trilha sonora, e o músico baiano entregou em dois dias. Em outra ocasião, a Globo tinha um evento com as afiliadas e precisava terminar com uma música falando para todas as mulheres: "Brown, faz aí", disse Boninho, e em meia hora a canção estava pronta. "Carlinhos está sempre disponível, é parceiro, e está sempre com aquele sorriso."

O time original do *The Voice Brasil* era composto por Lulu Santos, Claudia Leitte, Daniel e Brown. Com seu jeito e energia, Carlinhos é capaz de levar 1 milhão de pessoas às ruas, sabe envolver além da música e conduzir o público. Foi extremamente importante para o programa, porque a Globo tem um produto que lida com muitas expectativas, e, quando vira a cadeira, o baiano tem sempre uma história para contar.

No começo, o fato de Carlinhos ser tão plural assustou os produtores. Mesmo sendo uma esponja de informações, entregando rápido e com qualidade, Boninho pediu uma "desacelerada" e propôs: "Brown, vamos desacelerar um pouquinho, você tem muito mais para fazer." Boninho sentia no parceiro uma ansiedade enorme de fazer cada vez mais. E ele reconhecia que exatamente por conta disso conseguira sair dos nichos da Bahia e da percussão. No início, era um cara que assustava as pessoas, porque queria fazer muita coisa ao mesmo tempo, jogar em todas as posições dentro do programa.

Boninho conta que, quando fizeram o show na Bahia, era impossível contar a quantidade de ideias que surgiam de Brown, algumas incríveis,

DE QUEM NÃO FOGE À LUTA

outras ousadas, além daquelas fora de cogitação. Mas, para Boninho, o que realmente conta é que ele é muito querido por todos os artistas, consegue por exemplo tocar música sertaneja com Michel Teló colocando o toque especial dele, mas respeitando o gênero. Além de músico, é um showman, performático, uma figura que transcende a música.

Boninho reflete que a geração baiana de Caetano, Gil e Gal, que ganharam o mundo por outras vias, tinham conquistado um território bastante definido, como os cantores de axé. E que, por ter um olhar macro e uma vontade de fazer tudo, Carlinhos consegue trafegar mais livre e tranquilamente, ao mesmo tempo que sempre volta para o Candeal. Foi essa maleabilidade que acabou forjando uma parceria de trabalho. Boninho declara:

O lado contador de histórias era uma malandragem. Tanto que a gente inventou o berimbau, e a gente falou pro Brown: "Tem hora que não dá mais para cantar, e aí você toca o berimbau." Esse processo do Brown é um processo muito carinhoso, tanto que hoje, para o Kids, ele é um dos caras mais importantes pra gente, porque tem sempre uma palavra doce, tem sempre alguma coisa gostosa para falar. Ele junta a conversa com a poesia e o show. Carlinhos ficou com um cargo multitarefas, tem um pouco de tudo. Está sempre preocupado com as crianças. Um dia me disse que queria fazer um disco com todo mundo. Eram 82 crianças, e seria praticamente impossível juntar todos. Mas ele propõe de todo jeito, mesmo que seja impossível. Ele é um fenômeno pop brasileiro que tem uma sustentação muito grande em tudo que faz.

O *The Voice Brasil* começou em setembro de 2012 e só na oitava temporada Brown foi substituído por Iza, mas voltou na nona. Em março de 2022, ele se emocionou e homenageou no *The Voice+*, para participantes com mais de 60 anos, a cantora Dionisya, de 90 anos: "É muito importante que o nosso país tenha uma consciência e veja de perto como cuidar da maturidade. Gente, respeitar a vida e respeitar o tempo é algo que pode nos trazer o merecimento de ter 90 anos como a Dionisya."

Carlinhos sempre quis, e conseguiu, conquistar um espaço de pensador da música e da cultura brasileira: "Tudo que estamos fazendo aqui, de certo modo, é construir pensamentos." Muitos que fizeram enorme sucesso na sua geração, por motivos distintos, estão completamente desaparecidos, e vários outros vivem em situação financeira muito complicada.

Ele conseguiu se manter ativo em diferentes palcos ao mesmo tempo, tanto criativamente quanto em termos de audiência, e muitas vezes substituiu alguns nas oscilações da moda.

DO JEITO QUE ELE GOSTA

Com tantas frentes e conquistas, o nome Brown virou um palco em si, passou a ser associado com temas e coisas para além do axé. Ele entrou na MPB, na world music, no samba-reggae e em outros gêneros. Sua presença em palcos mais políticos começou a ser demandada. Mas ele nunca se sentiu atraído por tendências, e talvez por isso tenha fugido de alguns debates, que deixaram os espectadores sem saber se ele era contra ou a favor de determinadas causas. Certa vez, cobrado em uma entrevista, disparou: "Meu partido político é o da endireita; endireitou, eu voto."

Sua briga principal sempre esteve voltada no sentido de criar plataformas e movimentos que traduzissem uma integração mais global, sem se apegar a modismos. Carlinhos sempre soube bater, mas, para chegar lá, se formou na escola de apanhar. Considera-se um sobrevivente, e às vezes seu discurso demonstra claramente o cansaço que sente com tantas lutas e tantas pessoas. Principalmente quando vê no outro lado mais retórica do que ação.

Para ele, não existe qualquer lógica no separatismo, mesmo com sua luta ferrenha contra a desigualdade histórica. Carlinhos entende que a apropriação é inevitável, uma forma de aprender com o outro, que a mistura é o veículo de paz, e defende um lugar autêntico para a reconciliação.

DE QUEM NÃO FOGE À LUTA

Se eu olho para uma cantora como Anitta e digo que ela não pode usar trança, então parem de comer pizza, não comprem um carro da Volvo, um Defender da Land Rover, porque é inglês. A dicotomia está aí, no não saber defender. Uma vez eu disse: "Ativismo negro sem a base ancestral e sem a base do terreiro, do candomblé, esqueça, você está repetindo os modelos americanos." Porque o ativismo deles foi para salvar uma situação na América. Não é porque a América tem uma comunicação mundial que os modelos deles nos servem.

Um artista nato não aceita restrições à criatividade, e Carlinhos vê a beleza de enxergar sua cultura no outro e defende que o preconceito vai ser vencido assim: "Não é porque eu sou negro que tudo de negro me pertence, tudo pertence à humanidade." E, por isso mesmo, ele nunca deixou de enxergar oportunidades e ideias em outras manifestações.

Essa busca pela cultura do outro como reverência e incorporação teve um momento de expressão singular com os Zárabes, sua manifestação cigana e árabe. Criado em 1995, o movimento trazia músicos vestidos com roupas de inspiração egípcia que iam para as ruas tocando e espalhando incenso, numa mistura de cheiro e percussão, numa homenagem à cultura muçulmana, presente na formação étnica e cultural de muitos lugares da África e parte da herança trazida para a Bahia.

O Z dos Zárabes trazia dois significados: Zorro, o vingador, e Zapata. Desde criança, Carlinhos gostava muito do revolucionário Emiliano Zapata, a quem via da mesma forma que Lampião, sem o olhar estigmatizado. Os Zárabes eram uma mistura de Zorro com zorra. Sem contar o sonho das *Mil e uma noites*, que ele incluiu na mística. Mas Carlinhos foi criado também para falar da cultura cigana, do avô paterno, que era membro assíduo do ritual do Terno de Reis da Bahia. O Terno de Reis é uma manifestação religiosa, uma pequena procissão que rememora a saga dos três reis magos. Na imaginação de Carlinhos, os Zárabes deveriam ser divulgados internacionalmente para apaziguar o mundo árabe, porque as notícias da região eram sempre negativas, sobre terrorismo e morte. Ele queria transmitir uma mensagem de paz, de alegria, de purificação, e as *Mil e uma noites* mexiam com seu imaginário.

Os gritos, "os árabes", o incenso, as fantasias, tudo deveria trazer felicidade. A história das *Mil e uma noites* é uma coleção da época de ouro do mundo árabe, no século XVIII. Possui inúmeras versões e sempre tem como protagonista Scheherazade, esposa de Shahryar. Carlinhos queria falar sobre a cultura muçulmana com outro olhar e mostrar uma cultura conectada com ele e com o Brasil: "O carnavalesco olha o lado positivo e se apropria daquela alegria estética." Era uma resposta aos conflitos religiosos do Oriente Médio, utilizando o carnaval e sua cultura pagã.

E depois de dez anos fora das ruas, os Zárabes voltaram ao palco para abrir o LALATA — II Festival Internacional de Percussão no Candyall Guetho Square. Em setembro de 2022, o festival, realizado pela Pracatum, com patrocínio do Instituto Cultural Vale, reuniu importantes nomes da percussão do Brasil e do mundo sob o comando de Carlinhos Brown.

Outra iniciativa polêmica foi o Arrastão da Quarta-Feira de Cinzas, também chamado de Arrastão da Timbalada, ou do Brown, como foi chamado. Além da ideia de fechar o carnaval de forma solidária e alegre, a proposta dessa volta à rua após o fim do carnaval era uma oportunidade de homenagear algumas pessoas que foram importantes para ele, para a Bahia e para a cultura brasileira. Mas mexer com o tradicional não viria sem custos.

Foi preciso lutar muito e comprar várias brigas, inclusive com a Igreja Católica, pela provocação que o evento representava. O cardeal primaz do Brasil, dom Lucas Moreira Neves, tentou acabar com a folia na Quarta-Feira de Cinzas, dia que na tradição católica marca o início da Quaresma, um período de penitência.

Mas Carlinhos não desistiu, não se incomodou de tirar dinheiro do próprio bolso, já que não tinha patrocínio, nem se abalou por ser chamado de herege. Até que a mãe entrou na história e reclamou de o filho estar brigando com a Igreja. Então ele procurou dom Lucas e disse:

Poxa, se a Campanha da Fraternidade é para os pobres, não existe melhor lugar para lançar a campanha do que com a gente, porque o Arrastão é

DE QUEM NÃO FOGE À LUTA

feito para quem trabalhou no carnaval, o médico, o pedreiro, o cara que vendeu, quem fez comida, quem limpou a rua.

Conversa vai, conversa vem, o Arrastão saiu levando uma multidão para as ruas. Em 1997, homenageou Chico Science, que tinha falecido duas semanas antes num acidente de carro. Nesse mesmo ano, entre uma música e outra, homenageou Jorge Amado, lendo trechos de alguns livros do grande autor baiano sobre o carnaval e a Bahia. Citou partes de *Jubiabá*, *Tieta do Agreste* e *Terras do sem-fim*. Levou bonecos gigantes do escritor e da personagem Tieta e repetiu várias vezes o trecho do livro *Dona Flor e seus dois maridos* com a notícia da morte do personagem Vadinho. Embalado pelo sucesso de "Água mineral", Carlinhos se cobriu de copinhos de água da cabeça aos pés.

A Timbalada saiu sem seguranças, com cordas só para a proteção dos percussionistas. Nesse desfile de 1997, a pedido de Carlinhos, os próprios foliões fizeram um cordão humano para abrir espaço para os bonecos gigantes passarem e os timbaleiros fazerem seu trabalho. Carlinhos tocou por mais de três horas, depois de uma semana de folia. No fim do trajeto, Marisa Monte, que já estava em cima do trio, foi chamada para fazer um duo com ele. Colocou um chapéu de palha para se proteger do sol e cantou por mais quinze minutos. Ele acompanhou e cantou do chão, andando com a galera.

Os seis quilômetros de percurso eram uma espécie de catarse de fim de festa, que Carlinhos sempre julgou necessário para homenagear o empenho de seus músicos e de todos os outros para deixar todo mundo alegre durante o carnaval. Muitos passavam quase uma semana dormindo apenas o mínimo, comendo mal, e ainda tinham que sorrir. Eram escolhidos de maneira simplória nos "pontos de músicos" e pagos de maneira precária. A quantidade de empregos gerados não refletia a qualidade de tratamento. Mas Carlinhos era um em 1 milhão. A exceção e não o exemplo da ascensão coletiva, que tanto buscava. Como empresário, tinha muita consciência dos custos de produção mesmo quando investia em coisas em que sua equipe pouco acreditava.

240   MEIA-LUA INTEIRA

A feijoada da dona Madá era um prêmio e, ao mesmo tempo, um experimento. Ele sabia que os músicos precisavam estar unidos para conseguir melhores condições, e que poderia ajudar. Os duzentos ou trezentos músicos que tocavam durante o Arrastão se transformavam em mais de mil pessoas na feijoada, que era acompanhada de cerveja e outras bebidas. As risadas dos músicos que participavam eram sua maior alegria. Ele chegava e falava com todos, sempre agitado, e aproveitava para ver os companheiros com quem não falava havia muito tempo.

Depois de vinte anos, incomodado pela apropriação do movimento pela mídia e sobretudo pela televisão, que pegava tudo pronto e faturava muito, Carlinhos resolveu parar. Tinha começado em 1993 e construiu uma espécie de manifestação que dava um recall de mídia surpreendente e adiava o fim do carnaval.

> Foi um prazer pessoal ter feito, mesmo sem nenhum retorno financeiro. O Arrastão tinha um significado muito ligado a fechar, porque o carnaval abre todos os chacras, então, como se diz na espiritualidade, você precisa também colocar os escravos para descansar. A espiritualidade não cobra dinheiro, ela apenas faz o que nós chamamos de obrigação. A cultura baiana é sustentada pela obrigação, e o cara que é de santo não quer saber o dia que chega a obrigação do santo dele. É caro? Ele vende a casa, o carro, vende tudo, mas faz a obrigação. [...] Dar comida ao seu orixá, não importa o que ele tenha pedido, é uma obrigação, principalmente na cultura baiana. As pessoas vão em uma festa num terreiro e tiram foto, levantam teses, contam aos amigos, e muitas vezes, no dia seguinte, o terreiro não tem nem o que comer.

Um sonho antigo se concretizou no ano de seu sexagésimo aniversário: Carlinhos desfilou apresentando seu primeiro samba-enredo para uma escola de samba no Rio de Janeiro. O projeto fez parte de uma competição interna acirrada na escola de samba Mocidade Independente de Padre Miguel, como ditam as regras. Com Diego Nicolau, veterano da escola,

DE QUEM NÃO FOGE À LUTA

Richard Valença, Orlando Ambrosio, Gigi da Estiva, Nattan Lopes, J. J. Santos e Cabeça do Ajax, o grupo venceu a disputa e apresentou na Sapucaí, em 2022, "Batuque ao caçador", que exaltava a força de Oxóssi. No momento da vitória, o baiano comemorou:

> Muito feliz com o resultado do samba-enredo campeão, junto à minha amada Mocidade Independente de Padre Miguel. Eu sempre quis participar de uma escola de samba. É uma paixão que vem desde a infância, e foi meu despertar no carnaval. Em Salvador, tínhamos a Juventude do Garcia, também os Diplomatas de Amaralina, que era minha escola preferida, entre outras. Essa tradição bela da Bahia de fazer canto-exaltação, que Tia Ciata levou ao Rio, fazendo junto ao querido povo carioca mais evoluções do samba.

O desfile deveria ter tido a presença icônica de Elza Soares, que faleceu aos 92 anos de idade no dia 20 de janeiro, consagrado a São Sebastião, Oxóssi na umbanda, além de padroeiro da cidade do Rio de Janeiro e da escola Mocidade Independente de Padre Miguel. Era a conjunção mística que se apresentava.

Artistas são trabalhadores incansáveis. Caçadores do próximo sucesso, do próximo clássico, da próxima melodia, da próxima célula rítmica. E não há nada garantido. Além disso, conseguir manter o sucesso parece sempre ser mais difícil do que alcançá-lo. Os caçadores procuram entender os padrões para assim surpreender. Trazem consigo essa energia que parece inesgotável, infindável, e autodeterminam seus objetivos. E sempre há um próximo objetivo.

O Arrastão da Quarta-Feira de Cinzas virou uma tradição, e foram se incorporando outros trios. Em 2023, pela primeira vez, a prefeitura tirou o trio de Carlinhos como o "abre-alas" do evento, que ele mesmo havia inventado. Carlinhos foi para a mídia e manifestou seu descontentamento com o desrespeito com uma tradição nova pela qual ele havia lutado tanto, e sofrido tantas represálias: "Tradicionalmente, é a gente que abre o Arrastão. A ordem foi invertida. Disse que foi o governador que pediu, acho que o prefeito também. O governador, que está chegando agora, e o prefeito precisam respeitar um pouquinho as questões tradicionais", declarou ele. O evento de quarta-feira de cinzas tem cunho espiritual. Fecha-se a rua e, por meio de uma reza, coloca-se Exu para dormir. Por isso, não importava quem sairia na frente, mas sim que o Arrastão fosse aberto com a reza.

11
Hoje e amanhã

E uma última palavra: esta peça é uma homenagem ao negro brasileiro, a quem, de resto, a devo; e não apenas pela sua contribuição tão orgânica à cultura deste país — melhor, pelo seu apaixonante estilo de viver que me permitiu, sem esforço, num simples relampejar do pensamento, sentir no divino músico da Trácia a natureza de um dos divinos músicos do morro carioca.

Vinicius de Moraes, *Orfeu da Conceição*

O ano de 2022 já seria especial para Carlinhos Brown pelo seu aniversário de 60 anos, no dia 23 de novembro. Mas se tornou ainda mais marcante com o convite desafiador, recebido em abril, para integrar o time de compositores do musical *Black Orpheus*, adaptação da clássica peça *Orfeu da Conceição*, escrita por Vinicius de Moraes em 1954, e do filme *Orfeu negro* (1959), prevista para estrear na temporada 2023-24 da Broadway.

Brown vai compor as melodias das dezenove canções do musical em parceria com a americana Siedah Garrett, que assinará as letras. Além dos temas compostos pelos dois, a nova versão da peça também contará com algumas das canções da obra original, compostas por Vinicius, Tom Jobim e Luiz Bonfá.

O musical *Black Orpheus* terá roteiro do dramaturgo cubano-americano Nilo Cruz e direção de Sergio Trujillo, coreógrafo colombiano naturalizado americano. A produção é de Stephen Byrd e Alia Jones-Harvey, que, em nota conjunta, declararam:

> Não há nada mais emocionante para nós do que a oportunidade de apresentar ao público americano grandes talentos internacionais — e esses talentos simplesmente não poderiam ser mais imponentes que Carlinhos e Siedah. Tem sido nossa prioridade criar um show e um som que seja brasileiro em sua essência, e suas contribuições serão de grande ajuda para cumprirmos essa missão.

Os Estados Unidos sempre estiveram no radar do baiano de Brotas, sobretudo depois que sua primeira filha foi morar lá com a mãe, quando tinha ainda 2 anos. As parcerias foram sendo encontradas, e, desde o telefonema de madrugada a Sergio Mendes, Los Angeles virou um lugar de passagem frequente e de alguns trabalhos importantes para Carlinhos, como a parceria dos dois com a própria Siedah em "Real in Rio", indicada ao Oscar de Melhor Canção Original em 2012. Mas agora será a vez de trabalhar em Nova Iorque e, certamente, de encontrar velhos amigos:

> Estou muito feliz, sobretudo por estar ao lado da minha parceira Siedah Garrett, pois já temos mais de vinte anos de parceria nos Estados Unidos. Isso é importantíssimo. A música brasileira interessa ao mundo, e eu, como compositor, interesso à cultura estadunidense. Estou muito feliz e orgulhoso.

LEVANDO O PASSADO AO FUTURO

O grande senso de pertencimento ao mundo tem carregado Carlinhos Brown, que, de tropeço em tropeço e utilizando seu "comuniquês", foi encontrando palcos e novos ambientes, sentindo-se confortável em todos eles.

HOJE E AMANHÃ

O baiano declarou que "a música brasileira interessa ao mundo", e agora foi chamado a provar isso para o público e para si próprio. Sabe que será um tempo de intenso trabalho, mas não lhe faltam disciplina e determinação.

Com sua reverência à herança cultural e o imenso respeito pelos que lhe trazem inspiração e lhe abrem caminhos, Carlinhos certamente vencerá o desafio de recriar as músicas de *Orfeu negro* para um público estrangeiro. Em reportagem publicada no jornal *Folha de S.Paulo*, ele destacou que lançar um musical brasileiro na Broadway é possível porque "outros artistas abriram as portas antes, como Ary Barroso, que teve a música "Rio de Janeiro" indicada ao Oscar, em 1945. E não duvida de que "há coisas atrás da gente que estão abençoando essas portas que se abrem agora".

Ele conta que o acaso o levou a conhecer a história de Orfeu e Eurídice quando, ainda adolescente, foi ao Cine-Teatro Jandaia, em Salvador, assistir ao filme *A dama do lotação*, mas foi barrado por conta da idade. Então resolveu assistir a *Orfeu negro*, produção ítalo-franco-brasileira de Marcel Camus baseada na peça de Vinicius de Moraes e lançada em 1959, que ganhou o Oscar de Melhor Filme Estrangeiro em 1960, representando a França. "Fiquei intrigado ao assistir, porque me vi muito parecido com ele, na alegria de viver, no desejo de fazer música e tudo mais", lembra Carlinhos. E, agora, o desafio será mostrar isso numa linguagem universal, "para inglês ver", e contar a história criada por Vinicius com marcas registradas brasileiras junto a elementos que façam as pessoas entender quão profunda é a história de amor.

O mito grego de Orfeu da Trácia — filho de Apolo e de Calíope, poeta e músico que se apaixona perdidamente por Eurídice — já inspirou inúmeras interpretações em todo o mundo. As três versões brasileiras — a peça *Orfeu da Conceição*, o filme de Marcel Camus e a versão de Cacá Diegues, *Orfeu*, lançada em 1999 — retratam a cultura e a identidade nacionais, trazendo para o centro do palco a favela, de vida humilde, criativa e artística, que na luta pela sobrevivência trava também sua luta pela alegria.

A peça de Vinicius de Moraes promove o encontro entre a música, a força da mulher e a crença num amor absoluto. *Orfeu da Conceição*, encenada em 25 de setembro de 1956 no Theatro Municipal do Rio de

Janeiro, reuniu uma equipe estrelada: direção de Leo Jusi, cenários de Oscar Niemeyer, música de Antonio Carlos Jobim, figurino assinado pela então mulher de Vinicius, Lila de Moraes, coreografia de Lina de Luca, cartazes de Carlos Scliar e Djanira. Os atores foram recrutados no Teatro Experimental do Negro, de Abdias Nascimento, e além do próprio Abdias participaram Haroldo Costa, Ademar Pereira da Silva e Ruth de Souza, entre outros. Foi a primeira vez na história do Theatro Municipal que atores negros pisaram em seu palco. Uma determinação expressa do autor, que, no texto da peça, escreve uma nota com orientações sobre a montagem do elenco e a linguagem do texto em outras reapresentações:

> Nota — Todas as personagens da tragédia devem ser normalmente representadas por atores da raça negra, não importando isto em que não possa ser, eventualmente, encenada com atores brancos. Tratando-se de uma peça onde a gíria popular representa um papel muito importante, e como a linguagem do povo é extremamente mutável, em caso de reapresentação deve ela ser adaptada às suas novas condições. As letras dos sambas constantes da peça, com música de Antonio Carlos Jobim, são necessariamente as que devem ser usadas em cena, procurando-se sempre atualizar a ação o mais possível.

Já o filme de Cacá Diegues traz um aspecto mais contemporâneo para o enredo. Como na peça de Vinicius e também no filme de Camus, o mito é adaptado para o morro carioca. Mas, em 1999, o morro não é mais o mesmo: escola de samba e violência convivem numa configuração dramática. No filme de Cacá, Orfeu é um popular compositor de uma escola de samba carioca, morador de uma favela que se apaixona perdidamente pela bela Eurídice, recém-chegada ao local. Mas entre eles existe Lucinho, chefe do tráfico, que muda tragicamente a vida dos amantes. Contrariando, ou adaptando, as orientações de Vinicius de Moraes, Cacá Diegues não selecionou apenas atores negros: "Meu filme é mestiço, mesmo porque não existem apenas negros nas favelas, você encontra até gente de ascendência oriental", declarou o diretor. A trilha sonora e a direção musical são assinadas por Caetano Veloso.

HOJE E AMANHÃ

Bem antes de realizar o filme, Cacá convidou Carlinhos para participar da trilha sonora, mas por algum motivo sua participação não aconteceu. Recentemente, o baiano reencontrou o cineasta, agora com 81 anos, na posse de Gilberto Gil na Academia Brasileira de Letras e contou ao amigo sobre o convite para compor as músicas de *Black Orpheus* na Broadway, convite sobre o qual ninguém ainda sabia. E, com sua verve de sempre, disse: "Tudo sintetiza quando eu vejo um Orfeu entrar na Academia de Letras, que é Gil, meu ídolo, mestre, ministro de Xangô, levando ali todos os sonhos. Ali era Orfeu!"

INCORPORAR PARA TRANSFORMAR

Carlinhos se expressa de maneira complexa no trabalho e em sua mística. Em seu trabalho, comporta-se como um verdadeiro modernista, praticante do movimento antropofágico como foi de certa forma descrito por Oswald de Andrade em 1928. A caracterização que Oswald faz de uma cultura híbrida — que mistura padre Vieira e Anchieta, a mãe dos Gracos, a corte de dom João VI, a moral da cegonha, as lendas de Jabuti, Guaraci, Jaci e da Cobra Grande — foi renovada quase um século depois por quem sempre soube juntar e transformar os mundos que vai tocando. No manifesto, Oswald escreve muitos trechos que refletem a vida e a obra de Carlinhos, com todas as glórias e percalços. "Tupi or not tupi, that is the question" foi a indagação sugerida por Oswald e materializada sem pudores pelo baiano, que não vê nisso uma questão: "Tupi e negro e branco e cigano e tudo mais que vier, sem frescuras." De maneira produtiva e bem-sucedida, ele desconstrói a celeuma e materializa novas realidades.

E assim saímos do manifesto para a manifestação. E é preciso destacar que essa transformação nos custou cem anos de história. A genialidade de Oswald não estava em enxergar o que a cultura era, mas sim o seu potencial. Ele entendeu os instrumentos que tínhamos disponíveis e que se tivéssemos a coragem de juntar tudo formaríamos uma cultura única. Oswald escreveu no manifesto:

Somos concretistas. As ideias tomam conta, reagem, queimam gente nas praças públicas. Suprimamos as ideias e as outras paralisias. Pelos roteiros. Acreditar nos sinais, acreditar nos instrumentos e nas estrelas.

O processo de misturar tudo começou de maneira inconsciente, apesar de Carlinhos ter sido sempre uma esponja. Seu mundo mistura candomblé, Filhos de Gandhy, Apaxes do Tororó, ijexá, Augusto Teixeira de Freitas, Buarque de Hollanda, iorubá, banto, Bahia Black, Tribalistas, axé, Iza e muito mais. Foi do axé aos Zárabes, passando por MPB, samba, tamanquinho, jazz, música clássica e tantos outros ritmos. Com suas habilidades pessoais, decidiu tocar o máximo possível de instrumentos. Começou com percussão, foi para letra, entrou na composição, harmonia, melodia, aprendeu a produzir de maneira única e finalmente cantou. Cumpriu sua via-crúcis, e aos 33 anos lançou o primeiro disco solo como cantor. Mas isso era apenas o início. Seu legado social, mesmo que ainda em construção, vai deixar uma marca no Candeal, da escola de música à creche, de casa de show ao estúdio de nível internacional.

Quando fui a Salvador pela primeira vez para fazer as primeiras entrevistas para este livro, peguei um táxi do aeroporto até meu hotel no Pelourinho. O motorista simpático fazia as perguntas de praxe e eu retribuía, até que ele disse que era de Brotas. Deixei-o falar, mas fui perguntando do Candeal, e, com todo o interesse de autor, tentava extrair informações de outro ponto de vista.

Carlinhos costuma dizer que criava o novo porque "não podia fazer igual a todo mundo". Sua cultura vem dos ouvidos e da oralidade. Para ele, algo que soasse bem poderia soar melhor se fosse diferente. E colocar--se diante desse desafio constante inclui dúvidas enormes e controvérsias, que muitas vezes o deixaram irritado. Todo artista precisa "viajar" antes de aterrissar num lugar concreto, e ele sempre viajou bastante. Imaginou encontros que não existiram, tem memórias de datas e fatos distorcidos, personagens amplificados e vários outros "instrumentos" para a construção de um mundo totalmente novo.

Aos poucos, foi deixando o politicamente correto por um ativismo, sempre pela mistura, mantendo os ouvidos bem abertos para absorver

HOJE E AMANHÃ

o que vinha de fora, qualquer som que o fizesse pensar. Logo que abriu o Shopping Iguatemi de Salvador, o rapazinho entrou para entender que mundo era aquele. Tinha acabado de completar 13 anos e a primeira coisa que percebeu é que a música de fundo era diferente, acalmava, tinha muitos instrumentos e um ritmo completamente diferente dos tambores e violões que estava acostumado a escutar. Era uma música clássica, inteiramente nova.

Poucos anos depois, já queria ser maestro. Quando ia a um shopping center, procurava identificar as músicas, Vivaldi, Bach, Schubert. As constelações se ampliavam e não paravam de se misturar. Ele nunca se sentiu obrigado a escolher entre um ritmo e outro. Tudo cabia dentro dele, até heavy metal.

A formação da cultura brasileira foi sempre uma preocupação, e Carlinhos não duvida que ela se dê exatamente nesses lares miscigenados, nos esforços para realizar os cultos, no trabalho de organizar as "obrigações espirituais", nos desfechos de rituais produzidos por tantos dias e por tantas pessoas, nos almoços e jantares que foram "pulados" para que as oferendas fossem respeitadas. Ainda que se possa perceber tais coisas como desperdício ou crendices, sabemos que nos alimentamos dessa cultura coletiva.

O que vemos pelas ruas e na TV é o melhor resultado dessa mistureba. Não dá mais para tentar classificar as origens, influências ou manifestações culturais em caixinhas separadas. Não faz sentido, já é tarde. Não é nos escaninhos que vamos resgatar nossa identidade. Desde cedo ele abraça o caldeirão de ingredientes de onde sai o melhor do Brasil. E vive a própria arte. O artista como experimento de si próprio corre muitos riscos, mas, sem eles, os criadores de novas realidades sabem que não existe inovação.

Gilberto Freyre, grande pensador da educação e da identidade do país, defendia também a tese de que a miscigenação formaria uma população melhor e mais forte, diferentemente do que pensavam as teorias eugênicas e etnocêntricas dos séculos XIX e XX. Mas essa visão de uma miscigenação positiva, de base antirracista, também foi criticada e gerou desconforto em alguns círculos intelectuais. A divisão de classes e raças no Brasil existe e não pode ser escondida.

Carlinhos Brown afirma que "a miscigenação não é reparadora", e nossa redenção tem que ser levada a sério. Nosso universo é plural no cerne porque, como dizia Darcy Ribeiro, nossa sorte é que os portugueses eram promíscuos. Querer obter pureza demais de onde está tudo misturado há tanto tempo não é mais possível. Estamos num momento de luta, não para entender as purezas, mas para abraçar de vez a salada geral, o X-tudo, o sushi e o temaki de porco de Jeferson Rueda, e extrair daí o nosso melhor, o que nos caracteriza, fora dos clichês e das caricaturas.

São as misturas e as rupturas dos espaços confinados de afirmação que movem a roda criativa da nossa cultura em evolução. E o baiano sempre foi essa roda. Do carnaval aos dias destinados aos orixás, esses eventos são espaços de criatividade, uma prova de que na riqueza das nossas misturas não cabe mais tanta polarização. Além de perda de tempo, seria um desserviço ao nosso futuro.

Talvez nosso país seja o único no mundo onde é possível encontrar uma descendente de japoneses, de tradição xintoísta e criada no Paraná, que incorpora espíritos na umbanda, frequenta terreiro de candomblé em três estados, abre missa no domingo e vive sob a égide do "Um pouco de bem não faz mal a ninguém"! A alegria é a nossa prova dos nove, diria Oswald. O que ele pensou em forma de arquétipo para o Brasil, Carlinhos construiu e exportou do Candeal para Salvador, dali para a Bahia, o Brasil e o mundo. Esses círculos concêntricos de expansão de visibilidade e influência vão das batidas dos próprios instrumentos, passando pelas vestimentas e pela pintura do corpo, com esse mantra dos ritos e festividades.

A CONSTRUÇÃO ÚNICA DE UM ARTISTA

Todo artista é o experimento de si próprio. E a consciência de ser artista, mesmo que aflore cedo na alma e na convicção, enfrenta as dores do medo do entorno, que, em qualquer lugar, não entende que deixar de ser criador causa ainda mais dor. Com o nosso baiano não podia ser diferente. Tocar instrumentos de percussão era coisa de vagabundagem. Porque os outros

HOJE E AMANHÃ

instrumentos nem existiam nessa gênese familiar. Mas as mãos incessantes, que traduziam as células rítmicas que saíam de sua cabeça desde a sua infância através de qualquer lata ou panela, seriam parte plena de sua carreira. Carlinhos fala gesticulando e fazendo ritmos o tempo todo. Ser autodidata nunca foi uma escolha: foi a única opção e a única saída para suas mãos e cabeça inquietas. Os baldes e pedaços de pau que primeiro testemunharam seu desespero por uma expressão artística também nunca deixaram seu palco.

Levando em consideração a obra de Carlinhos Brown, seu legado cultural há de ser maior do que o social. Mas, se juntarmos o espiritual, formamos uma espécie de santa trindade dos nossos desafios de identidade, que poderiam ser ditos metaforicamente como os afluentes formadores de nossa cultura.

A favela convive com a cidade e o campo, a miséria convive com a riqueza, nossa indicação ao Oscar conta uma história da malandragem e do crime com a pureza das boas intenções, nossa arquitetura é contemporânea e admirada. Nossa comida tem farofa, que ninguém entende, mas adora. A mandioca é a nossa heroína, por ser um alimento que, mesmo com tanto veneno, nos dá centenas de pratos incríveis, inclusive com Nutella. Temos que bancar a ausência de purismos e seguir em frente, até porque nem temos o atrás para voltar.

Quando o funk sai da periferia e ganha a classe média, e ainda levamos medalha de ouro com "Baile de favela" nas Olimpíadas de Tóquio de 2021, não existe mais como desfazer a mistura. Entre a música e o futebol, a estética da rua e a da favela se provaram e se aprovaram. Elas são muito mais híbridas do que costumamos nomear. Para Carlinhos, essa mistura sempre foi natural, mas ele foi se conscientizando, foi se refinando e adicionando elementos, instrumentos, numa manifestação de sua "espiritualidade gananciosa", como costuma dizer.

Educou-se em meio a muitos instrumentos para construir outros próprios, uns adaptados, outros pensados. Misturou Mestre Maleiro com Smetak, Neguinho do Samba com Vinicius de Moraes, nunca parou de misturar e de se misturar. É a própria mistura. Talvez sua saga tenha começado a se concretizar em 1992, quando o Bahia Black lançou o álbum *Ritual Beating System*, do produtor Bill Laswell, que foi, provavelmente sem saber, um visionário. A capa do disco já deveria ter sido um sinal para todos, com um negro de cocar indígena feito por um artista americano. O briefing estava perfeito. Carlinhos tinha 30 anos, e já se passaram mais 30 desde o lançamento.

Da mentoria do motorista aposentado Osvaldo, o Mestre Pintado do Bongô, até a estrela do *The Voice Brasil* que grita Ajayô, o menino de Brotas foi deglutindo tudo que via pela frente. E foi devolvendo em novos modismos, outras estéticas e poesias. Sua vocação para criar novos eventos e bandas vem da ideia de que nessas formas estaria uma maneira de criar grupos de estudo, salas de aula inovadoras. Uma visão de experimentação muito coerente com o século XXI, em que a formalidade do ensino está abrindo espaço aos canais que são criados todos os dias, desde o YouTube até os encontros pessoais. E Carlinhos encontrou muitos outros mestres generosos, não apenas Pintado. Aprendeu com Caetano, Tom Zé, Karabtchevsky, Fia Luna, Sergio Mendes, entre tantos outros. E mesmo os durões Smetak e Maleiro o fizeram avançar e perceber que, se eles o desafiavam, era porque reconheciam seu grande potencial.

Na WR, Carlinhos conheceu instrumentos e técnicas de gravação e produção, mas principalmente os músicos que estavam, sem querer, codificando os ritmos disseminados pela Bahia. Desde 1985, com sua primeira composição de sucesso, "Visão do cíclope", que assinou com Luiz Caldas e Jefferson Robson, ele sente a confiança de poder fazer algo grande. Tinha praticamente saído das ruas, sua segunda escola, depois do Candeal. O tempo passou rápido, e poucos anos depois, bem novo ainda, chegou a ter 26 composições tocando simultaneamente nas rádios e ganhou o Troféu Caymmi.

Quanto mais avançava dentro do universo artístico, mais Carlinhos entendia que a miscelânea era a questão fundamental de uma nova estética, talvez estratégica. O Tropicalismo foi uma arrancada boa, mas as explorações culturais da identidade brasileira estavam apenas começando. Até

HOJE E AMANHÃ

mesmo geograficamente, sua trajetória ajuda a reequilibrar os territórios culturais do Brasil, que, se antes se dividiam entre Rio e São Paulo, com ele passaram a englobar também a Bahia e o Candeal.

Com todos os percalços e obsessões, além das muitas dificuldades para conciliar suas ambições com uma vida familiar, Carlinhos construiu um legado que poucos conseguem realizar. Todo artista sobrevive de memórias, que vão sendo semeadas por anos a fio, em meio a decepções, altos e baixos, momentos de brilhantismo, outros de loucura. Olhar de fora a vida e a obra de alguém requer o esforço de não apenas olhar os fatos individualmente, mas de tentar entender o conjunto da obra dentro de um contexto.

Excelência é um conceito amplo, mas no mundo artístico pode-se dizer que está baseado em um tripé: primeiro ter origem numa criação inovadora, numa potencialidade. Segundo, ter boa execução, para que a boa ideia não seja desperdiçada por uma má apresentação. E o último, certamente o quesito mais difícil, é a longevidade. Esta, sim, mostra a verdadeira obra conjunta do gênio que, mesmo com todas as falhas humanas, foi capaz de traduzir dentro de suas lentes criativas algo tão universal e admirável. É aquele momento em que estamos num carro e o rádio toca "Meia-lua inteira", e começamos a cantar imediatamente dentro de nossas cabeças, sem nos darmos conta de que aquela canção já se incorporou à nossa vida.

Carlinhos Brown foi colecionando algumas honrarias. Mesmo com a massagem no ego, o motivo de satisfação sempre esteve mais adiante. Qualquer artista vive a dificuldade de separar a pessoa da personagem. Mas, muitas vezes, quem mais tem capacidade de construir é a personagem. Mesmo que os valores da pessoa estejam por trás. Em 2005, Carlinhos recebeu o Prêmio Goya, o mais importante do cinema espanhol, na categoria de Melhor Canção Original, por "Zambie Mameto", trilha do documentário *O milagre do Candeal*. Foi condecorado Embaixador Ibero-Americano para a Cultura em 2018 pela Secretaria-Geral Ibero-Americana. Em 2020, recebeu uma comenda por ajudar a transformar presídios através da música, recebendo em seu estado o título de Embaixador da Justiça Restaurativa da Bahia. Carlinhos Brown é um *Homo desatinfactens*, está sempre insatisfeito, e, mesmo quando assertivo, enxerga sempre as falhas e onde ainda pode melhorar. A indicação ao Oscar, os Grammys e todos os prêmios que recebeu foram veículos importantes, traduzindo uma narrativa que ele sempre quis que fosse a sua maior bandeira: a justiça.

A partir dos seus 40 anos, Carlinhos também passou a dedicar muito tempo à pintura, através da qual se expressa de forma abstrata. O que começou como experimento virou parte da sua rotina, e uma nova veia artística, sendo reconhecida na exposição *O olhar que ouve*, na Espanha, em 2019, depois de ter tido uma primeira exposição no Palácio do Planalto, em Brasília.

12
Reencontros ancestrais

Vestidos de farrapos, sujos, semiesfomeados, agressivos, soltando palavrões e fumando pontas de cigarro, eram, em verdade, os donos da cidade, os que a conheciam totalmente, os que totalmente a amavam, os seus poetas.

Jorge Amado, *Capitães da areia*

Crescer negro e pobre em Salvador provocava em Carlinhos Brown sentimentos contraditórios de opressão e de grandeza enrustida na história. Sentimentos reconhecidos por poucos e descritos de forma aguda por Jorge Amado. A imagem da cidade onde vivia todos os dias era confusa. Ver não só as raízes de sua comunidade, como as de seu país, serem constantemente desvalorizadas e pouco reconhecidas sempre causou estranhamento.

Mas o grande desafio para o músico baiano era viver o dia a dia. A visão elogiosa e poética sobre o país e nossa história era uma verdade, mas vinha de poucos, de círculos intelectuais quase transgressores. Basta dizer que o próprio Partido Comunista Brasileiro combateu o envolvimento de Jorge Amado no projeto de lei pela liberdade de religião, por ser refratário a qualquer tipo de influência religiosa. O escritor baiano soube argumentar e convencer o partido de que na Bahia era diferente.

Artistas são radares importantes, e ainda que as manifestações viessem sobretudo pelas lentes de homens brancos, representantes de uma aristocracia, os intelectuais entendiam que na Bahia algumas coisas deveriam ser preservadas, que sua força viria desse culto aos símbolos ali praticado de maneira tão peculiar, tinha origem nas misturas de raças, nos sabores, sons, religiões.

Em 1938, quase cem anos atrás, Dorival Caymmi, um dos criadores da mística da baianidade, gravou seu primeiro grande sucesso, "O que é que a baiana tem". No Brasil miscigenado, indígena, europeu e africano, a Bahia ocupa um lugar de destaque no inconsciente coletivo, e Caymmi viu isso antes, mas foi preciso muito tempo para que a população majoritária, especialmente a parcela que representava sua força criativa, começasse a ser reconhecida de maneira mais aberta.

Carlinhos crescia nas ruas e vivia na pele a literatura de Jorge Amado. Como a vida anda em espirais, anos depois ele comprou a casa de Jorge Amado em Itapuã. Essa casa, que serviu de inspiração para tantos músicos, e onde ele vive hoje grande parte do tempo, é uma espécie de homenagem a Jorge Amado, grande embaixador da Bahia, publicado em mais de cinquenta países e quase cinquenta idiomas, e que foi sempre um exportador de baianidade. Desde o final do século XIX o país vinha mudando muito, e a verdadeira face da Bahia precisava ser mostrada por alguém que viesse do povo, da massa, e soubesse expressar a riqueza e o encantamento dessa cultura muito particular que ela sempre ofereceu. Baianidade é entender essas sutilezas.

Uma das bandeiras mais fortes de Carlinhos, principalmente nos últimos vinte anos, é o reconhecimento da força e do papel da maior parte da população baiana na formação cultural do estado e do país, uma bandeira que vem demandando esforços contínuos do artista, alguns mais explícitos, outros mais sutis. Reafricanizar, reindianizar e baianizar a percepção de nossa identidade é uma dessas bandeiras.

AUTENTICIDADE E CONSCIÊNCIA

O reconhecimento cultural começou a ganhar força nos anos 1960, com os blocos afro tomando as ruas, e o movimento do carnaval começou a fazer parte de uma luta da massa, de maioria avassaladoramente negra.

REENCONTROS ANCESTRAIS

Carlinhos nunca se esquivou de ser o centro das atenções, talvez pela mistura de egocentrismo que todo artista precisa ter, e provavelmente também por uma insegurança quanto à sua posição na sociedade. Por muito tempo, teve bastante dificuldade em lidar com a causa negra, porque mirava muito mais em causas trabalhistas da sua classe, na educação das crianças de seu bairro, na Pracatum e na pobreza que via à sua volta. Sem contar que ainda teve que construir o principal, sua carreira brilhante. Enquanto seu foco foi mudar o Candeal e trazer uma proeminência para "os trabalhadores da percussão", o mundo foi mudando, e nos últimos vinte anos a questão racial e o próprio conceito de reparação tomaram conta das agendas, por bons motivos.

Inicialmente, talvez por desconfiança, Carlinhos virou sua mira para a causa cultural, que no Brasil não tem como não ser racial na veia. Depois, em consequência do sucesso, tornou-se uma espécie de radar; não havia outra opção. Ele abraçou como missão de vida entender de onde vinha e passou a se ver e a se apresentar como exemplo da mistura que hoje somos. Em grande parte, os defensores das questões raciais com essa estatura de popularidade costumavam vir de um outro mundo, dos intelectuais, quase todos brancos.

Em 1996, quando participou do *Roda Viva*, seus entrevistadores eram todos brancos, cinco homens e quatro mulheres, de músicos a sociólogos. Mas Carlinhos carregava uma autenticidade, um sentido de sucesso e um orgulho da mistura na pele que ainda não tínhamos visto. A bandeira da justiça de Augusto Teixeira de Freitas passou a fazer muito mais sentido como uma visão de futuro. Assim como Darcy Ribeiro dizia que "somos um povo novo" que segue se descobrindo e criando uma cultura, Carlinhos infere que somos uma cultura em construção. A conexão com os indígenas fazia mais sentido pelo seu histórico, o candomblé e o iorubá faziam sentido pelo idioma, seu DNA fazia sentido, assim como as letras que compunha. Tudo fazia sentido junto. Foi como um raio de luz na sua vida. Sua epifania veio aos poucos.

Muitos estrangeiros foram abrindo os olhos dos brasileiros para a causa racial-cultural no Brasil. O candomblé deve a Pierre Verger muita coisa,

258 MEIA-LUA INTEIRA

assim como a música brasileira também deve a Smetak. A natureza diversa da cultura brasileira foi atraindo a curiosidade de estrangeiros, que viram seu potencial criativo. Verger e Smetak não vieram apenas para ver, vieram para influenciar. Entenderam que o país tem uma cultura que não é nem branca nem preta; é branca, preta, indígena, é tudo.

INVENTORES DO BRASIL

Carlinhos diz que quem inventou o Brasil foi o índio, porque quem inventa o lugar é quem entende a terra, e eram os indígenas que estavam no Brasil antes de todo mundo chegar. Passaram pelo pior dos bocados, quando a megafauna deixou de existir e os alimentos ficaram escassos. A "invenção" da mandioca, o saber de distinguir os diferentes tipos, a brava e a de mesa, o que é alimento e o que é veneno, segurou essa terra por 10 mil anos, é uma prova do conhecimento da terra e de uma forma de pensar. A mandioca está em todos os pratos brasileiros, do rico ao pobre, em todos os lugares, da rua à comunidade indígena.

Marcelo Dantas, um dos maiores curadores de arte do Brasil e a mente por trás da Casa das Histórias de Salvador, que está sendo criada, avalia a importância dessa raiz na nossa formação:

Se tirarmos a mandioca da dieta do brasileiro, você dá uma quebrada em tudo, não vai ser o milho ou a batata que vão segurar a peteca, é a mandioca, é a mandioca que segura esse povo, e o conhecimento dessa raiz, que é o conhecimento da terra, essa coisa linda. Uma coisa que eu adoro sobre a mandioca é a continuidade molecular, porque a mandioca não tem semente, só caule, uma mandioca está molecularmente conectada a todas as mandiocas que aqui estiveram, elas sempre vieram do caule de uma outra mandioca, então há uma conexão física, molecular, uma continuidade molecular por milênios. Então quem é a grande testemunha dessa terra? [...] Pegamos o cuscuz islâmico africano para transformar na

REENCONTROS ANCESTRAIS

farofa, pegamos a tapioca para fazer a panqueca, e o bolo de mandioca. E continuamos explorando seu potencial.

O Brasil nunca virou português. Ao contrário, os portugueses viraram índios e os africanos também. Importamos muitas coisas da África, que nos trouxe conhecimentos milenares, assim como nos vieram muitas coisas de Portugal. Mas sucumbimos à identidade indígena, viramos índios de casaca, da floresta, dos pássaros, das plumas, das serpentes. Nunca nos transformamos em uma sociedade lírica, permanecemos uma sociedade tribal, mais parecida com a sociedade indígena. As primeiras residências e fortificações construídas em nosso território foram feitas com taipa de mão, ou pau a pique, técnicas que utilizavam materiais conhecidos dos indígenas para suas próprias moradas, que não usavam pedra nem madeira. Temos uma história que ainda é, em grande parte, completamente desconhecida, com poucas evidências, onde a oralidade ainda comanda. A mistura é a coluna vertebral.

Nossa língua é inegavelmente mesclada. Os povos bantos, origem da maioria dos que foram escravizados e mandados ao Brasil, são complexos de estudar. Habitavam e habitam quase toda a parte central da África, da costa atlântica até o oceano Índico. Porém, no período de escravidão e colonialismo, as origens se perderam pelo caminho.

Dizer que alguém tem descendência africana significa pouco, porque o continente é enorme, as línguas são centenas. O suaíli, que pouco a pouco se constitui como uma língua africana, é uma ramificação do banto. Utilizamos diariamente palavras do tronco banto, como dengo, cafuné, caçula, moleque, quitanda, fubá, cachaça, macumba, cuíca, cachimbo e muitas outras. Algumas são quase inseparáveis da cultura baiana, como dendê e muvuca (do idioma quimbundo, da família banta), axé (do iorubá "ase", energia vital encontrada nos seres vivos, que impulsiona o universo), candomblé (mistura do termo quimbundo "candombe", "dança com atabaques", com o termo iorubá ilé ou ilê, "casa", significando "casa de dança com atabaques") e abadá, que também tem origem no iorubá e dispensa apresentações. A palavra foi reexportada da Bahia para todo o Brasil.

Brown instituiu o Ajayô, principalmente no programa *The Voice Brasil*, da Rede Globo, como um grito de guerra, uma saudação a Oxalá, com o sentido de "se Deus quiser" ou "tomara". Mas nas letras de seu álbum *Candombless*, de 2004, como uma espécie de sinal desse abraçar de causa, estão músicas como "Orerê Emafá", "Agaxirê Saleromi", "Kissangá", "Xeré Jeré" e "Ódemã", além de "Africabahia", em colaboração com o DJ Dero. A língua iorubá vem da região mais predominante no DNA de Brown, a região da Nigéria e dos países da África Ocidental. Ele é capaz de discorrer textos longos no idioma, transmitido quase exclusivamente por via oral, e com cinco ramificações de dialetos. Quando falamos em ijexá, ifé, ketu, anagô, ebá e outros, estamos falando em variedades da língua dentro dessas cinco ramificações. Incorporar esses dialetos à sua música e chegar a grandes sucessos como "Dandalunda" teve seus riscos, porque a audiência não entende o que se está cantando. Mas, como todo ensinamento oral, a ideia é que a outra pessoa se familiarize com o som e com as palavras, suscitando interesse em um novo assunto.

Somos e vivemos a consequência desses círculos místicos da oralidade, da crença em lideranças espirituais como os pajés e pais e mães de santo, que autenticam a vivacidade da cultura que ainda estamos construindo, sempre adicionando camadas de misturas. Para Carlinhos Brown, entender e respeitar a cultura da oralidade significa aprender a escutar, tanto quem está ao seu lado quanto as vozes da ancestralidade. É essa conexão que permite que avancemos como cultura coletiva.

REAFRICANIZAÇÃO

Diferentemente da umbanda, que tem sua origem no Rio de Janeiro, o candomblé nasceu em Salvador. Não como manifestação puramente africana, mas como um culto baiano, resultado do encontro de várias religiões ou práticas místicas pan-africanas. Ao chegarem aqui, e submetidas a um convívio forçado, entidades da África, que representavam localidades distintas sem necessariamente alguma conexão com outras do próprio continente,

REENCONTROS ANCESTRAIS

fundaram uma nova cosmogonia. Como se o culto de São Paulo, o de São José e o de São João se juntassem para formar a Igreja Católica sem um Jesus Cristo, sem um Vaticano, sem Roma, sem nada.

Foi na Bahia que se formou esse ecossistema, e pode-se dizer que Carlinhos nasceu num momento de inflexão das placas tectônicas desse universo de raça, língua, expressão, ancestralidade, história de sofrimento, formação de identidade, movimentos políticos e concentração de poder.

Duas publicações — *Carnaval ijexá*, de Antonio Risério, publicado em 1981, e *O país do carnaval elétrico*, lançado por Fred de Góes em 1982 — trouxeram o tema da reafricanização do carnaval para a pauta acadêmica e tiveram o músico baiano como protagonista nas duas cenas. O axé veio para consolidar esses movimentos, quando, ao serem deslocados para a frente do espetáculo, os negros da percussão tornaram-se criadores do entretenimento e do espetáculo, deixando para trás a condição de músicos considerados apenas trabalhadores da indústria do carnaval. Isso tudo em um país pan-africano, com muitos povos de etnias e idiomas diferentes que, no Brasil, foram vistos pela primeira vez como um só. Marcelo Dantas, que criou na Casa das Histórias de Salvador um museu vivo da história da cidade, afirma:

> Com toda a pertinência, é um país africano. A Bahia pertence à cosmogonia africana, e negar isso é uma burrice, porque a gente tem mais conexão com a diversidade africana — embora esses elos não tenham sido mantidos — do que com a identidade latino-americana. Um brasileiro e um inca têm muito pouco a ver, mas um brasileiro e um iorubá, um moçambicano, um angolano, um congolês, têm muito em comum.

Não existiria reafricanização sem Salvador. Em *Etnografias do Brau: corpo, masculinidade e raça na reafricanização em Salvador*, Osmundo de Araújo Pinho escreve:

> A reafricanização, como um contexto social-discursivo sedimentado, é o marco, aberto e policêntrico, de referência dessas lutas políticas pela

representação em torno do negro, do corpo negro e da atualização local de padrões mundiais de reconfiguração identitária afrodescendente. Essa reafricanização pode ser considerada como uma máquina de guerra que institui seu próprio teatro de operações discursivas e sociais.

Livrar-se dessa guerra seria inútil no Brasil, e, ainda hoje, Carlinhos procura entender esses conflitos como forma de melhorar seu entorno. Não existe a opção de sair de cena. As tentativas de expulsar os negros e mandá-los de volta para a África vêm de longe, e a história da Libéria vale com uma lição sobre como o assunto foi tratado de maneira torpe, quase ficcional, ou distópica no Ocidente.

Tema do filme *Medida provisória*, de Lázaro Ramos, lançado em 2022, essa questão começou a ser explorada de modo prático muito antes, logo após a independência dos Estados Unidos em 1776. Mesmo antes da abolição oficial da escravatura em 1865, os escravos libertos começaram a circular pelas ruas das cidades norte-americanas, e a classe média urbanizada, incomodada com a mistura, começou a reclamar.

HISTÓRIAS D'ÁFRICA

Em 1820, sob a presidência de James Monroe, os americanos criaram a American Colonization Society, que tinha entre seus objetivos "devolver" os negros à África, criando um território livre entre a atual Serra Leoa (ao norte) e a Costa do Marfim (ao sul). Depois de algumas tentativas frustradas, eles conseguiram que suas repetidas expedições para a costa oeste africana resultassem na fundação da Libéria, em 1822. Ironicamente, quase de maneira sádica, denominaram a capital de Monróvia, em "homenagem" ao presidente que encampara o projeto de se livrar da sociedade de cor que seus correligionários tanto haviam usado, mas abominavam.

A Libéria foi o primeiro país africano a ter uma mulher como chefe de Estado, Ellen Johnson Sirleaf, eleita presidente em 8 de novembro de 2005. Reeleita em 2011 para um novo mandato, governou a Libéria de 2006 até

REENCONTROS ANCESTRAIS

2018. A liberiana Sirleaf ganhou o Prêmio Nobel da Paz de 2011, juntamente com a compatriota Leymah Gbowee e a iemenita Tawakel Karman.

Refletir sobre nossa conexão com a África é extremamente necessário para recuperar os elos de informação histórica, arqueológica, cultural. Tratada como uma marca, uma designação geral, que considera tudo a mesma coisa, a África ainda é um mistério para o mundo. O continente africano reúne o Magreb, a África subsaariana, o Egito e várias outras culturas particulares e cheias de nuances. Ao todo são 54 países, enquanto a América Latina tem 20.

Os franceses cunharam o termo *le mal d'Afrique* para descrever a relação com a África, seu passado, sua ancestralidade e essa ligação profunda que se sente ao chegar a essa parte do mundo. Esse "mal da África", longe de ser uma doença, é uma espécie de entorpecimento pela conexão com o mais antigo território habitado do planeta, quando experimentamos sentimentos que evocam nossas raízes e observamos cenários fantásticos, com fauna e flora exuberantes, que provocam nostalgia e uma forte sensação de pertencimento.

Refazer o caminho de nossa história não é simples. Ainda estamos descobrindo como exatamente foi montado o arcabouço do comércio escravo e suas consequências. Vez por outra, encontramos novas histórias e evidências. Uma teoria curiosa, por exemplo, é a presença de tubarões no oceano Atlântico, que podem ter sido atraídos pela quantidade de corpos de pessoas que morriam durante a travessia e eram jogados dos navios negreiros, possivelmente interferindo no padrão de movimentação desses peixes.

A saída e chegada de africanos é fartamente documentada até meados do século XIX, enquanto o comércio de escravos era legal. Mas há muito poucos registros da movimentação de escravos em Porto de Galinhas, Pernambuco, principal ponto clandestino do comércio escravagista no Nordeste após a proibição do tráfico negreiro. Os escravos vindos de Angola eram transportados até o destino final no porão dos navios, abaixo das galinhas, usadas como disfarce. Assim que chegavam, se espalhava em código a notícia de que havia um novo carregamento de "galinhas de

Angola". Essa prática rebatizou o porto pernambucano, antes chamado de Porto Rico, e grande parte da documentação da época e do período mais próximo da abolição foi eliminada.

As lacunas de informação se refletem também na mente de Carlinhos, e as peças dessa história ainda vêm sendo descobertas e encaixadas. Um quebra-cabeça histórico que com o passar dos anos foi nutrindo e ratificando a necessidade de entender melhor "quem somos". A queima dos registros da escravidão no século XIX, promovida por Rui Barbosa, deixa claro que ela já se apresentava como uma questão com potencial jurídico explosivo, uma vez que ações judiciais poderiam afetar o Estado com indenizações pela perda de escravos enquanto bens. Evidências sugerem que Rui Barbosa deliberadamente consentiu que vários cartórios fossem destruídos, em incêndios programados, a fim de eliminar toda a documentação existente e impedir tais ações.

Dessa forma, ficamos com uma grave lacuna de documentação histórica, tendo apenas os registros da saída dos escravos da África, sem os desfechos no Brasil e, consequentemente, sem a possibilidade de responsabilização criminal e civil de milhares e milhares de casos. Várias fontes, entretanto, indicam que Salvador foi o maior porto de recebimento de escravos no mundo, seguida do porto de Cartagena, na Colômbia. Do porto de Salvador saiu também a maior quantidade de ouro do planeta, criando assim um cenário rico de histórias, com uma dinâmica social particular e personagens que só existiam ali.

As Américas vão precisar de tempo e de estratégias, que talvez ainda não tenhamos desenvolvido, para se redimir da escravidão e da colonização. Tentar entender a África e digerir as torturas e os sofrimentos causados em quinhentos anos requer discussões acirradas, retaliações, estudos e reconciliações. Não é uma tarefa fácil.

Mas Carlinhos nunca desistiu desse encontro, buscando sempre o legado africano nos diversos aspectos culturais e suas contribuições ao nosso idioma, nossa forma de pensar, nossa maneira coletiva de enxergar o Brasil e o mundo. Apostando na miscigenação como nossa grande força, ele encara

REENCONTROS ANCESTRAIS

a cor da pele num contexto maior, como indicador de conhecimentos que devemos reconhecer como parte integral de tudo que somos.

Para ele, reafricanizar não é querer voltar a ser africano, voltar a morar na África ou se vestir como os africanos. Somos brasileiros, ainda construindo uma cultura que só será entendida e expressada em todo o seu potencial quando reconhecermos e incorporarmos todos os elementos envolvidos. Do seu DNA até suas composições, ele incorpora essa mistura, com todos os prazeres e dores que podem trazer. Dos adereços que vestimos às palavras que usamos corriqueiramente, a lente afro no Brasil é gigante e incontestável. No final, somos todos índios e afro-brasileiros, e Carlinhos vive essa herança por muitas vertentes e desfruta dela. Algumas vezes pela estética, outras por questões mais filosóficas.

As joias de crioula, por exemplo, que ainda fascinam historiadores, sempre foram inspirações na escolha de seus adereços. No Brasil colonial, há cerca de trezentos anos, mulheres negras conseguiram comprar suas alforrias e começaram a mandar produzir e usar adornos em ouro e prata para afirmar sua identidade. Mulheres livres, capitalistas, proprietárias de imóveis e de escravos, que por vezes comerciavam, eram fortes, unidas e criaram uma identidade própria. Quando andavam pelas ruas, queriam deixar claro que eram diferentes e que tinham que ser respeitadas. Usavam joias bem grandes, encomendadas aos mesmos ourives das brancas ricas, mas com design particular, às vezes lembrando os búzios ou outros elementos da natureza, criando uma estética baiana própria que, novamente, vinha da mistura.

De certa maneira, essas mulheres fortes construíram uma casta intermediária, entre os donos do poder formal e a população escrava. Tal identificação de poder durou mais de cem anos e foi se esvaziando com a abolição da escravatura. Mas seu legado ficou e ajudou a formar o modelo estético da indumentária local, especialmente de Salvador. Essas peças, conhecidas como joias de crioula, são hoje disputadas por colecionadores de alto poder aquisitivo. A tipologia dessas joias inclui pencas de balangandãs, correntões de crioula, colares de alianças ou grilhões, pulseiras do tipo copo, de placas ou de bolas, brincos e abotoaduras. Carlinhos pode sair de camiseta branca com um colar de contas azuis num dia. E, no

266   MEIA-LUA INTEIRA

outro, colocar 75 adereços para ir a um jantar com amigos. Mas sempre com uma estética de empoderamento. Esses códigos estéticos, que desde cedo alimentaram sua personalidade, tinham a ver com libertação, poder criativo, estética, manifestação de poder e demonstração de ascendência. Na ocasião da exposição *Joia crioula*, a curadora Simone Trindade escreveu:

> As joias encantam por sua beleza, opulência e simbologia. Através dos séculos elas têm sido criadas expressando gostos, sonhos, desejos, ambições. Ouro, prata e pedras preciosas foram, e são, as suas principais matérias-primas, que ganharam vida nas mãos de laboriosos mestres da criação: os joalheiros. Seu intuito é provocar admiração, encantamento, fascínio, deslumbramento, atração, sedução. Reflexos de uma época, de um estilo de vida, de um grupo social, o seu uso revela distinção social, riqueza, hierarquia, honraria, relações afetivas e crenças. Cada joia é um precioso registro histórico que fala de descobertas, domínio tecnológico, maestria artística, configurações econômicas e sociais. Mas as joias não aparecem isoladas, elas fazem parte dos modos de vestir, trajar, compondo visualidades derivadas de identidades.

MILITÂNCIA ANCESTRAL

No século XIX, Augusto Teixeira de Freitas já tinha cofundado o IAB (Instituto dos Advogados Brasileiros) e procurava olhar para a questão da escravidão sob um ponto vista diferente. Insistiu na abolição como uma questão moral, quase religiosa, pelo absurdo da exploração de um ser humano como mercadoria, e tentou impedir que esse comércio fosse normalizado e normatizado em nosso futuro Código Civil.

Num embate direto com Caetano Alberto Soares sobre a condição dos filhos de escravas, Augusto renunciou, em 22 de outubro de 1857, a seu cargo na instituição de que ele tanto havia cuidado, mas que se tornara instrumento político para Caetano Alberto Soares. A descoberta da carta de renúncia, examinada e estudada pelo Grupo de Estudos Augusto Teixeira

REENCONTROS ANCESTRAIS

de Freitas, tanto no IAB quanto no Instituto Sílvio Meira (ISM), joga uma luz importante nessa questão e principalmente na vida de seu provável famoso descendente, no que se refere às lutas que sua família vem travando há mais de 150 anos para a recuperação dos elementos formadores da gênese da nossa cultura.

O comportamento após a proibição do comércio de escravos e exemplos como o de Porto de Galinhas demonstram como parte da elite brasileira pensava, agia ou fazia vista grossa para o tratamento desumano dispensado aos escravos mesmo após a proibição do tráfico negreiro. As vozes abolicionistas iam ganhando força, mas precisavam remar contra a maré de influências políticas, sociais, comerciais, tributárias e até religiosas, para fazer frente à exploração humana que se perpetuava. Foi nesse contexto que Augusto Teixeira de Freitas começou a tratar do assunto dentro da instituição que havia ajudado a fundar mais de uma década antes, em 1843, e da qual era o quarto presidente.

Muitas forças buscavam uma manutenção das estruturas de poder, e, diante de jogos políticos duros, Augusto entendeu que sua luta seria mais solitária, mas provavelmente mais efetiva, caso se concentrasse na escrita do Código Civil, que só veio a ser de fato utilizado depois de seu falecimento. Para iniciar uma nova fase nessa luta ele precisou deixar uma declaração sobre as forças atuantes e sobre como olhar para o assunto com uma visão jurídica pura, sem ser nem conivente nem leniente com os interesses de seu grupo social, profundamente empenhado na manutenção de uma estrutura exploratória de poder.

No processo de investigar a vida de seu trisavô, Carlinhos foi se aprofundando no entendimento das agruras de Augusto Teixeira de Freitas e encontrou no próprio IAB a carta de renúncia que ele havia apresentado, um achado histórico importante para se entender a dificuldade de lidar com o assunto até os dias de hoje, já que havia crescido num meio onde a conversa sobre racismo quase não existia. Era como se apenas o acaso e o destino fossem responsáveis pela condição humana e algo ainda reforçado pelas crenças religiosas. A associação da condição humana com a possibilidade de alguma reparação, por conta de uma máquina escravocrata montada e incentivada pelo Estado, sequer existia no vernáculo das comunidades negras. Mas foram personagens como Augusto que abriram novas portas para o debate, permitindo que a discussão levantasse desde a questão da igualdade plena até o pleito atual sobre reparação.

Reconciliação como política de Estado é difícil de propor e mais difícil ainda de implementar. Táticas como cotas e governança com diversidade são bem-vindas, mas ainda incipientes. Em *Invictus*, Nelson Mandela, interpretado por Morgan Freeman, diz a seu guarda-costas, depois de uma reclamação de que teria colegas brancos: "A Rainbow Nation (nação arco-íris, fazendo alusão a todas as cores que o país abrigava) começa aqui. A reconciliação começa aqui. O perdão começa aqui também. O perdão liberta a alma. Remove o medo. Por isso que é uma arma tão poderosa." Comparado com a África do Sul, o Brasil é um arco-íris com ainda mais variações de cor.

Tudo isso é novo, até mesmo no plano das propostas. Ainda num passado recente, pessoas de cor eram vistas como cientificamente inferiores, com propensão natural à criminalidade e à disseminação de doenças, e cognitivamente incapazes. O analfabetismo excluía cidadãos de votarem, o que atingia quase todos os negros, e as estruturas de poder do Estado e da Igreja davam suporte às teses segregacionistas. Segundo pesquisas atuais, até instituições religiosas do Brasil colonial e imperial possuíam negros escravizados em quantidade, com práticas de incentivo à procriação e com sistema comercial formal de compra de liberdade. Chegavam ao requinte nefasto de empreender critérios específicos para precificar pessoas de maneiras distintas.

O tempo foi passando e os heróis brasileiros foram surgindo, mesmo que silenciosos até hoje. Como Manoel da Motta Monteiro Lopes, advogado, primeiro deputado federal negro, que já naquela época se destacava pelo discurso racial afirmativo. Nascido em 1867, Lopes foi um abolicionista guerreiro e se formou em Ciências Jurídicas e Sociais em 1889. Em 30 de janeiro de 1909, foi eleito para a Câmara dos Deputados, como o terceiro candidato mais votado, porém só conseguiu tomar posse em maio daquele ano, depois de uma campanha nacional pelo seu direito à cadeira.

REENCONTROS ANCESTRAIS

Também no início do século passado, Antonieta de Barros foi nossa primeira deputada estadual negra, uma das primeiras deputadas eleitas, chegando à Assembleia Legislativa de Santa Catarina em 1934. Antonieta foi uma incansável lutadora pelo rompimento de barreiras raciais, de gênero e de classe. Nascida em Florianópolis em 1901, filha de ex-escravos, ela viu a mãe, Catarina Waltrick, trabalhar como lavadeira para sustentar a família. Ainda aos 17 anos, fundou o Curso Particular de Alfabetização Antonieta de Barros, com o objetivo de preparar alunos para exames de admissão no chamado Ginásio do Instituto de Educação e da Escola Politécnica. Sua missão era alfabetizar adultos. Nunca deixou de acreditar que o ensino seria fundamental para libertar as pessoas da marginalização. A comemoração do Dia do Professor em 15 de outubro é uma homenagem a ela.

As histórias de muitos desses atores fazem parte da formação de Carlinhos, que, com uma força de influência cultural rara, consegue unir a justiça com o poder transformador da música e da mídia para comunicar uma mensagem maior. E certamente reforçam a herança de seu trisavô, que ele tanto preza e admira.

No dia fatídico de sua renúncia, Augusto Teixeira de Freitas, ainda como presidente do IAB, escreveu a seus correligionários uma carta em que expõe as tensões pelas quais passava o Brasil e como ele claramente se posicionava pela causa humanista, reconhecendo a impossibilidade de prosseguimento das políticas praticadas em relação aos escravos. Talvez existisse ainda um terceiro motivo, o fato de ele ter gerado "filhos em bastardia" com amantes negras, que nunca assumiu, mas para os quais queria um futuro diferente e livre. Para isso, como exímio jurista, quase como um jogador de xadrez, preferiu sair do cargo para não se deixar utilizar por aqueles que apostaram que, por vaidade, ele não deixaria o IAB. Estavam errados. A causa era maior que Augusto.

A carta de renúncia, com vinte páginas, expõe seu sofrimento e como as disputas o deixavam abalado. Deixa claro que ele saía para se libertar e libertar todos, para que pensassem por si próprios. Quando Carlinhos leu a carta do trisavô, se emocionou e teve certeza de que suas lutas tinham valido a pena. Mais do que isso, de que era preciso continuar. A leitura de alguns trechos dessa carta-renúncia é fundamental para entender o pensamento de Carlinhos e as consequências de todo esse legado em sua psique:

Quando as aspirações de uma mocidade ardente e apaixonada foram convergindo para o mais nobre sentimento que pode excitar o coração humano; quando o amor de todos, concentrado no amor da pátria, me fez compreender qual o destino da provança da vida; quando, na arena em que a Providência me colocou, conheci o dever de dedicar-me a sérios estudos da jurisprudência, uma ideia desanimadora, um prejuízo talvez, apoderou-se do meu ânimo, ideia desesperada pela consciência da própria fraqueza.

As mediocridades abundam. É nas fruições da vida material que, para o comum dos homens, está a suprema ventura, e pois que a matéria será sempre o fatal inimigo da ciência, nada mais natural do que amparar-se o fraco edifício da ignorância com os esteios de nomes vãos, de títulos pomposos, que são ouropéis com que se impressiona o vulgo. As cerimônias das religiões produzem o mesmo efeito, porém com melhor fim. [...] A mim mesmo impus o dever de, em discussões proveitosas, sempre levadas à maior altura dos princípios, despertar os brios de uma mocidade tão talentosa. Pareceu-me que poderia infiltrar o amor do estudo, o gosto pela jurisprudência em um país como o nosso, onde tanto se tem a fazer em matéria da legislação. Seria isto uma ilusão? Terei de voltar ao meu isolamento, aos monólogos de um solitário, sem o auxílio de tantos espíritos tão liberalmente favorecidos pela natureza, que podem ser úteis à pátria? O tempo o dirá!

Em questões abstratas de jurisprudência, não posso compreender que se desenvolvam paixões; não sei também que fruto se possa colher dos assaltos de uma primeira ideia, e arrebatamentos do entusiasmo, em matéria de pura observação e raciocínio. Foi-me apresentada uma proposta em que se perguntava "se eram livres ou escravos os filhos de uma escrava, que em testamento havia sido libertada, mas com a cláusula de servir a um herdeiro ou legatário, enquanto este vivesse".

REENCONTROS ANCESTRAIS   271

Chamando sempre o correligionário de sr. dr. Caetano Alberto, Augusto não se esquiva do conflito e dos arrependimentos das decisões que foi tomando ao longo do processo de debate sobre a questão da escravatura e suas centenas de nuances. O caso em questão era "a respeito da condição dos filhos de escrava, liberta em testamento, mas com a cláusula de servir a um herdeiro, enquanto ele vivesse". Mostra também que, ao entrar em discussões minuciosas, que talvez só ele mesmo tivesse capacidade jurídica de abordar, fez de Caetano Alberto um inimigo:

> Minhas previsões não falharam. O sr. dr. Caetano Alberto, em cujo coração não puderam ainda os anos esfriar a energia dos mais nobres sentimentos, levou a questão ao Instituto, relatou-a pateticamente: e, assim excitadas as generosas emoções de tantos jovens, que hoje dão vida à corporação, ele preveniu desde logo que intensa seria a sua mágoa, se resolvida fosse a questão por maneira diversa da que ele esperava.

Augusto advogava que se um escravo fosse um homem livre, sua "capacidade civil deve ser completa". Tanto nas relações de família quanto nas relações civis, podendo exercer contratos, "ser comerciante, adquirir livremente, responder pelo dano proveniente de seus delitos, e quase delitos". Era uma visão avançada para mitigar as enormes consequências de uma "semiliberdade", que de certa forma dava a liberdade com uma mão, mas permitia o controle escravizante de gerações por vir. Ele sabia que formas ambíguas de formalizar uma legislação poderiam gerar prejuízo, como se viu na prática. Sua visão era de uma sociedade de pleno direito. Em muitos países, inclusive nos Estados Unidos, os movimentos dos direitos civis explodiram cem anos depois, na década de 1960, porque as leis davam a liberdade, mas não concediam direitos planos. O jurista já sabia o que sairia desse imbróglio, com grandes conflitos raciais e sociais que perdurariam décadas.

À época de Augusto Teixeira de Freitas, Salvador era um dos maiores centros urbanos do Brasil. Apesar de não mais ser a capital do país, ainda exercia influência político-administrativa e se mantinha conectada com o mundo. O Sudeste tinha dado um salto mais rápido de infraestrutura, mas a Bahia não ficava muito atrás. A produção diversificada se integrava na estrutura capitalista internacional, com forte intercâmbio comercial e investimentos de capital estrangeiro. Entre 1890 e 1940, a modernização de Salvador trouxe também o agravamento de problemas habitacionais e as consequências da expansão desordenada, com os quais a geração de Carlinhos teve de conviver.

Para pessoas sem educação formal e que precisavam de trabalho para sobreviver, como os pais de Carlinhos, as opções não eram muitas. E até hoje a desigualdade persiste. Segundo o IBGE, em 2017, a maioria preta (pretos e pardos) representava cerca de 82% da população de Salvador, a capital mais negra do país. E sempre foi essa faixa que competiu pelos piores empregos da cidade. Era um exército de desempregados no qual estava incluída a maior parte da família de Carlinhos.

Salvador ia se mantendo como porto bastante relevante, mas sem nunca descobrir sua vocação econômica real. Guiava-se pelas circunstâncias e pelos momentos, não por uma estratégia, como Rio de Janeiro ou Santos. As ruas de Salvador permaneceram difíceis, precárias, e foram de certa forma a primeira escola de Carlinhos fora do Candeal, onde ele dormiu centenas de vezes. Sem ter uma corte, Salvador manteve um espírito de colônia, diferentemente do Rio de Janeiro, que recebeu dom João VI em março de 1808, teve de se adaptar e foi agraciada pelas ordens reais para o seu rápido desenvolvimento.

Salvador se manteve capital até o final do sistema de capitanias hereditárias, a organização político-administrativa implementada pela Coroa portuguesa de 1534 a 1821 a mando de dom João III. No Rio de Janeiro, por causa da corte, se estabeleceu uma estratificação social mais clara, enquanto em Salvador tudo se misturava mais. O local mais negro da capital baiana, e também o mais protegido, era a Cidade Alta. O que é meio paradoxal, porque geralmente se colocam no alto os mais poderosos, mas lá é o Pelourinho que fica no alto. Estas duas partes de Salvador sempre colidiram, a Cidade Alta e a Cidade Baixa.

Esse relato um tanto longo se faz necessário para compreender como Carlinhos entende e navega nesse mundo. E como essas múltiplas camadas de dúvidas que o perseguiram durante tantos anos foram sendo preenchidas pelo reencontro com suas ancestralidades e influências culturais.

MAIS DO QUE UM LEGADO, UMA IDENTIDADE

No dia 19 de agosto de 2022, dia de nascimento de Augusto Teixeira de Freitas, e no ano em que completou 60 anos, Carlinhos Brown foi condecorado com a Medalha Luiz Gama, do IAB, destinada às personalidades que defendem os direitos humanos, as liberdades, a cultura brasileira e o combate à discriminação de gênero e raça, durante um evento em homenagem a seu trisavô.

O personagem que dá nome à medalha tem uma história tão cheia de lutas quanto a dele. Luiz Gama nasceu em 1830, na cidade de Salvador, filho de um fidalgo português, possivelmente nobre, cujo nome e título nunca foram revelados. Sua mãe era uma escrava chamada Luísa, e tinha ficado conhecida pela importante participação na Revolta dos Malês, em 1835, a maior revolta de escravos, todos muçulmanos, ocorrida na Bahia até então. Luiz Gama foi vendido pelo próprio pai quando tinha ainda 10 anos de idade, conquistou sua liberdade e, dentro dos alicerces jurídicos e nos tribunais, libertou mais de mil escravos ao longo da vida, tornando-se um ícone na abolição.

Brown estava escalado para discursar sobre sua conexão com a justiça e com essa veia de ancestralidade. Entretanto, tratou o trisavô como músico, que buscava no violão uma forma de organizar os pensamentos. Mas é a luta que une os dois, de maneira quase metafísica.

Sem nenhum demérito ou status, nós buscávamos sim essa compreensão, porque uma família tão renomada tinha descendentes em situação de dificuldades. Isso me gerava tanta esperança, porque quando eu via algum fato de desigualdade, eu buscava nessa linha, e eu, por ter nascido em um terreiro, nós estamos em um país laico, mas todo advogado está em uma linha de Xangô, a linha da justiça. Não me preparei para tal, sobretudo não sou um cidadão aprofundado no estudo dos livros, muito pela falta da escola, não pela falta de grandes professores, que terminei encontrando pelo meu caminho. Mas essa herança estava latente, meu avô foi para a Bahia cuidar do Terno de Reis da Lapinha, ou seja, ainda a força da cultura portuguesa, os ciganos, os folguedos, os pandeiros, e meu pai, Renato, era tipo um porta-bandeira disso, do Terno de Reis. Eu me lembro que eu cantava uma música dele: "Clareia a lua com seus olhos cor de prata, ó que bela noite para uma serenata." Isso tem muito a ver com a alegria de passar dificuldades em um país com famílias, com histórias semelhantes às minhas, também originais de um país que se refaz, que busca essa compreensão.

O interesse em estudar Teixeira de Freitas foi despertado também pelo interesse em um outro membro da família, Zeca Freitas, nome conhecido entre baianos, maestro da Orquestra de Todos os Santos. Zeca nasceu em 1944, no Rio de Janeiro, mas escolheu a Bahia para morar, e já está lá há mais de quarenta anos. Depois que voltou dos Estados Unidos, formou um grupo de free jazz com Toni Costa e Guilherme Maia, que também tinham passado pelas mãos de Smetak na Escola de Música da Universidade Federal da Bahia. Quanto mais Carlinhos conhecia o passado e o presente dos Teixeira de Freitas, mais se sentia motivado a buscar as conexões entre música e justiça que vinham sendo levadas dentro de sua família por quase dois séculos.

Essa é a minha herança do Teixeira de Freitas, porque, nascido abaixo da linha da pobreza, busquei identificar-me não com uma visão do marginal, do pobre, mas sim com a de uma pessoa em dificuldade, e aquelas dificuldades poderiam sim ser por uma herança maior, essa que eu acabei de falar. Os acordes dos Teixeira de Freitas continuam em mim nesse desejo latente. Foi assim que, em um momento importante da vida, eu não imaginava que estava criando um movimento, que é o movimento da axé music, de ressignificar a música africana, juntar o que parecia também ser distante da gente, sobretudo as harmonizações. A gente buscava que a Bahia fosse coesa e que também quebrasse o separatismo que existia, porque existiu por muito tempo, talvez ele seja menor agora, a partir do nosso desejo que a axé music trouxe.

Enquanto isso, Renato de Freitas, sempre que questionado sobre seu sobrenome, preferia sair pela tangente, e não queria saber de nada. O filho via no medo do pai um receio de associação com certa traição, porque Augusto teria participado da Sabinada, em 1837-38, que havia lutado pela independência da Bahia. Falar dessa história gerava uma repressão tácita na família. Mas Carlinhos preferiu ver na família Teixeira de Freitas uma família de ativistas, com a luta abolicionista, a renúncia do IAB e o Código Civil. Enxergava a conexão com as pessoas e a luta pelo bem-estar e igualdade de todos como o viés de conexão ancestral.

A letra de "Meia-lua inteira" está no meio dessa narrativa. Era como um "grito Teixeira de Freitas", o arcabouço de uma linhagem. Seu autor nunca tinha saído da Bahia, do Candeal, e foi tocar com Caetano no Rio, onde ficou por seis meses. Assim que voltou houve um tiroteio no Candeal, e todos acharam que eram fogos, que eram comuns. Mas perceberam que era algo diferente. Não era hora de festa de caboclo, nem seria o candomblé, só podia ser aniversário de alguém. No outro dia, porém, souberam pelo rádio que uma gangue tinha se instalado na mata fechada, e a polícia entrara causando a morte de inocentes. O episódio tocou a fundo Carlinhos, para quem o bairro era pobre, mas de paz. Esse foi o estopim de suas ações sociais, já que agora estava ganhando algum dinheiro. O momento suscitou "Meia-lua inteira": "São dim, dão, dão / São Bento / Grande homem de movimento / Martelo do tribunal / Sumiu na mata adentro / Foi pego sem documento / No terreiro regional." Era um grito de protesto:

> Sou um ativista, sim. Nós estamos em um movimento descabido de uma verdadeira guerra santa que pode vir no futuro. Não essa que se acende na visão política, mas uma desestruturação das comunidades do Brasil. Nós

continuamos sendo perseguidos. A gente não pode estar vivendo o que nós estamos vivendo. Por que continua essa maldade com a cultura negra no Brasil? Se essas cidades todas foram construídas pela cultura negra, o laço escravo, e as pessoas perguntam: "Que reparação?" Os negros não estão pedindo dinheiro a ninguém, porque se nós tivemos capacidade de construir este país, nós temos capacidade de construir nossa história. Nós estamos pedindo um respeito e a participação de que nós precisamos na sociedade como um todo. Onde está a nossa reparação? Em um projeto real de educação neste país, porque, quando se educa, a gente tem a consciência do conhecimento, e o que falta no Brasil é um conhecimento.

Todos nós carregamos esses DNAs ancestrais, mas quem nasce preto certamente entende isso de maneira muito mais profunda. E Carlinhos nasceu marcado com muitos DNAs que serviram de guias por toda a sua vida. Mais do que isso, ele vive com bastante força sob a égide de três misturas. A primeira é a genética, com Benim, Nigéria, Serra Leoa e Norte da África, entre outras ascendências no continente. A segunda é o sobrenome que carrega, tendo Augusto Teixeira de Freitas como grande baluarte. A terceira é cultural, que mistura os indígenas, os ciganos, os idiomas, os ritmos, entre outras influências. Nesse sentido, sua reafricanização não tem a ver com a busca por algum tipo de pureza de raça ou de hábitos, já que somos miscigenados, mas sim com o reconhecimento de que somos influenciados por territórios genéticos, sociais e mentais que devem ser recuperados, para que tenhamos mais consciência de onde viemos e para que, a partir disso, as ideias possam fluir para criações com impacto mais abrangente. Parece teórico, mas *Candombless*, Zárabes, Afródromo, Timbalada, *Pérolas mistas*, *Cura*, Enxaguada de Yemanjá, Arrastão da Quarta-Feira de Cinzas, a Pracatum, os Tribalistas, o Museu du Ritmo, entre outras, são todas tentativas de criar diálogos para discutir esses assuntos e integrar as diferentes raízes de sua visão cultural.

Todas as criações de Carlinhos Brown continuam a ter a percussão como o coração desse diálogo. É na criação de células rítmicas que ele segue criando esses vínculos e expandindo sua influência nos diálogos.

REENCONTROS ANCESTRAIS

Quando conversa, faz batucadas e canta para explicar as coisas, sempre com as mãos agitadas, tirando som de qualquer objeto que esteja por perto ou usando a própria perna. Ele faz isso desde a adolescência.

Não é apenas um legado. É quem nós somos. Carlinhos vive essa convicção. Sempre desconversou sobre o racismo, saindo pela tangente, porque queria se sentir incluído e não ser o chato protestando o tempo todo, o reclamão. Precisava primeiro mostrar seu trabalho e, pelo seu histórico, provar que não era parte de um nicho e sim de um movimento cultural abrangente. Conforme foi conquistando espaços, foi também se sentindo mais livre para "educar" as pessoas à sua volta e investir em iniciativas que lhe permitissem tocar em certos assuntos com mais propriedade:

> Eu sou essa reparação, e uma reparação familiar, porque tive que ir para o limbo social a fim de buscar esse discurso na oralidade, na música, na profundeza da cultura brasileira, para que hoje, os senhores, nesse lugar ilustre, possam reiniciar e reeditar a importância de Augusto Teixeira de Freitas para o mundo.

Nos últimos anos, Carlinhos se rodeou da família, dedicando mais tempo aos filhos no Rio de Janeiro e na Bahia. É apaixonado por todos. Nunca deixa de estar com Chico, Clara, Cecília e Leila. E, junto com Danielle Barvanelle, sua esposa, faz questão de pegar os mais novos na escola e levar para gravações, onde Daniel Levy e Maria Madah veem o pai trabalhando e também se divertem. Carlinhos Brown leva a vida funcionando como uma usina de pensamentos, que foram e ainda são traduzidos em letras, ritmos, eventos, performances. Mas a combinação negro-indígena-cigana-portuguesa sempre foi parte do todo. Olhar para alguém que representa tantos traços de nossa cultura nos faz pensar no que somos, que características temos, e para onde vamos. A meia-lua vai ficando cada vez mais inteira.

Agradecimentos

Este livro não teria sido possível sem uma introdução a Carlinhos, feita pela minha esposa, Morena Leite, em São Paulo. Ali, num almoço descontraído, pensamos num curso de percussão para a Domestika, empresa para a qual trabalhava e líder de cursos em criatividade. Carlinhos foi um grande investimento que fizemos para entrar com mais força no Brasil, e o curso de percussão já foi feito por mais de 12 mil pessoas. Nesse almoço, conheci Andrea Mota, que trabalha há mais de uma década com Carlinhos e foi o grande e principal suporte para este livro acontecer. Agradeço o seu profissionalismo e a transmissão de conhecimento profundo sobre a indústria da música, na qual tem mais de vinte anos de experiência, além de insights sobre a narrativa.

Agradeço a Carlinhos por ter aceitado o desafio e por ter tido a paciência de preencher seus finais de semana e feriados com tempo para entrevistas, de ter ajudado com contatos preciosos. Sua atenção e centenas de mensagens de voz foram construindo os pilares e as melhores anedotas e histórias encantadoras.

É importante destacar a importância de duas pessoas: Gustavo Veronez foi meu braço direito. Obrigado a minha grande amiga e parceira Andrea D'Egmont, que entre outras coisas me apresentou a Marília Pessoa, que editou este livro comigo desde o começo.

Marília foi peça fundamental neste livro e no meu aprendizado de escrever. Tivemos conversas longas sobre a estrutura, a narrativa, e as partes a serem cortadas e editadas. Ela, sempre atenciosa, foi realista e honesta sobre a evolução do livro. Também fã de Carlinhos, Marília foi me guiando em vários momentos, para podermos contar tanto fatos que nunca tinham sido contados antes, como também mostrar a importância de Carlinhos na música e na cultura brasileira. Agradeço também aos meus amigos João e Fátima Farkas, baianos de coração, Paulo de Oyá e Uilma, conhecedores profundos de Carlinhos e de Salvador, e Rafael Dantas, meu guia-mor historiador sobre a Bahia. Paula Miranda, pelo acolhimento na capital baiana, e a todos que entrevistei quando parava para gravar pequenos trechos e trocar ideias.

É impossível me lembrar de todos que me ajudaram e contribuíram com ideias valiosas para este livro. Me desculpo por alguns esquecimentos.

Não menos importante, um agradecimento a Julio Cotorruelo, fundador e CEO da Domestika, que tem sido uma força para a democratização da cultura criativa no mundo e que promoveu também meu encontro mais íntimo com Carlinhos Brown. Ele é parte integral dessa história ter se tornado meu primeiro livro escrito. Obrigado também à Marisa Monte e ao Marcelo Tas, que escreveram a orelha e a apresentação respectivamente, que conhecem a história de Carlinhos, e que com sensibilidade entenderam o tom do livro. Um agradecimento forte ao Chico Barbosa, que entre muitos negronis, por mais de 18 meses, foi me conduzindo pelo aprendizado da escrita.

Tenho que agradecer finalmente a todos os amigos que cederam suas casas, quartos e escritórios para eu poder sentar e escrever em silêncio, entre eles Bel Kovarik, Ana Célia e Silas Botelho, minha irmã Rafaela, à equipe do Capim Santo em todos os lugares, ao pessoal da casa Alma Ninho em Trancoso (em especial ao chef Romário e à Ana Facanha), à família da minha esposa, ao bar da piscina, ao pessoal de Alter do Chão no Pará, dos hotéis em Salvador, e aos chefs do restaurante Origem de Salvador, Fabrício Lemos e Lisiane Arouca. Fiquei lá comendo uma noite

AGRADECIMENTOS

e fazendo pesquisa, no meu cantinho, e anotando o que tinha visto em Salvador naquele dia. A comida foi me inspirando. Para finalizar, agradeço a Salvador, uma cidade em que hoje consideraria morar. Encantadora, com gente, cultura e uma história única no mundo. Carlinhos também é fruto dessa mistura.

Fontes

Artigos citados

ABR. Festival em Salvador é marcado por shows e críticas à extinção do Ministério da Cultura. *Jornal do Commercio*, 15 mai. 2016.

AFP. Paula Fernandes e Carlinhos Brown entre os indicados ao Grammy Latino 2011. *Jornal do Commercio*, 9 nov. 2011.

AGÊNCIA Brasil. Caxirola é vetada na Copa das Confederações. *Jornal do Commercio*, 27 mai. 2013.

AGÊNCIA Estado. Rio perdeu para os Muppets. *Jornal do Commercio*, 27 fev. 2012.

ALBERTIM, Bruno. Tribalistas: um turbilhão de sutilezas no show de Olinda. *Jornal do Commercio*, 11 ago. 2018.

ANTÔNIO RYFF, Luiz. Brasil é maior comprador de LP no mundo. *Folha de S.Paulo*, 25 out. 1995.

_____. Paralamas procuram um som simples e pop. *Folha de S.Paulo*, 16 jun. 1995.

AO lado de ministro, Carlinhos Brown apresenta a "caxirola", a vuvuzela brasileira. *Folha de S.Paulo*, 27 set. 2012.

APICELLA, Mauro. Un predicador de la canción. *La Nación*, 31 out. 2009.

ARNALDO Antunes volta modificado pelo pop e por Carlinhos Brown. *Folha de S.Paulo*, 10 ago. 2001.

ASHDOWN, John. Very much missile-worthy. *The Guardian*, 1º mai. 2014.

BARCELONA baila a ritmo de samba en el carnaval de Carlinhos Brown. *El País*, 16 mai. 2004.

BARTOLOMEI, Marcelo. Dandalunda é eleita a música do Carnaval de 2003 em Salvador. *Folha de S.Paulo*, 3 mar. 2003.

BBC. Carlinhos Brown apresenta Carlito Marrón em Londres. *Folha de S.Paulo*, 3 jul. 2003.

BELFORT, Angela. Celpe faz parceria com Carlinhos Brown para promover consumo eficiente de energia. *Jornal do Commercio*, 22 mar. 2016.

BERNARDO, André. O legado de negros muçulmanos que se rebelaram na Bahia antes do fim da escravidão. *BBC News Brasil*, 9 mai. 2018.

BRASILIEN verbannt Caxirola aus WM-Stadien. *Spiegel*, 31 mai. 2013

BROWN, Jonathan. The caxirola 2.0: A new football-fan friendly version for the World Cup. *The Independent*, 5 mai. 2014.

BUIST, Erica. Seven key facts about the caxirola. *The Guardian*, 2 jun. 2014.

CAETANO fecha o ano e Carlinhos Brown abre 2002 em Salvador. *Folha de S.Paulo*, 13 dez. 2001.

CALADO, Carlos. Carlinhos Brown põe Nova York para dançar. *Folha de S.Paulo*, 26 jun. 1999.

CANÇÃO indicada ao Oscar foi composta em uma semana. *Folha de S.Paulo*, 25 jan. 2012.

CARLINHOS Brown canta na China para celebrar Dia do Brasil. *Folha de S.Paulo*, 3 jun. 2010.

CARLINHOS Brown diz que Jorge Amado era tradição oral. *Folha de S.Paulo*, 6 ago. 2001.

CARLINHOS Brown e Ivete Sangalo fazem arrastão da alegria para 80 mil foliões. *Folha de S.Paulo*, 22 fev. 2007.

CARLINHOS Brown e Paula Fernandes são indicados ao Grammy Latino. *Folha de S.Paulo*, 14 set. 2011.

CARLINHOS Brown faz show em gala beneficente em prol de pacientes com câncer. *Folha de S.Paulo*, 2 out. 2018.

CARLINHOS Brown leva ritmos da Bahia a favela colombiana. Folha de S.Paulo, 1º abr. 2009.

CARLINHOS Brown lleva calor y fiesta al Festival de Jazz de San Sebastián. *El País*, 26 jul. 2004.

CARLINHOS Brown sitúa a Cádiz como fuente del carnaval. *El País*, 6 mai. 2012

CARLINHOS Brown transforma festival na Espanha em carnaval. *Folha de S.Paulo*, 5 jul. 2005

CARLITO cada día canta mejor. *Clarín*, 26 mai. 2004.

FONTES

CARNEIRO, Julia; SENRA Ricardo. Memórias do exílio: a Londres de Caetano Veloso e Gilberto Gil. *BBC News Brasil*, 1 jul. 2015.

CARPENTIER, Megan. The World Cup caxirola deserved to be banned. It's got nothing on the vuvuzela. *The Guardian*, 17 jun. 2014.

CARVALHO, João Paulo. Carlinhos Brown apresenta novo show dirigido por Paulo Borges. *Jornal do Commercio*, 12 jul. 2016.

CAVERSAN, Luiz. O Brasil morre de medo do sucesso. *Folha de S.Paulo*, 19 mai. 1996.

_____. Carlinhos Brown lança coquetel étnico. *Folha de S.Paulo*, 17 mai. 1996.

_____. Carlinhos Brown prepara investida tripla. *Folha de S.Paulo*, 10 out. 1995.

_____. Brown, turcos e Ben Jor preguiçoso. *Folha de S.Paulo*, 24 mar. 1997.

COM 450 índios, Carlinhos Brown abre desfile no centro. *Folha de S.Paulo*, 15 fev. 1999.

DANTAS, Diana. Brasil tenta hoje trazer o Oscar com canção de "Rio". *Folha de S.Paulo*, 26 fev. 2012.

DE MENEZES, Thales e FRANCO, Luiza. Após 14 anos, Carlinhos Brown volta ao festival sem garrafadas. *Folha de S.Paulo*, 27 set. 2015.

EL contacto africano. *Clarín*, 1º dez. 2004

ÉRBITI, Juan Tomás. Tribalistas: la alegría brasileña en acción. *Clarín*, 18 jan. 2019.

ESCOLA de Carlinhos Brown ensina música a presos espanhóis. *Folha de S.Paulo*, 20 out. 2008.

ESPINOSA, Pedro. Cádiz baila samba con Carlinhos Brown. *El País*, 21 jul. 2012.

ESTADÃO Conteúdo. Após show no Lollapalooza, Tribalistas anunciam uma nova pausa. *Jornal do Commercio*, 7 abr. 2019.

EVANGELISTA, Ronaldo. Brown é tido como gênio e piada, mas não é nem um nem outro. *Folha de S.Paulo*, 1º nov. 2005.

EZABELLA, Fernanda. Carlinhos Brown canta no tapete vermelho do Oscar; veja vídeo. *Folha de S.Paulo*, 26 fev. 2012.

FERNANDO VIANNA, Luiz. 1951: O ano em que a Bahia foi atrás da Fobica, e não parou mais. *Folha de S.Paulo*, 28 fev. 2019.

FOLHAPRESS. Após 14 anos, Carlinhos Brown volta ao festival sem garrafadas. *Jornal do Commercio*, 27 set. 2015.

FRANCISCO, Luiz; BALAZINA, Afra. Salvador tem morte e brigas; Brown cobra Gil. *Folha de S.Paulo*, 27 fev. 2006.

GIL e Brown levam Salvador a Barcelona. *Folha de S.Paulo*, 14 mai. 2004.

GOMES, Robson. Globo Nordeste exibe o especial "MINI Festival" neste sábado (19). *Jornal do Commercio*, 18 dez. 2020.

GNACARINNI, Isabel. Paris aprova "Alfagamabetizado". *Folha de S.Paulo*, 1º jun. 1996.

GONZÁLEZ, Christianne. Carlinhos Brown responde a processo por nudez em público. *Folha de S.Paulo*, 17 mar. 1998.

_____. Carlinhos Brown toca na Eurodisney. *Folha de S.Paulo*, 14 mai. 1997.

GONZÁLEZ, Miguel. Margallo conoce el "milagro de Candeal" con Carlinhos Brown. *El País*, 19 jun. 2015.

GRAÇA, Eduardo. Carlinhos Brown é uma das principais atrações de festival de verão de NY. *Folha de S.Paulo*, 17 jul. 2017.

GUERREIRO, Gabriela. Carlinhos Brown oferece show pró-Haiti com Shakira e Wyclef Jean. *Folha de S.Paulo*, 14 jan. 2010.

HOGAN, Michael; LAMONT, Tom; MCGURK, Stuart. 25 Reasons to watch the World Cup – in pictures. *The Guardian*, 25 mai. 2014.

INZILLO, Humphrey. Carlinhos Brown: Soy un percusionista que hace melodías. *La Nación*, 19 set. 2015.

_____. Carlinhos Brown: Francisco es el único líder del mundo. *La Nación*, 19 set. 2015.

JC Online. Após disco, Tribalistas confirmam turnê em 2018. *Jornal do Commercio*, 19 dez. 2017.

_____. Carlinhos Brown faz show exclusivo para estudantes em Pernambuco. *Jornal do Commercio*, 22 set. 2016.

_____. Carlinhos Brown será uma das atrações do projeto Verão Luiz Caldas no Recife. *Jornal do Commercio*, 9 jan. 2017.

_____. Carlinhos Brown vai tocar no Galo da Madrugada. *Jornal do Commercio*, 9 jan. 2013.

_____. Caxirola é lançada como a vuvuzela brasileira. *Jornal do Commercio*, 27 set. 2012.

_____. Ouça: Os Tribalistas lançam quatro músicas e prometem um novo disco. *Jornal do Commercio*, 10 ago. 2017.

_____. Tribalistas anunciam retorno com álbum novo. *Jornal do Commercio*, 10 ago. 2017.

_____. Tribalistas voltam a compor juntos e podem retornar. *Jornal do Commercio*, 6 abr. 2017.

FONTES

———. Shakira e Carlinhos Brown lançam clipe de música para Copa do Mundo. *Jornal do Commercio*, 22 mai. 2014.

LA FIFA estudia prohibir a la sucesora de la vuvuzela. *Clarín*, 11 mai. 2013.

LEBESSE, Patrick; MORTAIGNE, Veronique. Les disques de l'année musiques du monde. *Le Monde*, 20 dez. 1996.

LECHNER, Ernesto. The music of Brazil's Tribalistas imagines a more harmonious and joyful culture. *Los Angeles Times*, 13 fev. 2019.

LE Monde. Les Tribalistas fabriquent les tubes qui agitent les étés brésiliens. *Le Monde*, 25 set. 2003.

———. A Jazz à Nice, Jimmy Cliff nourrit le reggae d'influences neuves. *Le Monde*, 24 jul. 2003.

———. Promouvoir le jazz vocal contemporain. *Le Monde*, 11 jul. 2001.

LEÓN, Pablo. Su alteza Carlinhos. *El País*, 27 jul. 2012.

LINGENTI, Alejandro. Carlinhos Brown: Piazzolla será eternamente un gran maestro de la música. *La Nación*, 18 out. 2014.

LIXO recolhido após show de Carlinhos Brown bate recorde em Madri. *Folha de S.Paulo*, 19 jun. 2005.

LO nuestro es primitivo y contemporáneo. *Clarín*, 13 mai. 2004.

LUSK, Jon. Tribalistas Review. *BBC*, 17 fev. 2003.

LUZ, Marcia. Apaxes do Tororó festeja 45 anos de Carnaval e resistência social. *Correio*, 26 fev. 2014.

MALTA, Jairo. Cancelamento que vivi no Rock in Rio era racismo, afirma Carlinhos Brown. *Folha de S.Paulo*, 22 nov. 2021.

MARQUES, Ivan D. Cenas de Carnaval: o samba, a tradição e a resistência. *Correio*, 25 jan. 2019.

MCOWAN, Gavin. World Cup playlist: Brazilian music classics. *The Guardian*, 21 mai. 2014.

———. Salvador, Brazil's real party capital. *The Guardian*, 19 jun. 2010.

———. The greatest party on earth. *The Guardian*, 18 dec. 2004.

MONROE, Camila. Carlinhos Brown fala sobre indicação para o Oscar. *Folha de S.Paulo*, 27 jan. 2012.

MORLA, Jorge. La cultura que une 25 años de cumbres iberoamericanas. *El País*, 4 jul. 2017.

MORTAIGNE, Veronique. Carlinhos Brown, prophète brésilien de l'éclatement des musiques. *Le Monde*, 11 mai. 1996.

———. Musiques métisses, tour de Babel. *Le Monde*, 24 mai. 2010.

———. Carlinhos Brown Omelete Man. *Le Monde*, 30 jan. 1999.

———. A Salvador, le son des percussions et de la politique. *Le Monde*, 8 nov. 2003.

———. Sélection disques chansons. *Le Monde*, 7 fev. 2003.

———. Carlinhos Brown, prophète brésilien de l'éclatement des musiques. *Le Monde*, 11 mai. 1996.

MÚSICA de Carlinhos Brown e Sergio Mendes é indicada ao Oscar. *Folha de S.Paulo*, 24 jan. 2012.

MÚSICA dos Muppets tira a chance de o Brasil levar o 1º Oscar. *Folha de S.Paulo*, 27 fev. 2012.

NETO, Nelson B. Usada em protesto na Bahia, caxirola vira "americana" e custará R$ 30. *Folha de S.Paulo*, 29 abr. 2013.

ODILLA, Fernanda. A caxirola é muito mais bonita que a vuvuzela, diz Dilma. *Folha de S.Paulo*, 23 abr. 2013.

———. Palácio do Planalto receberá exposição de telas e instalações de Carlinhos Brown. *Folha de S.Paulo*, 18 abr. 2013.

OLIVEIRA, Wagner. Carlinhos Brown abre "terreiro eletrônico". *Folha de S.Paulo*, 15 nov. 1996.

"OMELETE Man" de Brown coroa ano de crise na MPB. *Folha de S.Paulo*, 14 nov. 1998.

ORR, James. Shakira performs at World Cup closing ceremony at the Maracana. *The Independent*, 14 jul. 2014.

PADILLA, Ivan. Trueba filma musical social no Brasil. *Folha de S.Paulo*, 27 jul. 2004.

———. Carlinhos Brown leva Carnaval ao Fórum das Culturas. *Folha de S.Paulo*, 18 mai. 2004.

PALOMO, Elvira. Carlinhos Brown: Batucar trae una conexión y una desconexión. *El País*, 3 mai. 2019.

PLAZA, Gabriel. Carlinhos Brown. *La Nación*, 31 ago. 2014.

———. Tribalistas: una comunidad musical que celebra las diferencias con su público. *La Nación*, 24 mar. 2019.

———. Tribalistas: Buscamos un ideal: mixturar culturas, religiones, ideas y músicas. *La Nación*, 28 out. 2017.

———. Invitación a un gran baile multicultural. *La Nación*, 22 mai. 2004.

———. El milagro bahiano. *La Nación*, 28 fev. 2005.

FONTES

PM proíbe entrada de caxirola em jogos na Bahia. *Folha de S.Paulo*, 9 mai. 2013.

PRADINES, César. Tribalistas en el Luna Park: la celebración de una cautivante alquimia creativa. *Clarín*, 24 mar. 2019.

PRESSE, France. Trueba apresenta Candeal de Carlinhos Brown em San Sebastián. *Folha de S.Paulo*, 24 set. 2004.

_____. Carlinhos Brown participará do Festival de Cinema de San Sebastián. *Folha de S.Paulo*, 12 set. 2004.

REDAZIONE Online. Esce Jennifer Lopez, entra Shakira. *Corriere della Sera*, 3 jul. 2014.

REJEITADO no Brasil, Carlinhos Brown toca em festival da MTV na Espanha. *Folha de S.Paulo*, 7 ago. 2007.

REUTERS. Carlinhos Brown defende inclusão em Salvador com camarote andante. *Folha de S.Paulo*, 1º mar. 2003.

_____. Guitarra baiana e Timbalada fazem a diferença em Salvador. *Folha de S.Paulo*, 11 fev. 2002.

RHYTHM King. *The Guardian*, 8 jul. 1999.

RODRIGUES. G, Robson. Caetano Veloso e outros artistas lembram período de exílio há 50 anos. *Correio Braziliense*, 17 abr. 2019.

ROJAS, Yumber V. Carlinhos Brown, el agitador bahiano. *La Nación*, 14 set. 2012

SANCHES, Pedro Alexandre. Com referências hispânicas, Carlinhos Brown grava fora do Brasil. *Folha de S.Paulo*, 19 jun. 2003.

_____. Carlinhos Brown se reinventa à espanhola. *Folha de S.Paulo*, 19 jun. 2003.

SERRATO, Fran. Música en el colegio para cambiar el mundo. *El País*, 27 abr. 2019.

SIMÃO, José. Uêba! Carlinhos Brown peladão no trio elétrico. *Folha de S.Paulo*, 28 fev. 1998.

SOTINEL, Thomas. Le Miracle de Candeal. *Le Monde*, 13 jul. 2005.

SOTO, Macarena. Carlinhos Brown: Solo saldremos mejores si sabemos aprender de la pandemia. *Clarín*, 5 nov. 2020

SUCESSO na Espanha, Carlinhos Brown encontra Zapatero. *Folha de S.Paulo*, 17 jun. 2005.

TECNO batucada (color esperanza). *La Nación*, 22 abr. 2005.

TELES, José. Carlinhos Brown tentando afinar o coro dos descontentes. *Jornal do Commercio*, 19 mar. 2016.

TORRES, Sergio. Traficante diz que não recebeu dinheiro por clipe. *Folha de S.Paulo*, 14 fev. 1996.

290   MEIA-LUA INTEIRA

TRIBALISTAS tocará por primera vez en Argentina en 2019. *Clarín*, 11 dez. 2018.

TROCO o Oscar pela paz de minha cidade', diz Carlinhos Brown. *Folha de S.Paulo*, 7 fev. 2012.

VÁZQUEZ, Rocío A. Carlinhos Brown cambia el carnaval por el romanticismo. *El País*, 8 ago. 2016.

VISENTIN, Barbara. Tribalistas, primo tour mondiale del trio: 8 novembre a Milano, 11 a Roma. *Corriere della Sera*, 21 set. 2018

ZORZI, André Carlos. Clipe de Michael Jackson no Brasil teve polêmicas com Justiça, políticos e tráfico. *Estadão*, 9 fev. 2021

Trabalhos acadêmicos

DINIZ, T. F. N. Três versões de Orfeu. *Aletria: Revista de Estudos de Literatura*, Belo Horizonte, v. 8, p. 34-41, 2018.

Nascimento, Anna Amélia Vieira. *Dez freguesias da cidade do Salvador*: aspectos sociais e urbanos do século XIX. Salvador: EDUFBA, 2007.

PRANDI, R. Exu, de mensageiro a diabo. Sincretismo católico e demonização do orixá Exu. *Revista USP*, São Paulo, n. 50, p. 46-63, 2001.

SOARES, R. L. S. Os batuqueiros e as primeiras escolas de samba da Cidade do Salvador. *Afro-Ásia*, Salvador, n. 54, 2016.

VERGARA. Miguel Arturo Chamorro. Da Bahia à baianidade. *Especiaria (UESC): Cadernos de Ciências Humanas*, Ilhéus, v. 17, n. 31, p. 87-109, jun./dez. 2017.

Álbuns

Timbailando. Globo Polydor, 1994.

Alfagamabetizado. Metro Blue, 1996.

Axê, Caê. Polygram, Mercury, 1996

Casa de samba 2. Mercury, Universal Music, 1997.

Welcome to Brasil. Motor Music GMBH. 1998.

Omelete Man. Metro Blue, 1998.

Tons da natureza. Not On Label,1999.

Bahia do mundo – mito e verdade. EMI, Delabel, 2001.

Tribalistas. Phonomotor Records, EMI, 2002.

É verão. Abril Music, 2002.

FONTES   291

Carlinhos Brown Es Carlito Marrón. BM Spain, Ariola, 2003.
O milagre do Candeal. BMG Brasil, 2004.
Carlinhos Brown & DJ Dero apresentam Candyall Beat – Eletrônica Artesanal.
Universal Music, Candyall Music, 2004.
Candombless. Tratore, 2005.
A gente ainda não sonhou. Som Livre, 2006.
El milagro de Candeal. Dynamo Records, 2006.
Adobró. Candyall Music, Sony Music, 2010
Diminuto. Sony Music, Candyall Music, 2010.
Mixturada brasileira. Sony Music, Candyall Music, 2012.
Marabô. Candyall Music, 2013.
Bahia Black. Ritual Beating System, 2016.
Tribalistas. Phonomotor Records, Universal Music, 2017.
Ao vivo. Phonomotor Records, 2019.

Referências de internet

ANTUNES, Pedro. Lollapalooza 2019: Tribalistas sobrevivem à falhas técnicas
com show político, sem pesar demais. *Rolling Stone*, 5 abr. 2019. Disponível
em: <https://rollingstone.uol.com.br/noticia/lollapalooza-2019-tribalistas-
-sobrevivem-falhas-tecnicas-com-show-politico-sem-pesar-demais/>.

ARQUIVO MARCKEZINI. Clodovil entrevista Carlinhos Brown — Carnaval
1993 (Rede Manchete). YouTube, 18 out. 2006. Disponível em: <https://www.
youtube.com/watch?v=t378Z73vxl8&t=489s>.

ARQUIVO — BAND BAHIA. Band Entrevista | Carlinhos Brown | Bloco
01. YouTube, 5 jan. 2021. Disponível em: <https://www.youtube.com/
watch?v=uZsC2tY4ydQ>.

ASSOCIAÇÃO Pracatum Ação Social: transformação através do ritmo. *Salvador
da Bahia*. Disponível em: <https://www.salvadordabahia.com/experiencias/
pracatum/>.

BASTOS, Márcio. Conheça Pinga, o responsável por produzir a maioria dos
shows de Roberto Carlos no Recife. *Uol*, 18 abr. 2021. Disponível em: <https://
jc.ne10.uol.com.br/cultura/2021/04/12114007-conheca-pinga-o-responsavel-
-por-produzir-a-maioria-dos-shows-de-roberto-carlos-no-recife.html>.

BAÚ DA LEDA NAGLE. Leda Nagle entrevista Carlinhos Brown — parte 1 de 3. YouTube, 22 nov. 2010. Disponível em: <https://www.youtube.com/watch?v=KPLKkJDnbH8>.

_____. Leda Nagle entrevista Carlinhos Brown - parte 2 de 3. YouTube, 22 nov. 2010. Disponível em: <https://www.youtube.com/watch?v=2A9RAQiGzWI>.

_____. Leda Nagle entrevista Carlinhos Brown - parte 3 de 3. YouTube, 22 nov. 2010. Disponível em: <https://www.youtube.com/watch?v=UHCNSUg3rW0&t=48s>.

BILLBOARD Staff. Tribalistas. *Billboard*, 22 mar. 2003. Disponível em: <https://www.billboard.com/music/music-news/tribalistas-71982/>.

BRUNETTI, Itaici. Carlinhos Brown relembra show polêmico no Rock in Rio 2001 [Entrevista]. *Rolling Stone*, 14 jan. 2021. Disponível em: <https://rollingstone.uol.com.br/noticia/carlinhos-brown-relembra-show-polemico-no--rock-rio-2001-entrevista/>.

CANAL CURTA! Cura | Minidoc + Bate-Papo Com Deborah Colker E Carlinhos Brown. YouTube, 28 mai. 2020. Disponível em: <https://www.youtube.com/watch?v=c5YKBpqzQlI>.

CÂNDIDO, Stephanie. Brown lembra início na música e fala sobre seu ídolo Mestre Pintado do Bongô. *Gshow*, 24 fev. 2016. Disponível em: <https://gshow.globo.com/Bastidores/noticia/2016/02/brown-lembra-inicio-na-musica-e--fala-sobre-seu-idolo-mestre-pintado-do-bongo.html>.

CANDYALL GUETHO SQUARE. *Facom UFBA*. Disponível em: <https://facom.ufba.br/com112/olodum_e_timbalada/timbalada_guetho_1.htm>.

CARLINHOS Brown apresenta a caxirola, o equivalente à vuvuzela para Copa do Mundo do Brasil. *Rolling Stone*, 28 set. 2012. Disponível em: <https://rollingstone.uol.com.br/noticia/carlinhos-brown-apresenta-caxirola-o-equivalente--vuvuzela-para-copa-do-mundo-do-brasil/>.

CARLINHOS Brown lança curso online de percussão na Domestika. *Rolling Stone*, 3 ago. 2021. Disponível em: <https://rollingstone.uol.com.br/musica/carlinhos-brown-lanca-curso-online-de-percussao-na-domestika/>.

CARLINHOS Brown promove lançamento de Rio 2 em homevideo. *Rolling Stone*, 21 jul. 2014. Disponível em: <https://rollingstone.uol.com.br/noticia/no-lancamento-de-irio-2i-em-homevideo-carlinhos-brown-realiza-sessao--com-criancas-em-salvador/>.

CARLINHOS Brown quer fazer show com Shakira e Wyclef Jean em prol do

FONTES 293

Haiti. *Rolling Stone*, 18 jan. 2010. Disponível em: <https://rollingstone.uol.com.br/noticia/carlinhos-brown-quer-fazer-show-com-shakira-e-wyclef-jean-em-prol-do-haiti/>.

CATANIA, Fernanda. Todos querem ser pop, eu quero ser canção, diz Carlinhos Brown. *Rolling Stone*, 31 mar. 2010. Disponível em: <https://rollingstone.uol.com.br/noticia/todos-querem-ser-pop-eu-quero-ser-cancao-diz-carlinhos-brown/>.

CIA DE DANÇA DEBORAH COLKER. Cura | Minidocumentário (Deborah Colker & Carlinhos Brown). YouTube, 24 abr. 2020. Disponível em: <https://www.youtube.com/watch?v=ln1UfnqnIuA>.

CIBULA, Matt. Arnaldo Antunes/Carlinhos Brown/Marisa Monte: Tribalistas. *PopMatters*, 7 abr. 2003. Disponível em: <https://www.popmatters.com/antunesarnaldo-tribalistas-2495824683.html>.

CRIADOR do Arrastão, Carlinhos Brown pede respeito após não ser escalado para abrir evento: "Tomei porrada por isso." *G1*, 22 fev. 23. Disponível em: <https://g1.globo.com/ba/bahia/carnavalnabahia/noticia/2023/02/22/apos-nao-ser-colocado-para-abrir-arrastao-da-quarta-feira-de-cinzas-carlinhos-brown-pede-respeito-a-tradicao-isso-aqui-nao-era-nada.ghtml>.

DISCO clássico de Carlinhos Brown, produzido por Marisa Monte, é relançado 21 anos depois. *Rolling Stone*, 22 mar. 2019. Disponível em: <https://rollingstone.uol.com.br/noticia/disco-classico-de-carlinhos-brown-produzido-por-marisa-monte-e-relancado-21-anos-depois/>.

EVERTON BARREIRO. Carlinhos Brown in Candeal | Brazil, the untold story. YouTube, 3 mar. 2021. Disponível em: <https://www.youtube.com/watch?v=sV5ckcaPDnE>.

FALAR Pode Mudar Tudo. Vozes Do Silêncio — Carlinhos Brown (Falar Pode Mudar Tudo). YouTube, 10 set. 2019. Disponível em: <https://www.youtube.com/watch?v=OxjhqjXIzpE>.

FARO, Romulo. Salvador tem maior população negra do País e é a mais discriminada. *Contrafcut*, 20 nov. 2013. Disponível em: <https://contrafcut.com.br/noticias/salvador-tem-maior-populacao-negra-do-pais-e-e-a-mais-discriminada-beee/>.

FERNANDES, Márcia. Afoxé. *Toda Matéria*. Disponível em: <https://www.todamateria.com.br/afoxe/>.

FLÁVIO JR., José. Tribalistas afaga os ouvidos dos fãs, mas traz debates políticos datados à mistura. *Rolling Stone*, 26 ago. 2017. Disponível em: <https://rollingstone.uol.com.br/noticia/tribalistas-afaga-os-ouvidos-dos-fas-mas--traz-debates-politicos-datados-mistura/>.

FLOW Podcuts. Isso Que Aconteceu Quando Eu Pedi Uma Música Pro Carlinhos Brown (Zezé Di Camargo) — Flow Podcuts. YouTube, 2 dez. 2021. Disponível em: <https://www.youtube.com/watch?v=3trFT5LToYE>.

FOGLIATTO, Débora. Carlinhos Brown cativa público durante palestra sobre educação musical em Conferência Internacional. *Sul21*, 21 jul. 2014. Disponível em: <https://sul21.com.br/ultimas-noticias-geral-areazero/2014/07/carlinhos-brown-cativa-publico-durante-palestra-sobre-educacao-musical--em-conferencia-internacional/>.

FREITAS, Paula. O cacique do Candeal – considerações sobre a identidade mestiça de Carlinhos Brown. 2009. Disponível em: <http://www.lasics.uminho.pt/ojs/index.php/anuario/article/view/771>.

FROTA, Derbson. Carlinhos Brown conta como conheceu Roberto Carlos. *Splish-splash*, 20 fev. 2017. Disponível em: <https://www.portalsplishsplash.com/2017/02/carlinhos-brown-conta-como-conheceu.html>.

GUIDUCI, Isabela. Carlinhos Brown chama atenção para educação ambiental em disco infantil: Desejo que as canções tragam a nossa responsabilidade com a Terra [Entrevista]. *Rolling Stone*, 2 set. 2020. Disponível em: <https://rollingstone.uol.com.br/noticia/carlinhos-brown-chama-atencao-para-educacao-ambiental-em-disco-infantil-desejo-que-cancoes-tragam-nossa-responsabilidade-com-terra-entrevista/>.

HENDERSON, Alex. Kindala Review by Alex Henderson. *All music*. Disponível em: https://www.allmusic.com/album/kindala-mw0000270986<>.

HISTÓRIA do Abadá. *Quero Abadá*. Disponível em: <https://www.queroabada.com.br/carnaval/historia-do-abada>.

HISTÓRIA do Carnaval Antes de 2000. *Quero Abadá*. Disponível em: <https://www.queroabada.com.br/carnaval/historia-do-carnaval#>.

HOLANDA, Paula e CONCEIÇÃO, Thiago. Por meio de shows, espetáculos e debates, O Circo Troca de Segredos impulsionou a cena cultural soteropolitana dos anos 80. *Revista Fraude*, 2016. Disponível em: <https://revistafraude.ufba.br/materia.php?revista=14&materia=3>.

IBAHIA. Entrevista com Carlinhos Brown (Parte 1). YouTube, 9 jan. 2014. Disponível em: <https://www.youtube.com/watch?v=swBPB0QsU8o&t=357s>.

IVETE E DANIELA NO GRAMMY, TIMBALADA EM NY. *Virgula*, 31 ago.

2004. Disponível em: <https://www.virgula.com.br/famosos/ivete-e-daniela--no-igrammyi-itimbaladai-em-ny/>.

———. Tribalistas. *Rolling Stone*, 21 set. 2017. Disponível em: <https://rollingstone.uol.com.br/guia-cd/tribalistas/>.

LEÃO, Luiza. Luiz Caldas relembra início da carreira: Chacrinha gostou e o Brasil abraçou. *Metro1*, 19 jan. 2017. Disponível em: <https://www.metro1.com.br/noticias/cidade/29141,luiz-caldas-relembra-inicio-da-carreira-chacrinha--gostou-e-o-brasil-abracou>.

LIPP, Marty. Tribalistas. *RootsWorld*. Disponível em: <https://www.rootsworld.com/reviews/tribalistas-17.shtml>.

LOPES, Alex. Carlinhos Brown levando garrafada. YouTube, 1º set. 2009. Disponível em: <https://www.youtube.com/watch?v=VxhOaUGhous>.

MAIA, Felipe. Wesley Rangel e WR Bahia: o parteiro e a maternidade do Axé. *Monkeybuzz*, 9 set. 2020. Disponível em: <https://monkeybuzz.com.br/materias/wesley-rangel-e-wr-bahia-o-parteiro-e-a-maternidade-do-axe/>.

MEIO&MENSAGEM. Ser consistente é ser cultural, diz Carlinhos Brown. YouTube, 11 set. 2019. Disponível em: <https://www.youtube.com/watch?v=lfR4e60JGA0>.

MENDES, André. Tribalistas no Fantástico em entrevista exclusiva. YouTube, 23 jul. 2018. Disponível em: <https://www.youtube.com/watch?v=N7ONVXLt9qM>.

METRÓPOLIS. Metrópolis: Carlinhos Brown. YouTube, 12 jul. 2016. Disponível em: <https://www.youtube.com/watch?v=69Tv2yXrIC8>.

MOTA, Ana. Tribalistas inaugura plataforma musical do Facebook; saiba mais sobre o Hand Album. *Rolling Stone*, 18 ago. 2017. Disponível em: <https://rollingstone.uol.com.br/noticia/tribalistas-inaugura-plataforma-musical-do--facebook-saiba-mais-sobre-o-hand-album/>.

MULTIMIDIADIGITAL. Filha de Pedro Bial invade programa do pai na Globo. YouTube, 13 mar. 2021. Disponível em: <https://www.youtube.com/watch?v=Of3sw9ieA3o>.

NELSON FILHO, Bob. Margareth Menezes Dandalunda clip original. YouTube, 26 fev. 2013. Disponível em: <https://www.youtube.com/watch?v=Rd4OXsjJXFI>.

NEWMAN, Melinda. Selected Miscellaneous Shows. *Sting*, 10 mar. 1991. Disponível em: <https://www.sting.com/tour/date/1272>.

NOSSA História. *Colégio 2 de Julho*. Disponível em: <https://colegio2dejulho.com.br/o-colegio/nossa-historia/>.

NOTÍCIAS HOJE. Conheça os filhos de Carlinhos Brown e sua esposa Danielle, com quem o cantor é casado hoje em dia. YouTube, 12 mar. 2021. Disponível em: <https://www.youtube.com/watch?v=ZSW95kRpOS0&t=123s>.

PÂNICO JOVEM PAN. Carlinhos Brown | PÂNICO — 14/02/2020 — AO VIVO. YouTube, 14 fev. 2020. Disponível em: <https://www.youtube.com/watch?v=N4Onc4PwhNE>.

PARALAMAS do Sucesso participa do novo disco de Carlinhos Brown. *Rolling Stone*, 19 jul. 2010. Disponível em: <https://rollingstone.uol.com.br/noticia/paralamas-do-sucesso-participa-do-novo-disco-de-carlinhos-brown/>.

PATRICK EPPINGER. Jô Soares e Carlinhos Brown apronta todas no programa do Jô. YouTube, 16 mar. 2017. Disponível em: <https://www.youtube.com/watch?v=Dgj_ahi-w_g>.

PRACATUMTV. MPB Solo Carlinhos Brown Parte 1. YouTube, 12 dez. 2013. Disponível em: <https://www.youtube.com/watch?v=M_ykyXpIwbw>.

PRETO, Marcus. Carlinhos Brown. *Rolling Stone*, 14 jan. 2008. Disponível em: <https://rollingstone.uol.com.br/edicao/carlinhos-brown/>.

RAMOS, Patricia. Desvendando Brown — Mulatê do Bundê Bahia, sim, Bahia, sim. *Um abadá para cada dia*, 30 abr. 2015. Disponível em: <http://patricia-rammos.com/desvendando-brown-mulate-do-bunde-bahia-sim-bahia-sim/>.

RODA VIVA. Carlinhos Brown — 15/07/1996. YouTube, 8 dez. 2010. Disponível em: <https://www.youtube.com/watch?v=kPHPSoCW4EY>.

RODEN, Christina. RootsWorld: Brazil. *RootsWorld*. Disponível em: <https://www.rootsworld.com/rw/feature/brazil1.html>.

RODNEY, Pai. Candomblé: religião de resistência. *CartaCapital*, 11 ago. 2017. Disponível em: <https://www.cartacapital.com.br/blogs/dialogos-da-fe/candomble-religiao-de-resistencia/>.

ROSENBERG, Dan. Dan Rosenberg talks with Carlinhos Brown. *RootsWorld*. Disponível em: <https://www.rootsworld.com/rw/feature/brown.html>.

SANTOS, Aldogroove. Vai Quem Vem Candeal. YouTube, 27 jul. 2019. Disponível em: <https://www.youtube.com/watch?v=OGMyOrmEadQ>.

SARAIVA. Entrevista com Carlinhos Brown. YouTube, 24 fev. 2010. Disponível em: <https://www.youtube.com/watch?v=VZ-2PIJbP6k>.

SEDJEDO. Margareth Menezes & Carlinhos Brown — Amor Ainda. YouTube, 22 dez. 2010. Disponível em: <https://www.youtube.com/watch?v=ztcmo_Q-EFw>.

FONTES

———. Margareth Menezes — Faraó [Festival de Verão 2006]. YouTube, 13 jul. 2008. Disponível em: <https://www.youtube.com/watch?v=FtG8h2syIzA>.

SIMÕES GOMES, Helton, SCHIMIDT, Fernanda e MAZZEI, Beatriz. Família Brown. *Ecoa Uol*, 8 fev. 2022. Disponível em: <https://www.uol.com.br/ecoa/reportagens-especiais/familia-brown/>.

TRIBALISTAS. *Uncut*, 1º dec. 2003. Disponível em: <https://www.uncut.co.uk/reviews/tribalistas-19229/>.

TRIBALISTAS anunciam a primeira turnê do grupo, com shows em nove capitais brasileiras. *Rolling Stone*, 2 abr. 2018. Disponível em: <https://rollingstone.uol.com.br/noticia/tribalistas-anunciam-turne-que-passara-por-nove-capitais--brasileiras/>.

TRIBALISTAS retorna com quatro músicas inéditas e anúncio de novo disco. *Rolling Stone*, 10 ago. 2017. Disponível em: <https://rollingstone.uol.com.br/noticia/tribalistas-retorna-com-quatro-musicas-ineditas-e-anuncio-de--novo-disco/>.

TRIO Elétrico 1960 à 2000. *Visite o Brasil*. Disponível em: <https://www.visiteo-brasil.com.br/nordeste/bahia/carnaval/conheca/trio-eletrico-1960-a-2000>.

TV BRASIL. Carlinhos Brown e seus múltiplos talentos. YouTube, 2 abr. 2015. Disponível em: <https://www.youtube.com/watch?v=O3iLH2GNjcw>.

TV CULTURA. A música é a própria espiritualidade, diz Carlinhos Brown. YouTube, 14 dez. 2022. Disponível em: <https://www.youtube.com/watch?v=LBANYHqbQwg>.

VIEWS TV. Coletiva com Daniela Mercury e Carlinhos Brown — Festival de Verão Salvador 2010 — 22/01/2010. YouTube, 24 jan. 2010. Disponível em: <https://www.youtube.com/watch?v=Y_p4-KT58u8>.

WEBTVBRASILEIRA. Entrevista — Carlinhos Brown é homenageado nos EUA — Brazilian Press Awards 2013 (backstage). YouTube, 5 mai. 2013. Disponível em: <https://www.youtube.com/watch?v=O4ZF7SPSOfY>.

20IDEIAS. 20 ideias para girar o mundo — Carlinhos Brown. YouTube, 9 jul. 2012. Disponível em: <https://www.youtube.com/watch?v=KGXoS1JBRaI>.

@DESTINOSDORIO. Carlinhos Brown fala sobre como a Música e a Arquitetura se alinham. YouTube Shorts, 6 abr. 2022. Disponível em: <https://www.youtube.com/shorts/DlJZypQfoMU>.

Índice onomástico

A

Abdias Nascimento, 246

Adelmo Costa, 89

Ademar Pereira da Silva, 246

Adolpho Bloch, 214

Afonso Arinos, 49

Aguinaldo Silva, 142

Alain Tavares, 134, 159, 171

Alê Siqueira, 187, 191

Alex Henderson, 183

Alfredo Moura, 158, 169

Alia Jones-Harvey, 244

Alice (esposa de Mestre Pintado), 103

Alice (tia de Carlinhos Brown), 40, 42-
-45, 50

Alice Caymmi, 218

Allan Coe, 109

Almir Ferreira, 89

Álvaro Lustosa Teixeira de Freitas, 67

Amado Batista, 178

Ana Maria Moretzsohn, 142

André Midani, 144

Andrea Mota, 35

Andreas Kisser, 147

Andrucha Waddington, 193

Ângela (tia de Carlinhos Brown), 125

Angélica, 127

Anísio Teixeira, 49

Anitta, 93, 204-205, 232, 237

Annette Peacock, 226

Annie Leibovitz, 112

Antoni Gaudí, 231-232

Antonieta de Barros, 269

Antonio Carlos Jobim, *ver* Tom Jobim

Antônio Carlos Magalhães, 46, 162

Antonio Lucio Vivaldi, 249

Antônio Mendes, 19

Antonio Risério, 261

Antônio Teixeira de Freitas Barbosa, 63

Antônio Teixeira de Freitas, 68-70

Aretha Franklin, 123

Armandinho (Armando da Costa Macedo), 87, 162

Arnaldo Antunes, 26, 45, 159, 181-182,
184-188, 190, 192, 203, 219

Arnaldo Neves, 89

Arto Lindsay, 110, 142

Ary Barroso, 245

Ary Dias, 107

Astrid Fontenelle, 217

Augusto Teixeira de Freitas, 61-68, 70-71, 230, 248, 257, 266-269, 271, 273-277

Ayeska Paulafreitas de Lacerda, 92

B

Baby Consuelo, 162
Baden Powell, 85, 148, 198
Bebel Gilberto, 195
Bebo Valdés, 90-91, 103-104
Bell Marques, 154, 160, 177
Berry Gordy, 174
Bertolino Gonçalves (avô materno), 19, 38, 40-41, 78
Betinho (Herbert José de Sousa), 112
Beto Boaventura, 144
Beyoncé, 226
Bienvenido Granda, 103
Bill Frisell, 142
Bill Laswell, 130, 194, 252
BNegão, 211
Bob James, 124
Bogra (amigo de Carlinhos), 134
Boninho (José Bonifácio Brasil de Oliveira), 15, 94, 233-235
Britney Spears, 116

C

Cabeça do Ajax, 241
Cacá Diegues, 245-246
Caetano Alberto Soares, 266, 271
Caetano Veloso, 12, 16, 26, 43, 100, 108, 113, 123-125, 128-129, 139-140, 142-143, 159-160, 162, 167, 169, 181, 192, 205, 217, 220, 235, 246, 252, 275

Capital Inicial, 205
Caramuru (Diogo Álvares Correia), 22
Carla Perez, 217
Carlinhos Marques, 155, 158, 169
Carlos Aniceto Vieira Dias, *ver* Liceu Vieira Dias
Carlos Drummond de Andrade, 49
Carlos Pitta, 165-166
Carlos Saldanha, 195-197, 199
Carlos Scliar, 246
Carmen Miranda, 108
Cássia Eller, 116
Castro Alves, 230
Catarina Waltrick, 269
Catherina de Oliveira, 69
Catherina Teixeira, 70
Cecília (filha de Carlinhos), 277
Cecília Amado, 195
Cecília Meireles, 49
Célia Sacramento, 224
Celso Santana, 89
Cesinha (baterista), 142, 152, 158, 161, 165-166, 169
Chacrinha (Abelardo Barbosa), 167
Chano Pozo, 103
Charles Darwin, 82
Chico (filho de Chimbico), 159
Chico Brown, 60-61, 111, 113-114, 204
Chico Buarque de Hollanda, 113, 126--127, 137, 139, 143, 148
Chico Evangelista, 175
Chico Recarey, 140
Chico Science, 147, 239
Chimbico (amigo de Carlinhos Brown), 159

ÍNDICE ONOMÁSTICO

Chitãozinho e Xororó, 44
Chris Wedge, 196
Cícero Dantas, 173
Cida Moreira, 175
Clara Buarque, 60-61, 277
Claudia Leitte, 212, 234
Clodovil, 214
Clóvis Beviláqua, 66
Cole Porter, 200
Cotinha (tia de Carlinhos Brown), 125
Cristina ("Tina") (tia de Carlinhos Brown), 26-27
Cristóvão Rodrigues, 135

D

Dadinho (membro de Os Tincoãs), 86
Dalvadísio (presidente da Associação Afoxé Filhos de Gandhy), 154
Daniel (cantor sertanejo), 100, 234
Daniel Freitas, 205
Daniela Mercury, 28, 87, 112, 115, 154, 160, 167, 171, 173-175, 178, 183, 212, 227
Danielle Barvanelle, 277
Darcy Ribeiro, 250, 257
David Byrne, 160
Deborah Colker, 15, 59-60, 95-97
Desmond Tutu, 81
Diego Nicolau, 240
Dionisya Moreira, 235
Djalma Oliveira, 135, 182
Djanira, 246
Djavan, 15, 122-124, 143, 159
Dodô (Adolfo Antônio do Nascimento), 87, 162, 168, 192

dom João VI, 81, 247, 272
dom Lucas Moreira Neves, 238
dom Pedro I, 64
dom Pedro II, 63, 66
dona Carmelita (amiga de dona Madalena), 78
dona Damiana (avó materna de Carlinhos Brown), 19-20
dona Ivete (cliente de dona Madá), 33, 58
dona Preta, 20, 134, 176
Dorival Caymmi, 148, 256
Duda Mendonça, 157
Durval Lelys, 160, 178

E

Edmundo Caruso, 201
Ednardo, 43
Eduardo Ramos, 214
Elaine Nazaré, 38
Elba Ramalho, 115, 163
Elis Regina, 142, 154
Elísio Lopes Júnior, 230
Elizabeth II, 81
Ellen Johnson Sirleaf, 262
Elton John, 82, 123
Elza Soares, 241
Emanuel Araújo, 228
Emiliano Zapata, 237
Emilio Estefan, 203-204
Emily Estefan, 204
Erasmo Carlos, 115
Esquisito (amigo de Carlinhos Brown), 134
Ester Dean, 196

F

Fabiano ("seu Tavi"), 48
Fábio Jr., 169
Fafá de Belém, 160, 218
Felicidade de Santa Rosa de Lima, 63
Felipe de Borbón, 36
Fernando Barros, 157
Fernando Henrique Cardoso, 170-171
Fernando Santos, 107-108
Fernando Teixeira de Freitas, 15, 67-70
Fernando Trueba, 90
Fia Luna, 91, 213, 215-216, 252
Francis Hime, 113
Francisca Romana ("Chica"), 19
Francisco Gomes Brandão, *ver* Francisco Jê Acaiaba Montezuma
Francisco Jê Acaiaba Montezuma, 65
Francisco Sabino Vieira, 64
Frank Sinatra, 127
Franz Peter Schubert, 249
Fred de Góes, 261
Frejat, 137

G

Gal Costa, 154, 235
George Gershwin, 200
George Michael, 115
Gerônimo Santana, 159, 175-176
Gertrudes Ferreira da Cruz, 59, 62
Getúlio Vargas, 49
Gigi da Estiva, 241
Gilberto Freyre, 249
Gilberto Gil, 15, 26, 44, 108, 110-111, 123, 128, 148, 153, 171, 181, 192-193, 210, 217, 220, 235, 247

Gilson (irmão de Carlinhos Brown), 38
Gini Zambelli, 175
Giovana Almeida Póvoas (filha de Daniela Mercury), 173
Glauber Rocha, 132
Glenn Miller, 200
Gloria Estefan, 203-204
Guilherme Maia, 274
Gustav Mahler, 231
Gustavo Capanema, 49
Guto Graça Melo, 142, 181

H

Hans-Joachim Koellreutter, 108
Haroldo Costa, 246
Heitor Villa-Lobos, *ver* Villa-Lobos
Helena Buarque, 113-114, 139, 233
Herbert Vianna, 146
Hermano Vianna, 147
Hilda Sant'Anna Querino ("dona Didi"), 18-20
Hugo Prudente, 94

I

Irmã Dulce, 30, 40
Isaac Karabtchevsky, 252
Itamar Franco, 170
Ivan Huol, 175
Ivan Wall, 107, 110
Ivete Sangalo, 112, 160, 175, 183, 212, 217, 224-225, 227
Ivo Meireles, 15, 136-139
Iza (Isabela Cristina Correia de Lima), 202, 210-211, 235, 248

ÍNDICE ONOMÁSTICO

J

J. J. Santos, 241
J. Junior, 91
Jacaré (Edson Gomes Cardoso Santos), 217
Jair Lima, 89
Jair Rodrigues, 41
James Brown, 12, 143, 174
James Koehnline, 130
James Monroe, 262
Jamie Foxx, 195
Jauperi Lázaro dos Santos, 148
Jayme Monjardim, 214
Jean-Baptiste Debret, 81
Jeferson Rueda, 250
Jefferson Robson, 167, 252
Jennifer Lopez, 203
Jerry Adriani, 44-45
Jimmy Cliff, 160
João Bobeira, 177
João Bosco, 142-143
João Gilberto, 142-143, 148, 169, 181
João Jorge Rodrigues, 224-225
João Teixeira de Freitas, 70
Joãozinho da Gomeia, 83
Joaquim Nabuco, 66
Johann Sebastian Bach, 249
John Lennon da Silva, 220
John Powell, 196-200
Johnny Alf, 198-199
Johnny Hallyday, 126
Jonly (compositor), 77
Jorge Amado, 84-85, 125-127, 147, 239, 255-256
Jorge Ben Jor, 102, 143, 216
Jorge Fernando, 175
José Carlos Mendonça ("Pinga"), 163-164
José Feliciano, 102
José Renato (irmão de Carlinhos Brown), 38
José Teixeira de Freitas, 67-70
Josepha de Sant'Anna, 18-19
Junior Meirelles, 203
Justin Lin, 195

K

Kanye West, 226
Keith Haring, 112
Klaus Rupert, 175

L

Larissa Luz, 211
Laudelino (tio de Carlinhos Brown), 40
Lázaro Ramos, 262
Lazzo Matumbi, 179
Leila (filha de Carlinhos), 277
Lenine, 102
Léo (amigo de Carlinhos Brown), 134
Leo Gandelman, 217
Leo Jusi, 246
Leonard Cohen, 95
Leonardo Netto, 145
Lessa (goleiro), 153
Letieres Leite, 211
Letizia Ortiz, 36
Leymah Gbowee, 263
Liceu Vieira Dias, 86
Lila de Moraes, 246

Lina de Luca, 246
Lorenzo Turner, 82
Louis Armstrong, 48
Lucas Santtana, 28
Lucho Gatica, 102
Lucia Cristina (irmã de Carlinhos Brown), 38
Lúcio Costa, 49
Lui Muritiba, 131, 158, 163, 175, 212
Luísa Mahin, 273
Luiz Antônio, 91
Luiz Bonfá, 243
Luiz Caldas, 88, 152, 158-161, 164-168, 175-176, 181, 212, 252
Luiz Caversan, 110-111
Luiz Gama, 273
Luiz Gonzaga, 160, 163
Luiz Melodia, 143
Luiz Tarquínio, 30
Lula Queiroz, 112
Lulu Santos, 169, 234

M

Madalena Gonçalo dos Santos ("dona Madá"), 26, 27, 34, 38-40, 42, 78
Madonna, 124
Madre Teresa de Calcutá, 81
Mãe Maiamba, 22-23, 93
Mãe Menininha do Gantois, 80, 83, 85, 93
Mãe Zezita, 78, 93
Mano Brown, 11
Mano Wladimir, 191
Manoel Boiadeiro, 41, 100
Manoel da Motta Monteiro Lopes, 268

Manoel Falefá, 83
Manoel Mendes, 19
Marc Anthony, 203
Marc Ribot, 142
Marcel Camus, 145, 245-246
Marcelo Almeida Gadêlha, 18
Marcelo Dantas, 258, 261
Marcinho VP, 171
Marcionílio Prado, 212
Marcos Bertolino (irmão de Carlinhos Brown), 38
Marcos Palmeira, 112
Marcus Miller, 123
Margareth Menezes, 15, 22, 26, 94-95, 160, 167, 179, 182-184, 188, 211, 227
Margarida Perfumada, 51
Maria Eugênia dos Santos, 172
Maria Madah, 205, 277
Marieta Severo, 139, 216
Marilyn Monroe, 195
Marinês (Inês Caetano de Oliveira), 51
Marino Pinto, 103
Mario Augusto Teixeira de Freitas, 68
Mário de Andrade, 49, 83, 89
Mariozinho Rocha (Mario Gomes da Rocha Filho), 142
Marisa Monte, 15, 26, 45, 112, 145, 148, 182, 187-192, 203, 219, 239, 280
Marisa Orth, 112
Marquinhos Lobo ("Lobinho"), 49
Martinho da Vila, 86
Martiniano Eliseu do Bonfim, 83
Marvin Gaye, 174
Marvvila (Kassia Marvila), 202
Mateus Aleluia, 85-87, 90-92, 211

ÍNDICE ONOMÁSTICO

Mauricio (irmão de Carlinhos Brown), 38
Max Cavalera, 146
Mestre Bimba, 140
Mestre Caiçara, 135
Mestre Claudio ("Tao"), 90, 106, 154, 215
Mestre Claudionor, 90, 106, 154
Mestre Maleiro, 105-106, 251-252
Mestre Pastinha (Vicente Ferreira Pastinha), 19
Mestre Pintado do Bongô, 47-48, 76, 90, 93, 100-106, 109, 151, 154-155, 195, 213-216, 252
Mestre Vavá, 88, 104-105
Michael Jackson, 82, 171
Michael Sullivan, 203
Michel Teló, 235
Miguel (Migga Freitas), 205
Miguel Falabella, 112
Mikael Mutti, 196-199
Miles Davis, 123
Miss Lene, 165
Moraes Moreira, 87, 115, 159, 163, 168
Moreno Veloso, 142-143
Morgan Freeman, 268
Mr. Magoo (mágico), 58

N

Nabuco de Araújo, 65
Naná Vasconcelos, 142
Nando Reis, 112, 189, 217
Napoleão Bonaparte, 81
Nara Gil, 128
Nara Leão, 142
Nattan Lopes, 241

Neguinho do Samba, 89, 104, 134, 162, 251
Nelson Gonçalves, 44
Nelson Mandela, 81, 123, 268
Nelson Motta, 15, 79-80, 143-145
Nelson Rufino, 89, 135
Nelson Varón Cadena, 172
Nestor Madrid, 156, 161
Netinho (Ernesto de Souza Andrade Júnior), 167, 170, 214, 227
Neville d'Almeida, 194
Nice (esposa de Fabiano, "seu Tavi"), 48
Nilton Bonder, 95-96
Nina de Freitas, 113, 124
Nino Moura, 173
Nizan Guanaes, 157

O

Orlando (bloco Tapajós), 153
Orlando Ambrosio, 241
Oscar Niemeyer, 246
Osmar (Osmar Alvares Macedo), 87, 162, 168, 192
Osmundo de Araújo Pinho, 261
Oswald de Andrade, 83, 247, 250
Otávio Américo, 165, 173
Ozzy Osbourne, 115

P

papa João Paulo II, 81
Paul McCartney, 82
Paul Simon, 82, 130, 171
Paulinho Boca de Cantor, 175
Paulinho Caldas, 158

Paulinho Camafeu, 159, 176, 201
Paulinho da Costa, 124
Paulo Borges, 218-222
Paulo J. B. Leal, 66
Pedro de Alcântara, 64
Pedro de Freitas, 70
Pepeu Gomes, 115
Peter Scherer, 142
Pierre Onassis, 202
Pierre Verger, 81, 257
Prince, 115

Q

Quincy Jones, 203
Quito Ribeiro, 28

R

Raimundo (irmão de Fabiano, "seu Tavi"), 48
Raquel Machado, 124
Raul Seixas, 43-44, 169, 172
Rémy Kolpa Kopoul, 125-127
Renato Russo, 205
Renato Teixeira de Freitas, 26, 38, 48, 53-54, 57, 59-60, 62, 69, 102, 106, 154, 274-275
Ricardo Linhares, 142
Ricardo Luedi, 175
Richard Valença, 241
Ricky Martin, 203
Roberto (irmão de Carlinhos Brown), 38
Roberto Carlos, 41, 44-45, 163, 178
Roberto Santana, 167
Ronnie Wood, 27

Roseneide (irmã de Carlinhos Brown), 38
Roseval Evangelista, 48
Rui Barbosa, 264
Ruth de Souza, 246

S

Sandra de Sá, 118
Sandy & Junior, 116
Santiago Calatrava, 232
Sarajane (Sarajane de Mendonça Tude), 158, 167, 212
Saulo (Saulo Jorge Fernandes Navarro de Oliveira), 148
Scheila Carvalho, 217
Serginho Groisman, 183
Sérgio Buarque de Hollanda, 113
Sergio Mendes, 15, 26, 182, 195, 197-201, 203, 244, 252
Sergio Trujillo, 244
Shakira, 202-203
Shirley Temple, 113
Sidney Bechet, 132
Siedah Garrett, 200, 243-244
Silvinha Torres, 158
Silvinho (morador do Candeal), 154
Sílvio de Abreu, 175
Silvio Meira, 69
Silvio Palmeira, 164
Simone Trindade, 266
Spike Lee, 171
sr. Domingão (morador do Candeal), 41
sr. Joãozinho (cliente de dona Madá), 33, 58

ÍNDICE ONOMÁSTICO

Stephen Byrd, 244
Stevie Wonder, 174
Sting, 123

T

Tati Moreno, 25
Tavinho Fialho, 142
Tawakel Karman, 263
Teresa Maria de Jesus, 68
Theo (neto de Deborah Colker), 59, 95-96
Tia Ciata (Hilária Batista de Almeida), 134-135, 241
Tião (banda É o Tchan!), 110
Toinho Batera, 177
Tom Jobim, 123, 148, 177, 243, 246
Tom Zé, 108, 252
Toni Costa, 142, 274
Tony Lewis, 142
Tony Mola, 110, 158, 160-161, 175
Toquinho, 198

V

Val Macambira, 77
Vanessa Paradis, 127
Vera Lyra, 24, 28-29
Vevé Calazans, 161
Vicente Ferreira Pastinha, *ver* Mestre Pastinha
Villa-Lobos, 49, 231
Vinicius de Moraes, 85, 148, 243, 245--246, 251

Virgílio (tio de Carlinhos Brown), 40, 134

W

Wally Badarou, 110
Walter Queiroz, 161
Walter Smetak, 107-108, 251-252, 258, 274
Waltinho Cruz, 110
Wando, 160, 163
Washington Olivetto, 157
Wellington Soares, 128
Wesley Rangel, 112, 134, 147, 155-158, 160, 169, 171
Will.i.am (William James Adams Junior), 195
Wilson Batista, 103

X

Xanddy, 160
Xavier Vatin, 82
Xuxa, 203

Z

Zé Arerê, 135
Zé Manoel, 218
Zé Paulo, 212
Zebrinha (coreógrafo), 96

Este livro foi composto na tipografia
Minion Pro, em corpo 11/15, e impresso
em papel off-white no Sistema Cameron da
Divisão Gráfica da Distribuidora Record.